越过马其诺 YUEGUO MAQINUO
法国的灭亡
FAGUO DE MIEWANG

白衣 编著

中国书籍出版社
China Book Press

图书在版编目（CIP）数据

越过马其诺：法国的灭亡 / 白衣编著 . — 北京：中国书籍出版社，2015.3
ISBN 978-7-5068-4803-9

Ⅰ . ①越… Ⅱ . ①白… Ⅲ . ①德国闪击法国（1940）—史料 Ⅳ . ① E565.9

中国版本图书馆 CIP 数据核字（2015）第 053219 号

越过马其诺：法国的灭亡

白衣　编著

图书策划　武　斌　崔付建
责任编辑　刘　宏　成晓春
责任印制　孙马飞　马　芝
出版发行　中国书籍出版社
地　　址　北京市丰台区三路居路 97 号（邮编：100073）
电　　话　(010) 52257143（总编室）(010) 52257140（发行部）
电子邮箱　chinabp@vip.sina.com
经　　销　全国新华书店
印　　刷　三河市华东印刷有限公司
开　　本　710 毫米 × 1000 毫米　1/16
字　　数　244 千字
印　　张　17
版　　次　2015 年 5 月第 1 版　　2018 年 4 月第 3 次印刷
书　　号　ISBN 978-7-5068-4803-9
定　　价　29.80 元

第一章　西线无战事

第二章　黄色方案

第三章 阴影下的西部战线

第四章 强渡马斯河

第五章 深入法国腹地

第六章　魂系敦刻尔克

第七章　越过马其诺

·第一章·

西线无战事

第一节
狼子野心

直至多年之后，法国总理肖当也不明白，法国与奥地利的灭亡到底有什么实质性的联系。就仿佛蝴蝶振翅一样，他的外交辞令最终引起了一场巨大的风暴，这场风暴不仅席卷了整个欧洲，而且让全世界都笼罩在战火之中。

肖 当

那是 1937 年秋天，是肖当第三次登上法国总理之位。刚刚上任，他就立刻会晤希特勒的特使巴本，并且发表了一篇热情洋溢的讲话，表明了自己的立场，也表明了法国的态度——“法国和德国将一起把欧洲关系转移到新的、更健康的基础上，这将是世界历史上重大的里程碑”。

在此之前，英国的张伯伦一直曲意逢迎希特勒，不断向德国示好。他希望德国能够成为阻挡共产党西进的武器，成为“西方反布尔什维克的屏障”。所以张伯伦一直鼓动希特勒，希望希特勒可以向东方进军，即便牺牲奥地利等小国也在所不惜。

在当时的欧洲，所有人更为担心的并不是希特勒的法西斯德国，而是远在东方的赤色苏联，它才是英法等国真正的心头之患。所以，为了阻挡来自苏联的红色力量，张伯伦希望与德国结盟。他撤换了原驻德大使，调亲德分子汉德逊去继任，明确指示——“与纳粹政府全力合作”，并且不断派遣英国贵族以私人的身份参加德国的活动。张伯伦的一切行为都是向希特勒表明：希望德国可以向东方进军。而这，势必会侵犯到奥地利，而对于希特勒来说，在这件事上，唯一让他担心的就是法国。

希特勒

欧洲第一陆军强国法国不表态，希特勒就不敢轻举妄动。毕竟第一次世界大战后签订的《圣日耳曼条约》上明明白白地写着：英法有义务保障奥地利的独立不受侵犯！

希特勒害怕自己若贸然动了奥地利，会惹怒法兰西这只雄鸡，到时候，恐怕德国会腹背受敌，重蹈第一次世界大战的覆辙。

肖当再次登上总理之位，发表了那篇“热情洋溢”的讲话，表明了法国对德国的友好态度，自此，希特勒摸透了法国的意图，加之英国的不断鼓动，于是，向东方进军、吞并奥地利的计划被他正式提上了议事日程。

奥地利的主要居民是日耳曼人，这对于希特勒来说是优势所在，纳粹党利用民族沙文主义，早就派遣大批党徒渗透到奥地利内部，不断煽动国民闹事，吵嚷着要同德国“合并”，并且把这种声音打造成为人民的意愿，人民的声音。

就在肖当讲话的几个月之后，1938 年 2 月，希特勒为了解决“德奥之间的误会与分歧”，邀请奥地利总理许士尼格到德国会晤，并且信誓旦旦地向许士尼格保证，尊重奥地利的独立，不干涉其内政。

2月12日，许士尼格在外交部部长施密特的陪同下，来到德国的伯希特斯加登会见希特勒。可是许士尼格一到德国，希特勒就露出了他的本来面目，许士尼格的人身自由被限制，并且当天下午，德国外长就把一份早就拟定好的德国与奥地利合并的“协定草案”送到许士尼格面前。

没有任何条件好讲，要么签字，要么德国的军队就立刻开进奥地利。

在希特勒的淫威之下，这所谓的“协定草案”也不过就是一纸空文，许士尼格明白，自己签字与否，都已经不重要了。许士尼格草草地在“协定草案”上签了字，然后才被释放回国。

许士尼格的卖国行为在奥地利国内引起了轩然大波，奥地利各地开始出现大规模的游行、罢工，政府与军队中也出现不同的声音，要求抵抗德国近乎赤裸裸的侵略行为。

在全国上下的压力之下，许士尼格突然宣布，奥地利将于3月13日举行全民公投，表决奥地利与德国合并问题。在夹缝中痛苦着的许士尼格，先是背叛了奥地利的国民，然后又背叛了希特勒。

许士尼格

希特勒当然不会傻到等着奥地利全民公投的结果出来！

3月11日，也就是全民公投的前两天，希特勒向奥地利政府发出了最后通牒，20万德国大军集结在奥地利边境，随时准备踏入奥地利的国土。

3月12日的凌晨，在奥地利政府还没有任何反馈意见的情况下，希特勒借口要平定奥地利境内的“共产党骚动”，下令德军突袭维也纳，并迅速占领了奥地利。

在德国11日向奥地利发出最后通牒的当晚，英国政府向德国外交部提出“抗议”，而德国外交部对此置之不理，直到德军控制了维也纳之后，德国外交部才答复了英国：德奥关系属于日耳曼人自己的事儿，与第三方无关。

英国只能无奈地接受了这个答复。

法国对此也提出了抗议，这个拥有全欧洲最强陆军的国家，竟然顾左右而言他，可笑地宣布：如果德奥合并事件危及捷克斯洛伐克的安全，法国一定履行对捷克的诺言，保卫捷克的安全。

一切都在希特勒的预料之中。

希特勒随即宣布保障奥地利独立的《圣日耳曼条约》无效，奥地利被并入德国版图，被称为“东方省”。

灭掉奥地利后，希特勒把目光投向了法国口中的“捷克斯洛伐克”。而此时的法国，正在达拉第的带领下，专心修建第二条防线——达拉第防线。

早在第一次世界大战结束后，法国的战略目标几乎就全部放在了防御上。也许这是一战给法国留下的“后遗症”。第一次世界大战期间，法国人员伤亡过大。一战结束后，法国人痛定思痛，为了避免死亡，为了不再让法国成为战场，开始谨慎地保护军队，避免发动大规模的军事进攻。

怎样才能在避免大规模军事进攻的基础上保护法国的安全？只有增加防御工事。为此，法国大规模兴建防御工事，并对依赖重型大炮保护的法军重新部署。

从第一次世界大战结束，法国国防部就开始研究边境工程——防御问题。1925 年，法国国防部决定构筑独立堡垒地域配套系统。1927 年，计划先在法国东北边境修建梅斯、劳特尔和贝尔福三个堡垒区域，并于 1928 年开始正式施工。

1929 年，马其诺就任法国陆军部长。经过他的提议，1930 年法国国会以多数票通过了关于在法国东北边境修建堡垒防线的巨额拨款的事项。从此，马其诺防线开始全线施工，到 1936 年，这项巨大而繁重的工程终于完工，一条耗资 60 亿法郎、挖了 1200 万立方米土方的防线，最终以

马其诺

"马其诺"命名。

由于德国1935年占领了萨尔区，1936年吞并了莱茵兰，法国人深切地感受到，无法移动的马其诺防线似乎已经无法保护法国的安全。可德国的这些举动还没有让法国从他们的防御梦中醒来，他们不但没有改变策略，反而又义无反顾地投入到了新防线的建设之中。

1937年，法国从马其诺防线的北端，沿着整个法国、比利时的边境直至北海边缘，开始修筑第二条防线——达拉第防线（以当时的国防部长达拉第的名字命名）。德国吞并奥地利的时候，法国无暇他顾，正在醉心于修筑第二条防线。

法国的这条防线，在某种意义上说，是近乎完美的。

在一些堡垒区域的重要地段，修筑了地上和地下相结合的环形防御工事群。地上由钢筋混凝土组成机枪和火炮工事群，而地下的工事则多达几层，有指挥所、休息室、储藏室、弹药库、救护站、电站、通风室等。工事之间均有通道连接，甚至能通电车，工事里的武器也都是由军事专家精心设计的。大型地下工事完全靠电力提供资源，拥有独立的水井、食物供应和发电设施，能够独立生存三个月。拥有从厨房酒窖到牙医团队、从监狱到太平间在内的所有设施，每一座地下工事都相当于一座小城镇。

马其诺防线共修建了约5800个永久工事，多达每公里15个工事。钢筋混凝土的工事顶盖和墙壁厚3.5米，另外还修筑了大量的防坦克壕、崖壁以及金属和混凝土桩，埋设了大量的地雷，许多地段还修建了通电铁丝网。

在很多方面，马其诺防线都被证明是很难攻克的。其实法国人早就看清了希特勒的狼子野心，可是他们却宁愿选择防守，也不愿意从绥靖梦中走出来，眼看着希特勒的阴影一点点地笼罩了整个欧洲。

吞并奥地利之后，希特勒立刻把刀锋转向了捷克斯洛伐克。

捷克斯洛伐克1400万人口之中，有300多万日耳曼人，这些日耳曼人主要居住在西部与德国接壤的苏台德区。早在1933年，希特勒就在苏台德区培植了以汉莱因为首的日耳曼人党，并仿效德国纳粹党的冲锋队和党卫军，成立了近1.5万人的自由军，希特勒为他们提供活动经费和武器装备，支持他们不断地在捷克斯洛伐克搞内乱。

1938年3月，在占领奥地利之后，希特勒立刻指示汉莱因借口“民族自治”、“民族自决”，不断提出让捷克政府无法接受的条件，试图从肢解捷克入手，进而占领整个捷克斯洛伐克。

而希特勒则以受害者保护人的面目出现，不断向欧洲各国发出声音——“苏台德区日耳曼人苦不堪言”、“上帝创造700万捷克人，并不是为了要他们来监督、欺负、侮辱350万日耳曼人的”，“德国已经忍无可忍了，不惜冒一场欧洲大战的风险解救苏台德区的日耳曼人”。

这些声音当然是说给伦敦的张伯伦和巴黎的达拉第听的。

而张伯伦和达拉第，还沉浸在自己的绥靖梦和防御梦之中，残梦未醒！

9月13日，就在希特勒发表关于“苏台德区”的演讲之后的第二天，张伯伦就急匆匆地给希特勒发出一份电报——鉴于局势日益严重，我提议立即前来见你，以寻求和平解决的办法。我准备明天起程，请告知我最早什么时候能见我，以及会面地点，盼今天给予答复！

张伯伦

张伯伦害怕德国与捷克真的掀起战争，因为法国与捷克之间有同盟关系，而英、法又是军事同盟，如果德国真的进攻捷克，那势必引起连锁战争，而英、法现在最不愿意看到的就是被卷入战争之中。

于是才出现了这样滑稽的一幕：已经69岁高龄并且从未坐过飞机的英国首相张伯伦，纡尊降贵地求见德国统治者，并且一改自己以往的习惯，立刻坐飞机前往德国。

第二节

慕尼黑协定

1938年9月15日。阴。

大英帝国的首相张伯伦拖着衰老的身躯，登上了去往德国的飞机，这是他第一次坐飞机。他并不知道等待他的将是什么。他只知道，为了英国，为了整个欧洲的和平，他必须尽快见到希特勒！

四个小时后，飞机抵达慕尼黑，等候在机场的德国军官立刻带着张伯伦转乘火车去希特勒所在的伯希特斯加登。

迎接张伯伦的不是希特勒，现场甚至连欢迎的仪仗队都没有。张伯伦耳中听到的是汉莱因要求苏台德区归并德国的声明，看到的是满载着德国士兵和重炮的军车。抵达伯希特斯加登之后，张伯伦又立刻钻进了一辆汽

"鹰巢"

车，爬上蜿蜒曲折的山路。这时天公不作美，又下起雨来。乌云遮住了群山，张伯伦就在这样的凄风苦雨之中，一路颠簸，终于到了希特勒在群山之中的别墅——“鹰巢”。

这时候的张伯伦已经筋疲力尽，而精神抖擞的希特勒却立刻安排与张伯伦会面，并且进行了长达三个小时的密谈。希特勒声称，自己会不惜一切代价解决捷克斯洛伐克的问题，为此德国准备好了迎接一切战争，哪怕是世界大战。

而张伯伦则一味地表态：英、法绝对不会同德国开战。

所以，捷克割让苏台德区给德国似乎成了解决问题的唯一出路。

最后，张伯伦表示要希特勒给他几天时间，让他回国后，争取内阁的同意，并同法国磋商，而希特勒唯一需要做的，就是保证在此期间，不采取任何军事行动。

这根本都不能算是一次谈判。张伯伦在整个密谈之中一直洗耳恭听着希特勒的叫嚣，偶尔插上一两句话，来表示对德国现状的同情和谅解。

整个会谈就在这样一面倒的情况下结束了。

第二天，天一亮，身心俱疲的张伯伦就立刻搭车回到慕尼黑，然后坐飞机飞回英国。

他要控制整个局势，希望在德国向捷克出兵之前，达成协议，让捷克割让苏台德区给德国。

回到英国之后，张伯伦立刻召开内阁会议，在所有议员面前申明，为了避免战争，唯有割让苏台德区给德国一条路可走。他的倡议立刻得到了所有议员的赞同。毕竟，苏台德区和英国没有什么关系。割不割让又能如何呢？更何况涉及的还都是日耳曼民族！既然是人家的家事，就更没有必要去强出头了。

三天之后，张伯伦邀请法国总理达拉第和外交部部长庞纳到伦敦会谈。对于不愿面对战争的达拉第来说，似乎也只有这一条路可以走。

9月19日，英、法两国政府联合发出照会，强迫捷克总统贝奈斯接受英法提出的方案。在这个方案中——“凡是苏台德区日耳曼民族居民占

50% 以上的全部领土，都直接转让给德意志帝国。”

对于英、法两个大国来说，这不过是不疼不痒的小事。可对于捷克人来说，这可是天大的事情。谁愿意把自己的国土白白地拱手送人。

第二天，捷克政府发表声明，明确拒绝英法两国的建议。士可杀不可辱，即便再小的国，也没有人愿意任人宰割。

达拉第

没想到，捷克此举却大大地激怒了张伯伦和达拉第。虽然张伯伦和达拉第在希特勒面前有软骨症，可在贝奈斯面前，却无比强硬。在捷克政府发表声明拒绝接受英法建议后的 24 小时内，英国驻捷克大使五次谒见捷克总统贝奈斯，并且明确表示，如果捷克政府不接受英法两国的建议，那就要负挑起战争的责任，并且得不到英法两国的任何援助和帮助。

在英、法的胁迫下，贝奈斯这位一生奉行亲法政策的政治家不得不接受这个方案。第一次世界大战之前，贝奈斯就一直致力于捷克斯洛伐克的独立运动，并且在捷克独立之后，出任了第一任外交部部长。在他的心里，捷克比他的生命还要重要。可是现在，摆在他面前的却是他即便献出生命也无法阻挡的事实——割让领土。

贝奈斯

9 月 21 日，捷克政府照会英法政

府——“以沉痛心情接受英、法两国的建议”，紧接着，为了平息全国人民的怒火，贝奈斯在全国范围内发表讲话——“我们没有选择，因为我们被抛弃了。”

我们能想象得到当时贝奈斯的心情是如何的无奈和无望，这是属于弱国的悲哀。

得到捷克政府的照会后的第二天一早，张伯伦就登上了去往慕尼黑的飞机。在他心里，别说牺牲一部分苏台德区，就算牺牲整个捷克也在所不惜。只要能把德国的注意力引向东方，只要能让德国战车去和东方的红色力量对抗，那就没什么好担心的了。在张伯伦、达拉第的思维之中，东方的红色力量才是最根本的祸端。至于希特勒，只不过是一个有一点野心的政治家罢了。那就给他一点甜头，把他推到风口浪尖上去好了。

希特勒在莱茵河畔的戈德斯堡接见了张伯伦。张伯伦一见到希特勒，就立刻滔滔不绝地把这几天的波折诉说给希特勒听，希望希特勒能够感受到英法两国的诚意，并且能够领情。可情况似乎并不像张伯伦所想的那样……希特勒不但没有对张伯伦和达拉第的努力领情，反而冷冰冰地说：由于过去几天形势的变化，捷克人越来越敌视日耳曼人，并且在苏台德区发生了多起驱赶日耳曼人的事件，所以，我们之间达成的协议已经没有用了。现在德国为了保护日耳曼人，不仅要求捷克政府把苏台德区日耳曼民族人口占 50% 以上的地区割让给德国，而且要求把日耳曼人口占少数的地区也割让给德国。

面对希特勒的咄咄逼人，“和平使者”张伯伦只能诺诺连声。

希特勒不容置疑地把勒令苏台德区捷克人限期撤退的“备忘录”和由德军占领的地图交给了张伯伦之后，立刻拂袖而去。

整个苏台德区和半个苏台德区，对于张伯伦来说，又有什么区别呢？

第二天，张伯伦——这位希特勒的掮客——立刻飞回了伦敦，然后把希特勒的“备忘录”和军事地图直接转交给了捷克政府。

民怨载道！捷克人的愤怒已经到了顶点。面对德国的得寸进尺，贝奈斯断然拒绝，并且立刻进行全国总动员，陈兵边境，准备和德国开战。

而达拉第则适时地出现了，并发表声明表态——如果德国入侵捷克，那法国将予以援助。

达拉第的目的不是为了帮助捷克，更多的是为了缓和贝奈斯和整个捷克人的愤怒——那种被人抛弃的愤怒。

态度强硬的希特勒却不肯做出一点让步。9月26日，希特勒召集所有高级将领，面向所有军队发表声明——如果10月1日苏台德区还没有划给德国，那我希特勒将作为第一个士兵，冲进捷克斯洛伐克！随后德国宣布三军总动员。并且在第二天，希特勒在召见英国大使的时候故意让一整个装甲师驶进柏林，在他和英国大使的面前驶过。希特勒试图通过大使，向张伯伦和达拉第传递一个信息——德国不惜全面开战！

面对德国和捷克的剑拔弩张，张伯伦果然慌了手脚。他不愿意开战，而且更重要的是，他不愿意自己祸水东引的计划被打乱。张伯伦的心思，在他面对全国人民的广播之中暴露无遗。9月27日，就是德国三军总动员的这一天，张伯伦面对全国人民发表演讲：现在，我们为了一个遥远的国家中我们完全不了解的民族之间发生的争吵，在这里挖掘战壕，试戴防毒面具，这是多么可怕的事情，并且是多么不可思议……

9月28日，张伯伦和达拉第达成共识，共同派公使谒见希特勒，表示只要希特勒给英法一些时间去斡旋此事，那希特勒就一定能够得到他想要的一切，而不必通过战争手段。只要希特勒首肯，英、法两国首脑将一起来慕尼黑，和希特勒磋商此事，并且邀请捷克和意大利也出席此次会议，希望通过谈判的方式达成共识。

幕后的交易已经完成。剩下的就是给世人看的一场大戏了。

希特勒发出书面邀请，请英国、法国、捷克、意大利四国，派代表到慕尼黑举行会谈。

9月29日，张伯伦第三次飞往慕尼黑。这次与他同行的还有达拉第和捷克的代表。

而意大利的墨索里尼则早就等在了慕尼黑。

这是一次丑陋的会谈。

意大利是德国的帮凶，英国、法国也已经与希特勒达成了共识。唯一有异议的捷克政府，其派出的代表竟然没有出席会议的机会。他们被安排在隔壁的房间，等待着命运的判决。

会议一直持续到凌晨 1 点半。四国元首终于达成一致，形成了“慕尼黑协定”，然后由英国公使把已经拟定好的“慕尼黑协议”拿到隔壁，照本宣科地读给捷克人听。最终捷克人被逼着在协议上签了字。多么可笑的协定，与其利益最相关的捷克，却没有任何发言权，甚至，连抗议的权利都没有。

《慕尼黑协议》约定，捷克斯洛伐克必须从 10 月 1 日起，十天之内，把苏台德区和南部与奥地利接壤的地区划归德国，并且要保证这些地区的军事设施、工业企业和运输工具都完好无缺地移交给德国。

在《慕尼黑协议》签订几个小时之后，德国分别与英国、法国签署了早就拟好的《英德宣言》、《法德宣言》，在宣言中，德国向英法两国保证，不会向英法挑衅发起战争。英法两国，用捷克的国土，换来了希特勒的一纸空文。张伯伦、达拉第继续做着和平的美梦，带着这张纸片得意扬扬地回到了自己的国家。

而捷克斯洛伐克就这样在几个大国的威逼之下，被献上了奴役的祭坛。

第三节
法国不设防

就在张伯伦和达拉第拿着希特勒的承诺，做着和平美梦的时候，希特勒却一次都没有停下自己前进的脚步。希特勒明白英法的企图是希望德国和苏联开战。可在希特勒心里，英、法是一块必须吞下去的甜美的蛋糕，而苏联则不过是一块又冷又硬的石头。

次年三月，也就是张伯伦和达拉第出卖了捷克苏台德区的几个月后，德国借口捷克人挑衅，杀害了日耳曼人，闪电出兵，占领了捷克全境。

面对德国的獠牙，英、法适度地做出了反应，他们与东线的波兰签订了军事互助协议。可张伯伦和达拉第心里的算盘却是：如果希特勒能够向波兰出兵进军，那么，德国要面对的就是苏联的铁蹄了。

德国之所以把自己的目标锁定在波兰，是有着历史渊源的。

地处中欧的波兰西接强大的德国，东邻社会主义苏联，这种与强国毗邻而居的特殊地理位置似乎注定了波兰多灾多难的命运。20 世纪以前，它曾三次被俄国人和德国人瓜分，直到第一次世界大战之后才重新恢复了独立。

一战中德国战败后，根据《凡尔赛和约》，德国把东部的领土划给了波兰。这些划给波兰的领土包括“波兰走廊”这个狭长的地带，走廊尽头的但泽被辟为一个非军事化的国际自由城市，它也是波罗的海最大、最重要的海港之一。这里生活着的 100 多万日耳曼人因此而远离了祖国。所以德国人一直对失去但泽和“走廊”地区耿耿于怀。

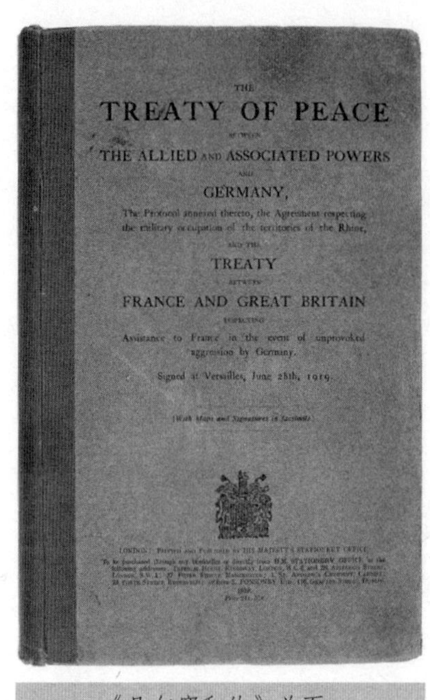
THE
TREATY OF PEACE
BETWEEN
THE ALLIED AND ASSOCIATED POWERS
AND
GERMANY,
The Protocol annexed thereto, the Agreement respecting the military occupation of the territories of the Rhine,
AND THE
TREATY
BETWEEN
FRANCE AND GREAT BRITAIN
RESPECTING
Assistance to France in the event of unprovoked aggression by Germany.
Signed at Versailles, June 28th, 1919.
(With Maps and Signatures in facsimile)

《凡尔赛和约》首页

希特勒上台后便发誓要报这一箭之仇，也许在他看来，波兰甚至是比法国更不可饶恕的敌人。更重要的是，波兰位于欧洲东部，东接苏联，西邻德国，南界捷克斯洛伐克，北濒波罗的海，战略地位十分重要。而且波兰是当时英、法在欧洲的诸盟国中军事力量最为强大的一个国家。德国如果占领波兰，不仅能获得大量的军事资源和经济资源，而且还能大大改善自己的战略地位；既可以消除进攻英、法的后顾之忧，还可以建立袭击苏联的基地。

自 1938 年 10 月起，德国曾多次向波兰提出归还领土的要求，要波兰交出“波兰走廊”和但泽，并将在“波兰走廊”建筑公路、铁路的权利也转让给德国，却遭到了波兰政府的严辞拒绝。

1939 年 3 月 15 日，希特勒兵不血刃地迅速兼并了捷克斯洛伐克，下一个侵略目标直指波兰。希特勒给武装部队下达了一个代号为“白色方案”的绝密命令，它的目标是在这年的 8 月底或 9 月初以突然袭击的方式入侵波兰，同时他要求这个时间不可更改。

1939 年 9 月 1 日凌晨，德国突然出动 58 个师，2800 辆坦克，2000 架飞机和 6000 门大炮，向波兰发起“闪电”式进攻。面对德军的突然袭击，9 月 3 日，英、法两国被迫对德宣战，第二次世界大战全面爆发。可相比东线的全面开战，西线整条战线都静悄悄的，没有一点声音。

希特勒似乎算准了英、法的心理，他对将领们说：“我在慕尼黑会议上领教过英、法的头面人物，他们根本不是能打世界战争的人。再说，他们凭什么同我们打仗？他们才不肯为一个小小的波兰陪葬！”

德国位于欧洲中部，军事大忌就是同时在东线和西线作战。希特勒即使再狂妄自大，也绝不敢违背这一原则，愚蠢地将自己陷入疲于奔命的尴尬境地。他若要入侵波兰，准备在西线与英、法开战，就必须稳住东线的苏联。同样，英、法的目的则是要调动起东线的苏联，让希特勒这条恶狼直接面对苏联的红色力量。

双方都将最大的赌注压在了苏联身上，对于斯大林来说，暂时还不存在倒向哪一方的问题，现在英、法和德国双方都在他的股掌之中，他只想利用这一历史机遇做出最有利于苏联的决策。眼下斯大林还不想在准备尚不充分的情况下卷入双方的争斗，用斯大林的话说，不愿意苏联“因为资本主义国家之间的争夺而充当一方的炮灰”。此外再加上苏联曾提出若要保卫波兰，抗击纳粹入侵，就必须允许苏军进入波兰境内，但遭到了波兰政府的拒绝，因为他们对苏联人的戒心并不比对德国人的小。波兰的这一决定使斯大林下定了决心。

1939 年 8 月 23 日，德国外交部部长里宾特洛甫赶到克里姆林宫会见斯大林。当晚，双方便签署了一经签字立即生效的《苏德互不侵犯条约》，并达成了共同瓜分波兰的秘密议定书。希特勒暂时免去了两线作战的后顾之忧，他要放手对付波兰了。

1939 年 8 月 31 日晚，一支身穿波兰军装的德国党卫军冒充波军袭击了德国边境的格莱维茨电台，在广播里用波兰语辱骂德国，并丢下几具身穿波兰军服的尸体。接着，全德各电台都广播了“德国遭到波兰突然袭击”的消息。

1939 年 9 月 1 日凌晨 4 时 45 分，德军轰炸机群呼啸着向波兰境内飞去，目标是波兰的部队、军火库、机场、铁路、公路和桥梁。几分钟后，波兰人尝到了人类历史上规模最大的空袭战争。波兰城市和港口遭到德国战机的轰炸，首都华沙也未能幸免。约 1 小时后，德军地面部队从北、西、西南三面发起了全线进攻。空中和地面的紧密配合使波兰乃至整个世界第一次领教到了“闪电战”的厉害。

波兰军队猝不及防，不到 48 小时，波兰空军就被全部摧毁。无数火炮、汽车及其他来不及撤退的重型装备当即被摧毁，交通瘫痪，所有军队的指挥中心都遭到破坏，部队陷入一片混乱。德军趁势以装甲部队和摩托化部队为前导，很快从几个主要地段突破了波军防线。

开战后，波兰驻英国大使迅速致电英国政府，向其报告波兰受到空袭。德国大使否认了轰炸的事实，但不久就被官方证实。英国国王乘车前往唐宁街造访了首相张伯伦。在首相夫妇开车到达众议院之际，议会正在进行最后的讨论。议会最终确定：英国军队的敌人是德国纳粹党统治下的头目，而不是德国人民。可笑的张伯伦还在做着和平的美梦。

在张伯伦心里，他一直认为，只要满足希特勒的要求就能够避免战争，所以他一直主张应该不惜一切代价避免欧洲战争。几个月前，在他和达拉第出卖了捷克斯洛伐克之后，他在全国演讲中对英国民众说："在我看来，捷克斯洛伐克问题的顺利解决只是欧洲寻求和平举措的一个前奏。今天早上，我还同德国总理希特勒进行了谈话，这就是我们共同签名的文件。"但是，几个月后，张伯伦首相渴望在任期内维持和平的美梦就被打破了。

此刻，英国准备参战，英国国王脱掉了皇家盛装，穿上了空军制服。军队进入紧急战备状态，儿童都撤离了伦敦。

9 月 3 日上午 9 时，英国向德国发出最后通牒，要求德国在上午 11 时之前，提供停战保证，否则英国将向德国宣战。正午时，法国也向德国发出了类似的最后通牒，其期限为下午 5 时，但希特勒对英、法两国的最后通牒置之不理。于是，英、法两国相继对德国正式宣战，第二次世界大战全面爆发。

德军突破波军防线后，以每天 50 至 60 公里的速度向波兰腹地突进。这是人类战争史上空前规模的机械化部队大进军。波兰人进行了顽强抵抗，战马与坦克搏斗，马刀、步枪与火炮对抗，在一次又一次的绝望挣扎中，波兰的国土上上演了一场实力悬殊的大搏杀。

而另一边，英、法两国虽然在西线陈兵百万，但他们却始终躲在工事背后，按兵不动，宣而不战。这场所谓的战争后来被称为"奇怪的战争"

或称为“静坐战”。

9月3日晚上，就在英法对德宣战的当天，安静的西线却发生了一件“小事”。

晚上九点，载满1400名乘客的英国邮船雅典娜号在赫布里底群岛以西200英里处，未获警告就被鱼雷击沉，造成112人死亡，其中28人是美国人。

英国人9月4日发布这一消息，指责德国的潜艇击沉了这艘邮船，这让希特勒大发雷霆，他不愿意在这个时候两面开战，更不愿意在这个时候惹怒美国人。德国海军上将和潜水艇司令赶赴现场调查，然后向希特勒保证，他们的潜艇根本就没有靠近过事发地点，而且德国所有潜水艇都已经得到指令，不许攻击英国船只。

那如果德国没有攻击英国邮船，又有谁会向一艘邮船发射鱼雷？那就只有英国自己了。

第二天，德国报纸就统一口径，一起宣称：是英国的海军大臣丘吉尔为了激怒美国使其参战而自己炸毁了邮船。

一时之间，二战中的风云人物——丘吉尔被推上了风口浪尖。

9月6日，波兰政府仓皇撤离华沙，迁往卢布林。9月8日，德国装甲师到达华沙外围。9月17日，大局已定，波兰彻底陷落。

9月18日，苏、德两国军队在布列斯特至力托夫斯克会师。希特勒希望赶紧占领华沙，命令德军必须在9月底之前拿下华沙。9月25日，德军开始向华沙外围的要塞、据点及重要补给中心进行炮击。9月26日，德国空军开始轰炸华沙。9月27日，华沙守军停止抵抗。9月28日，华沙守军司令向德国第8集团军司令布拉斯科维兹上将正式签署了投降书。

第二次世界大战爆发后的第一个战役仅用一个月的时间就结束了。在波德战争中，波军阵亡约66000人，伤10余万，被俘40多万人。德军阵亡约10060人，伤30300人，失踪3400人。

希特勒对波兰的入侵实际上是一场赌博。他疯狂地启动了战争的机器，拉开了一场人类战争史上规模之巨前所未有的世界大战的帷幕。

欧洲大陆最强的陆军部队——法军，却躲在马其诺防线背后，准备看着德国与东线的国家大战，坐收渔翁之利。

可法国人没有想到的是，早在 1938 年，慕尼黑协议签订之前，德国的谍报部门就已经破译了法国军队的大部分无线电密码。8 月下旬，更是破译了法军的全部密码。所以对法军的所有动态，希特勒都了如指掌。二次世界大战爆发之后，法军也没有更换密码，而是把在法意边境使用的军区密码广泛应用到其他各大军区。对于大多数法国军队来说，他们正在使用新密码，可对于德国人来说，这早已经在其掌握之中了。

更可笑的是，直到马其诺防线被攻破，法国被全部占领，国家灭亡之后，法军都没有意识到这个问题，还在使用着同样的密码。他们就在这种不设防的状态下迎来了世界上最大的一场战争。

第四节
挪威争夺战

波兰被占领之后，德国没有掉头向西，而是把注意力集中在了北欧。希特勒更希望在英法两国还没有意识到自己的作战计划之前，占领北欧的挪威和丹麦两个小国。

美丽的挪威还没有意识到，自己已经被一头恶狼盯上了。

德国人之所以一直注视着北方，主要是因为德国作为内陆国家，没有直接进入大洋的出海口。由于地理位置上的制约，导致如果开始世界大战，那德国就会面临像第一次世界大战一样尴尬的境地。在第一次世界大战时期，英国用鱼雷和巡逻舰队，从设德兰群岛到挪威海岸，横跨狭窄的北海，布置了一道严密的封锁网，卡住了强大的德国海军，并且使德国的商船不能出海，外部支援也无法进入德国。所以，希特勒在上台之后，就仔细考虑了德国地理位置方面存在的问题，从而把目标锁定在了挪威和丹麦的身上。只有在挪威获得基地，才能打破英国在北海的封锁线，为德国海面和海地舰艇开辟广阔的海洋之路，从而使德国能够扭转局势，对英伦三岛、法国进行有效的封锁和军事打击。

1939 年 12 月 14 日，希特勒在柏林接见了一位来自挪威的客人。

这位客人名叫吉斯林，是挪威前国防部长，挪威“国家统一党”领袖。这是一位一直亲纳粹的挪威政客。

吉斯林看到共产党人在俄国的成功，觉得可以在挪威也进行这样的革命，所以在游学归国之后，就向挪威的工党毛遂自荐。当时的工党还是共产国际的成员之一。他建议搞一支类似于红军的赤卫队，但是工党对于他

吉斯林（左）

并不信任，所以拒绝了他。吉斯林在1931年到1933年担任国防部长，但随后，他就失去了自己的职务，甚至连一个议员的席位也没有搞到。这深深地刺激了这位有着极强的政治野心的政客。

刚一下台，他就利用德国纳粹党的精神内核，创建了“国家统一党”。可是在之后的选举中，他并没有得到挪威人的支持，走投无路的他，只好向德国靠拢。

这次德国袭击波兰，正值战争全面开始的时候，吉斯林感觉自己的机会到了。

他亲自前往柏林，与希特勒见面，允诺配合德军的进攻，从挪威内部进行捣乱、破坏、造谣，策应德军，削弱挪威的抵抗力量。吉斯林的主动投靠给了希特勒更大的信心。

1940年1月27日，德国陆军元帅凯特尔受希特勒委托，在希特勒1939年12月14日下达的准备侵占挪威和丹麦的命令的基础上，又下达了一道命令，主要内容如下：

元首和武装力量最高统帅希望“N”计划在他们的亲自监督下，并与战争总计划密切联系加以制订。

鉴于此，元首委托我领导今后的准备工作。

为此，在最高统帅部设立一个工作参谋部，它同时又是负责指挥这一战役的未来参谋部的核心部门。

接下来的全部制订工作，在“威悉河演习”代号下进行。

2月29日，法尔肯霍斯特将军提出，在攻占挪威的同时，必须同时占领丹麦，这样才能保证更加有效地封锁波罗的海。此外，丹麦的机场可以使德国空军大大扩展其作战半径，给入侵挪威的军队以更加有效的支援。

这一命令具有很大的原则性意义，其意义已经远远超出了计划中的这一战役的范围。德军的历任主帅都认为陆军在未来任何战争中理所当然要起十分重要的作用，他们希望陆军会对战争进程产生决定性作用。他们主张，武装力量最高统帅应该是由领导全部战役的人组成，机构应尽可能小。最高统帅部作为国防部长（先是布隆贝格，后是希特勒）的直属机关，只应在总体上制订战略计划和未来各次战役的计划。因此他们坚决反对扩大武装力量最高统帅部，而力图根据陆军的发展情况，扩大陆军总参谋部这一作战和组织机构，极力阻挠属于最高统帅部系统的某种军队指挥机构在陆军中出现。

陆军总参谋部的许多争论，就是为了防止权力落入凯特尔这样的忠实于希特勒的军事顾问们手中，因为这些人对希特勒的战争计划可能会表现出赞同的态度。以前的战役计划和指挥都由陆军总司令部实施，希特勒没有进行大范围的干预，最多是积极参与制订准备措施。如今，涉及挪威和丹麦的命令又挑起了这个争论，并以有利于武装力量最高统帅部的方式解决，其结果是使最高统帅机构具有了发号施令的权力，甚至使陆军总司令部对陆上战役的指挥权被完全剥夺。最高指挥机构编制中的这种混乱现象和无休止的分歧，甚至传染到了下级机构。

凯特尔

总之，凯特尔的这个命令为希特勒确立在德国军队中的“统帅地位”铺设了道路，并使之畅通无阻。

凯特尔的新的工作参谋部在 1940 年 2 月 5 日开始组织。到 3 月 1 日前，它的准备工作已达到可以颁发专门训令的规模。已经晋升为上将的凯特尔，尽管知道陆军内部有对希特勒很大的反抗潮流，但他毫不在意，他相信希特勒在军事方面天才的判断能力。虽然希特勒的所作所为有时同他个人的意见大相径庭，但他始终以服从命令为天职。

身为德国三军最高统帅部主管的凯特尔，其军事素质和才能还是相当不错的。他的“威悉河演习”训令第一项恰当地概括了德国和英国的战略观点：

> 斯坎德纳维亚事态的发展，要求做好用部分武装力量占领挪威和丹麦的一切准备。这就有效地阻止了英国人在斯坎德纳维亚半岛和波罗的海站住脚，保障了在瑞典的矿石基地，扩大了海军和航空兵对英作战的出发阵地。

为了加速占领挪威，希特勒指使吉斯林加紧活动，并要他尽快组建自己的赤卫队部队，挑选一批亡命之徒，组成冲锋队，按照挪威的地理模型，进行模拟军事演习。德国的宣传部事先印刷了号召丹麦和挪威军民同德国合作的传单 120 万份，宣传画一万张。德军一直试图让爱好和平的挪威和丹麦人相信，只要两国的军队不抵抗，德军就会以“公正态度”对待两国的民众，并且绝不对他们采取敌对行动，也不会解除他们的武装。

3 月 7 日，希特勒批准了最后的战役计划，并规定入侵时间为 4 月 9 日凌晨。

真是山雨欲来风满楼。

按照这个计划，装载着火炮和其他重装备的德国运输船伪装成商船驶离港口，取道纳尔维克。在战役开始前一两天，每天夜幕降临之后，大批运输船队就开始行动，载有登陆军队的海军舰艇也加紧运行。

4 月 8 日和 9 日运送工作达到最紧张的状态。德国海军重巡洋舰“海军上将希佩尔”号 8 日在云雾弥漫、能见度极差的情况下，撞沉了一艘迷航的英国驱逐舰，却没引起英方的注意。

而此时，一直奉行“中立政策”的挪威、丹麦还没有醒悟。

4 月 9 日凌晨 4 时 20 分，德国驻哥本哈根公使来到丹麦外交大臣蒙克家中，向他提交了一份要求丹麦投降的备忘录，德军的理由是为了保护丹麦的中立立场。可就在五分钟之前，德军的两个师已经悄悄地开进了丹麦的国土。

丹麦政府和统帅部在凌晨 5 时举行御前会议，而这时候德国的登陆部队已经在预定地区登陆，步兵和摩托化兵团也在空军配合下长驱直入。御前会议还没有结束，德国空降兵已经将丹麦王宫包围。

一个小时之后，丹麦政府和国王决定不抵抗，向希特勒的军队投降。政府号召全国人民不要作任何抵抗。

希特勒用 2 人死亡，10 人受伤的代价，就占领了丹麦。

德国对丹麦和挪威的进攻却大大地刺激了英国和法国。

此时的英、法政府都发生了变动。

一直奉行绥靖政策的达拉第辞职，雷诺组成新政府，自己担任总理兼外交部部长之职。英国也进行了内阁改组，主战派以丘吉尔为首，他已经被推上风口浪尖，却被任命为内阁国防委员会主席。刚一上任，丘吉尔就命令英国海军在挪威领海布置鱼雷，以切断罗马尼亚向德国输出石油的运输线。

4 月 9 日，战役早已经开始了，与丹麦的平静相比较，英国海军与德国海军展开了激烈的海战，英国战列舰“罗德尼”号和两艘巡洋舰被德军航空兵炸伤，一艘驱逐舰被炸沉。但英国潜艇也击沉了德军三艘轻巡洋舰。

挪威的军队并不多，但因为有英国海军的支持，所以没有像丹麦一样选择投降。

挪威有六个陆军常备师，共 1.5 万人，并且拥有十万预备役，后备人员随时可以增补开进前线；还有 180 架飞机，4 艘海岸防御舰，近 30 艘驱逐舰，9 艘潜艇，11 艘布雷舰。

而且，挪威在所有的沿岸城市，都有相当可靠的海岸防御，筑有堡垒，配有海岸炮兵部队。所以，只要海岸部队和海军协同作战，再加上英国海军的帮助，德军想要占领挪威绝不是易事。可很多地方驻军部队的司令，却早就已经被吉斯林渗透，投靠了德国。当德军开始进攻的时候，很多陆军部队一弹不发就投降了德国，只剩下海军孤军奋战。

虽然其他各港口相继失陷，可在挪威首都奥斯陆的登陆战，德军却遭到了前所未有的抵抗。德国的军舰在50英里长的奥斯陆峡湾入口的地方遭到了挪威布雷舰的拦截，一艘德国鱼雷舰被击沉，一艘巡洋舰被击伤。消灭了这支拦截力量之后，德国的舰队继续前进，却在奥斯陆以南15英里处遭到了挪威陆军守军的强烈攻击。

此处海域狭窄，只有15英里宽，所以挪威军队可以从岸上用大炮和鱼雷对德国舰队进行打击。德军万吨级的战舰勃吕彻尔号被击沉，1600多名德国官兵葬身海底，这其中包括德国准备接管挪威的秘密警察和行政官员，他们是准备登陆奥斯陆之后，逮捕挪威的国王和政府人员，然后全面接管挪威的行政工作，可没想到，还没有到达目的地，这艘战舰就被击沉。舰队司令勉强游上岸，也成了挪威人的俘虏。另外一艘万吨级的战舰鲁佐夫号也受到了重创，虽然没有完全失去战斗力，也只能撤退。

战争陷入了僵局。

如果这样一直僵持下去，那整部历史必然被改写。

乱世出英雄，也许这话放在这里并不合适，可德国的这支根本不是主战部队的空降部队，却充满了传奇色彩。

奥斯陆峡湾的战役，把挪威王室成员吓坏了，王室和政府的议员们，匆匆坐上专车，逃向首都以北80英里的哈马尔。20辆载着挪威银行的黄金和3辆载着秘密文件的卡车也同时开出。国王的出逃使奥斯陆完全陷入混乱不堪的状态之中。撤退下来的第一师，对防御没有做出任何有效的安排。

本来准备迎接德军舰队的空军部队开始迫降福纳布机场。这支只有三五架飞机的小部队，本来目的是恐吓和牵制挪威的居民和军队，可慌乱的奥斯陆根本没有做出任何反应，这支空军部队不断地空降德国士兵，到了中午，已经在机场集结了大约5个连的兵力。这些部队都只是轻装，没有任何重武器。本来留守首都的挪威军队可以轻而易举地把他们消灭，但不知道什么原因，挪威首都的防御部队没有集结，甚至没有理会这支在机场的德国部队。到了下午，这只临时拼凑起来的德军部队，就这样大摇大摆地开进了首都。

难以置信!

这支少得难以置信的纵队，一共不到1500人，只用了六七分钟便通过了挪威的首都，几乎将近30万居民的奥斯陆就这样被占领了。

随后，希特勒指挥空军不断地寻找和空袭挪威国王的所在地。可多次袭击都没有成功，挪威国王带着议会成员向北撤退，准备退到中立的瑞典寻求避难。

10日，英舰与德舰在纳尔维克以西漫长而又分叉很多的峡湾继续激战。德舰被击沉了两艘、击伤了三艘，英舰被击沉了两艘、击伤两艘。13日，英国战列舰“沃斯派特”号在飞机掩护下，和9艘驱逐舰一起进入峡湾，向幸存的德国驱逐舰发动攻击，并将其击沉。德军虽遭到了巨大损失，却在克里斯蒂安桑、斯塔万格、卑尔根、特隆赫姆和纳尔维克多处登陆成功，西海岸唯一适用的索拉机场也落入了德军手中。

17日，英舰“萨福克”号企图击毁斯塔万格附近对英军阻碍特别大的索拉机场，但未成功。德军飞机对它连续进行了7小时攻击，“萨福克”号舰尾受伤，退回斯卡帕湾。

23日前，德军占领挪威首都并解除了在奥斯陆地域的挪威各师的武装后，向特隆赫姆推进，在利勒哈莫尔击溃了英军一四八旅，俘虏了该旅旅长，从其身上缴获了使德军统帅部超出局部战斗范围的重要文件，大本营紧张的气氛变得轻松起来。5月2日傍晚，同盟军放弃了纳姆索斯港口。保障装载的英、法驱逐舰各一艘被德军飞机击沉。

5月12日前，同盟军对德军实施突击，攻克了位于纳尔维克以北侧面峡湾的比约尔维克。德军从罗姆巴克峡湾北端附近向东退却。随后几天，同盟军在罗姆巴克峡湾以北加紧猛攻。28日，同盟军攻占纳尔维克。6月初，在洪纳伦以东铁路附近，德军受到同盟军强大的压力。4日，支援纳尔维克作战的德军战列舰驶离基尔不久，碰上了同盟军的运输船队。8日下午，它们击沉了一艘同盟军辅助巡洋舰和一艘大油船，16 时，它们碰上了英国“光荣”号航空母舰和两艘护卫它的驱逐舰，在英舰鱼雷轰炸机还未从甲板上升空时，德舰抢先开火，火苗吞噬了航空母舰的舰首，到 17 时 40 分，受重伤的“光荣”号和两艘英国驱逐舰沉没。德舰“沙恩霍斯特”号中鱼雷受到重创，两艘德国战列舰被迫驶进了特隆赫姆港。同日，同盟军撤离纳尔维克地区，整个挪威被德军占领。

第五节
进退两难的荷兰王国

这点不容置疑：17 世纪，有“海上马车夫”之称的荷兰绝对是当时世界上最强大的国家之一，也是世界上最大的殖民国家。可在 18 世纪被法军入侵，并入法国十几年后，虽然荷兰再次独立，但再也不复当年的风光。

荷兰位于欧洲西北部，国土总面积 41864 平方千米，濒临北海，东面与德国接壤。最有意思的是，这个王国被称作“尼德兰”，也就是低地王国的意思。荷兰四分之一的土地海拔不 到 1 米，四分之一的土地低于海面，沿海有 1800 多公里长的海坝和岸堤。13 世纪以来共围垦约 7100 多平方公里的土地，相当于全国陆地面积的五分之一。

荷兰主要的海外殖民地——东印度群岛（印度尼西亚），也与其他列强国家没有任何瓜葛。所以在过去的 100 多年的时间里，荷兰一直秉承着中立原则，这种政策使荷兰得到了 100 多年的和平，所以荷兰从不寻求与其他国家联盟，甚至拒绝结盟。

第一次世界大战期间，坚持中立政策的荷兰没有受到德国的侵略，这更坚定了荷兰的信念。

早在 1936 年，荷兰、比利时、芬兰、卢森堡等国家就曾发表声明称如果国际联盟强制维护集体安全，它们将退出国际联盟，不再受国际联盟的约束。

他们从心里不愿意管别人的是是非非，只要这场早晚会打起来的战争不波及自己就好。

1939 年，第二次世界大战爆发之后，荷兰在 9 月 1 日发表了中立声明。

虽然如此，它仍成为了两大势力的争取目标。它发表的声明得到德国和英国交战双方的回应。英国直截了当地保证不会进攻荷兰，德国也称荷兰的中立政策将受到尊重。

荷兰虽然发表了中立声明，但其领导者似乎也明白，战争恐怕在所难免。所以荷兰一边发表声明，一边进行了全国总动员，开始在全国各地修筑工事，并且宣布全国进入战争状态。

在东部战线已经硝烟弥漫的时候，荷兰的中立政策也受到了严峻的考验。

但荷兰政府严守中立态度，不敢流露出害怕德国，更不敢流露出想要与某一势力为敌的姿态来。荷兰对待交战双方一视同仁，生怕惹火烧身，荷兰人希望，在度过了100多年的和平之后，战争依然不会降临到自己的头上。为了避免战争，荷兰拒绝与比利时、卢森堡等国进行谈判或者结盟。

荷兰人一致认为，如果它们遭到攻击，那敌人一定是德国人。可它们没有想到，最先向他们发难的，竟然是英法两大同盟国。

英、法两国公布了“禁运货单”，宣布对荷兰强制执行联合抵制的办法，来惩罚荷兰与德国的合法贸易，荷兰政府当然会抗议，可是英国却直接扣留荷兰船只，关押荷兰海员，并且拒绝与荷兰进行谈判。

德国也不甘落后，9月6日，就在荷兰发表中立声明五天之后，德国政府向所有中立国，特别是荷兰、比利时等国家声明——中立国家与其他国家的经济关系一旦损害到德国的利益，都将被视作敌人。德国虽然在海外的实力弱小，但在波罗的海，德国海军的控制力却很强。

面对两大势力的挤压，渴望和平的荷兰陷入两难的境地。

9月26日，荷兰简单地认为波兰战争已经结束，苏联和德国将瓜分波兰。在希特勒与瑞典大使会面的时候，德国空军司令戈林提出建议，建议德国与英国在荷兰会面，以便能够和平解决双方的矛盾，寻求和平的道路。虽然荷兰人也清楚地知道德国提出的“和平建议”不会被英法等国接受，德军挥军西进势在必行，但荷兰人还是愿意一试。为此，荷兰女王威廉明娜向德国和英国发出邀请，希望两国可以派代表来荷兰进行会谈，讨论停战事宜。

威廉明娜

这个时候，能做和事佬的也就只有比利时和荷兰这两个夹在德国和法国中间的中立国家了。但不久，荷兰人得到消息说，德国大量的军队在莱茵兰地区集结。荷兰倒希望德国与英法发生正面的陆地冲突，这样一方面不会影响荷兰人的海上运输业，另一方面，荷兰人知道，法国的马其诺防线固若金汤，德国的军队根本不可能越过法国建立的防线。

10 月 6 日，希特勒发表演说，称德国的目的在于解救日耳曼人，在于统治中欧，而不想与西欧诸国为敌，但希特勒在英法问题上没有做出任何让步，只是承诺会建设一个新波兰。

11 月 7 日，在罗马教皇、挪威国王、瑞典国王的支持下，比利时国王访问荷兰，与荷兰女王一起联合向英、法、德等交战国家提出和谈的邀请。

可几天之后，荷兰人因为英国和德国的双重海上管制，民怨沸腾。11 月 12 日，英法两国的答复是，如果想要和平，那必须德国首先做出回应。三天之后，德国给出的答复是：既然英法两国粗暴地拒绝采取和平的方式，那德国政府也认为此次和谈不如就此作罢！

两个中立国的努力化作流水。

11 月 20 日，德国因为荷兰的态度无从预测，以此为借口，进行了全国性的军事戒备。

第二天，英国宣布，对德国施行海上军事管制，凡是从德国运出的或者德国拥有的出口货物，都将在公海上被没收。法国也紧接着发出同样的公告。

11月23日，荷兰的运油船在爱尔兰以西海域被英国巡洋舰拦截，全体船员被赶上救生艇，油船被英国海军击沉。31个荷兰船员，最后生还的只有5人。从此之后，荷兰人的海上活动不再畅通无阻。荷兰商人向政府提出请求派出舰队护航。毕竟海上运输业是荷兰的主业。可荷兰政府害怕因此与英国发生军事摩擦，从而破坏自己中立国的立场，所以拒绝派军队护航。

11月25日，德国也宣布，对穿过北海的中立国船只将不再给予特殊照顾。不仅如此，德军已经在荷兰边境集结军队，并且同时对荷兰和比利时发出警告，警告比利时不许与荷兰结盟，警告荷兰不许与英国结盟。

在两大势力的挤压下，战争似乎不可避免。

为了应对战争，荷兰投票通过一亿荷兰盾的防务拨款，加紧建造洪水区域内的工事，海牙的守军增加一倍，大城市采取了防空警报措施。

11月30日，苏联入侵了中立国芬兰。芬兰向国际联盟求救，虽然荷兰民众很同情同为中立国的芬兰人，但荷兰政府为了保持自己的中立政策，却明确表态，自己不会对苏联采取任何制裁措施。在大战面前，欧洲诸国还是无法统一在一起，而是为了各自的利益而战。

丘吉尔

到了1940年，害怕被侵略的情绪在荷兰人心中慢慢蔓延。虽然这时候的荷兰人还在艰难地经营着自己的海上运输业，但船只经常被英国或者德国击沉，这让荷兰损失惨重。同时德国军队的举动让人不得不心存犹疑。德国动作频频，不断向荷兰与比利时附近增兵。荷兰在1月6日发表声明：任何对荷兰的侵略行为都将遭到荷兰全力以赴的武装抵抗。

紧接着，荷兰军队取消休假，全国进入战备状态。

如果不是丘吉尔在1月20日的那番演讲，也许不久之后，荷兰就会与英法形成联盟。毕竟英国对荷兰的管制消耗的只是荷兰的金钱，可德国，消耗的却是荷兰的生命。特别是在第一次世界大战期间，德军的恶行还是让荷兰心有余悸。

可是，历史就是这么可笑……

1月20日，丘吉尔发表讲话，指出中立的小国在战争之中的命运是可悲的，情况只会越来越糟。中立国唯一的出路就是依靠英法两国的护航。如果中立国与英法结盟，必将大大地改善中立国的处境。

丘吉尔的这番讲话，彻底激怒了荷兰。荷兰政府发表声明称——荷兰不需要任何人的保护！而丘吉尔的目的，不过是想要这些中立的小国当英国的炮灰而已。

也许，荷兰的想法没有错，在当时的情况下，英国想得更多的并不是与德军全面开战，而是希望通过国际舆论压力，而取得对自己有利的条件进行最终的和谈。

覆巢之下，安有完卵？

在全世界战争的大格局下，中立国真的能一直中立下去么？虽然西线暂时平静下来，但这种和平真的能够无限期地维持下去么？

没有人知道，在当时的动荡之中，荷兰这艘大船应该驶向何方。就像当时荷兰的报纸上所说：难道随同同盟国一起封锁德国的海上供给，就真的是正义的吗？

第六节
狂澜中的一叶小舟

相比于荷兰的左右为难，比利时似乎有过之而无不及。

这与比利时的地理位置息息相关。比利时处在欧洲的十字路口，正好处于德国和法国两大军事力量的夹缝之中。

1937 年，随着希特勒的掌权，德国动作不断，欧洲局势开始动荡不安。比利时随即发表声明：拒绝所有国家的军队通过自己的国土，即便是同盟国成员也一样在拒绝之列。比利时认为，军事同盟的时代过去了，现在唯有采取中立政策才能保证比利时的利益。为此，他宁愿失去之前的盟友。

1938 年，慕尼黑协议之后，捷克斯洛伐克面临危机，可比利时却明确表态，如果德国入侵捷克斯洛伐克，比利时将依然秉承中立政策，不允许法国的部队通过自己的国土。

毕竟，德国人的注意力在东方，西方现在是和平的。这时候的比利时，正忙于内部几个党派的斗争，国破家亡这种事还没有逼到眼前，谁都不相信它真的会发生。攘外必先安内，现在还是先解决内部的问题更重要一些。至于外部，通通拒绝就好了。

比利时的这一举动，把法国彻底激怒了，法国作为和比利时有上百年军事往来的强国，自然希望比利时能够和自己站在同一战线，来承担起更多的责任，法国通过公使表示——如果比利时拒绝法国军队过境，比利时一旦受到攻击，法国将不能给予及时的援助。

比利时虽然害怕惹怒英、法等同盟国，但他更害怕惹怒德国。毕竟仅仅在 20 年前，德军的铁蹄就曾经踏遍了比利时的所有土地，比利时对德国人的暴虐还心有余悸。而且比利时人也相信，一旦战争爆发，英法两国绝对不会置自己于不顾。

慕尼黑协定出台，捷克斯洛伐克被出卖，仍然没能唤醒比利时的政客们，直到 1939 年 3 月，捷克斯洛伐克被德国彻底占领，比利时人才明白过来，原来现在最大的问题是这场世界级的战争。几个内讧的政党这才幡然醒悟，决定建立统一战线，通过议案，让国会授予执政党和政府更多的特权，并提供更多的资金用于国防建设。比利时也明白，自己所处的地理位置正好是欧洲的十字路口，如果德国想要进攻西欧，那自己首当其冲。更何况，旁边的法国建立了那么一条钢铁一般的马其诺防线，德国一定不愿意与其硬碰硬，如果德国进攻的话，自己就难逃一战了。

从 1939 年夏天开始，比利时政府开始控制全国媒体，控制舆论导向和对外宣传的口径，一面守着中立政策，希望可以免于战争；一面尽全力保卫自己的国土。比利时政府对比利时人提出要求，禁止他们参加共同战线反对德国，并且把同盟国的好意和保护都拒于门外。

1939 年 4 月 14 日，美国总统罗斯福发表讲话，要求德国和意大利向美国保证，两国不会进攻包括美国在内的 31 个国家，这其中当然包括比利时。可是比利时政府却表示自己不支持美国政府的言论，因为他们不希望希特勒认为自己受到了任何威胁。

这是一种多么可笑的逻辑……连自己感觉到了被威胁都不能让人知道，也不能与人结盟，更不敢有任何的外交举动。中立国在战争面前小心谨慎地走着钢丝，希望可以免被战火涂炭。比利时虽然对外无所作为，可对内却加紧了管控，对居住在比利时的外国居民开始进行监视，许多活跃的外国人被以间谍罪投入监狱。比利时还把储备的黄金运往伦敦和纽约，而比利时的这种行为还是受到了德国的谴责——认为比利时偏袒盟国。

其实比利时对英、法也相当冷淡，并且多次拒绝与英、法进行军事会谈，即便是法国总统的到访，也没有打开他们的心门。他们并不觉得英、法能够阻挡得住铁血的日耳曼战车。这也许是一个小国的悲哀，在比利时人心里，唯一的希望就是中立政策，虽然在这场世界级的战争面前，以比利时的地理位置，想要不卷入战争基本是一件不可能的事。可这是比利时的唯一希望，甚至直到后来比利时遭到德国的入侵，英、法已经出兵帮助比利时时，比利时还没有进行全力抵抗的心理和准备，还在不停地向英、法、德三国呼吁，要求通过和平方式来解决争端。

1939 年 9 月 1 日，德国闪电袭击波兰。比利时再次发表声明，表明自己不偏不倚的中立立场。

英、法两国多次劝说比利时国王同意举行军事参谋人员会议，最起码要让英、法两国知道比利时的防御策略和工事地图，这样一旦德国开始进攻比利时，英、法两国才有可能迅速、准确地做出军事反应，来援助比利时。可比利时为了表明自己的中立态度，更不想给德国任何借口，再一次拒绝了英、法的这种请求。比利时不愿意因为自己与英法的军事会谈，而被德国借机发难，而且比利时政府认为，英法的这种行为，是急于把比利时推到战争的前沿，让比利时成为战争的炮灰。

这时候的欧洲像极了中国的战国时期，只可惜，这时候的欧洲无法出现一个类似于苏秦、张仪的人物，无法形成一个合纵或者连横的局面，每个国家都只为自己的利益打算，眼看着和自己相同的小国一个个地被德国击破，却不愿意相信这种厄运早晚会降临到自己的头上。他们就像把头埋进沙子里的鸵鸟，更愿意相信可以凭着自己的中立政策而逃过一劫。

占领了波兰之后，德国的军队迅速在西线集结。在莱茵河左岸，靠近比利时和荷兰的地方，德国集结了骇人听闻的 50 个师。面对此种情况，比利时一边强烈申明自己的中立政策，一边调集所有部队，准备用铁丝网、碉堡、铁路，甚至引来洪水，在比利时境内建立两条防线。

可比利时的这种防线一直停留在计划中和图纸上，直到 9 月 29 日，面对集结的德军，国王才向总司令部发出指令，命令开始建立第二道防线。

从某种程度上讲，这种中立是不可能维持的。比利时的外贸主要是与盟国进行的，一旦大战开始，必然会波及所有的外贸生意；而比利时的煤和焦炭，又主要是从德国进口。这些生意无论哪一样停下来，都势必会严重影响比利时的经济结构。

10月3日，比利时的代表团为了贸易往来来到伦敦，经过不断的磋商，终于与英、法两国达成战时贸易协定，可比利时的这种举动还是激怒了德国，德国以中断对比利时煤和焦炭的供应来威胁比利时，指责比利时没有奉行中立政策，投靠盟国。德国的飞机开始不断侵犯比利时领空，进行骚扰和威胁。

比利时政府认为德军即将入侵比利时，可德国政府却宣称，自己在西部集结大量兵力是防御性质的，是为了防御法国的军队，毕竟当时法国拥有全欧洲大陆最强大的陆军，并且大量集结在这一区域。

11月4日，德国政府向比利时国王通告说他们收到情报，盟国即将入侵比利时，而德军不愿意比利时被盟军占领，所以一旦盟军有所动作，德国将采取军事行动。这就像大灰狼以小羊弄脏了河水为由吃掉小羊一样可笑。可在弱肉强食的残酷世界，这种笑话随处可见，并且不断地重演着。每一次，都会有无数的“小羊”献出自己的生命。

为了避免战争，比利时国王决定出访荷兰，与荷兰女王一起对一触即发的战争进行调停，两国国王一起邀请英、法、德、意的代表到荷兰进行谈判，并且联合发出“和平建议”，送达几国的最高领导人手里。

可这种建议很快就被双方否决，没有人愿意先低头，更没有人愿意坐在谈判桌前解决这次争端。比利时就好像狂澜中的一叶小舟，在努力地把握着自己的航向。

不管怎么样，1939年的西欧是和平的。尽管东线已经打得如火如荼，已经有几个国家在战火之中灰飞烟灭，西线，却没有战事！

可是这种山雨欲来的和平到底能维持多久？没有人知道……

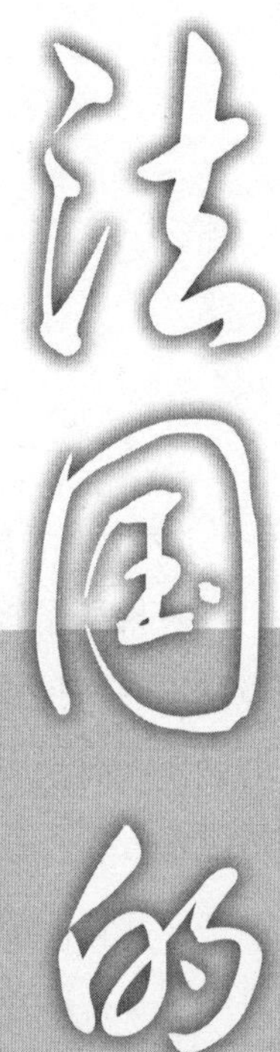

·第二章·

黄色方案

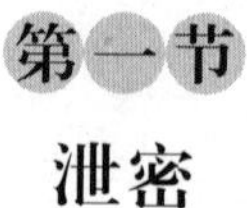

第一节
泄密

1940 年 1 月 10 日，清晨。

一架德国轻型飞机因为迷航，燃油耗尽而不得不迫降在比利时东部边境城市——梅克林。当时的梅克林银装素裹，一片银白，迫降的飞机很快就被比利时的守军发现。一小队士兵赶到飞机的迫降点的时候，飞机上的德国军官正在焚烧携带的机密文件。比利时士兵扑过去，把文件的残本抢走了，并且俘虏了德国军官。

被焚烧的文件袋是黄色的，里面装着一个德军的作战方案，所以被称作"黄色方案"，虽然这个作战方案只剩下残本，不过还是基本完整地把德军的计划暴露了出来，最起码这个计划证明了之前希特勒信誓旦旦的表态——保证中立国的利益——根本就是缓兵之计，在希特勒心里，他从来没把自己对中立国的承诺当真。这份计划表明，早在德国刚刚入侵波兰之时，就已经开始计划进攻比利时、荷兰，从而消灭法国。在这个计划中，德军将在马斯河以南采取守势，然后派尖刀部队强行穿越比利时、荷兰，由列日突破，绕过法军主力和马其诺防线，向北进攻法国北部。

比利时立即把这份"黄色方案"的残本转送英法两国，英、法、比利时、荷兰四国，根据德军的作战计划，立刻重新调整军事部署。

其实，早在 1939 年 10 月 9 日，希特勒就对德军下达了进攻西欧的第六号指令，德国陆军总司令部随即开始制定代号为"黄色方案"的进攻计划，该计划实际上是第一次世界大战中德军"施里芬计划"的翻版！第一次世界大战的时候，德国就曾经做出这样的作战计划，进攻比利时，绕过法军主力，然后进攻法国。现在，法国建立了钢铁防线——马其诺防线，德军参谋部又想起了第一次世界大战时的这个作战计划。

可是……没想到还没有来得及实施这个计划，就因为这样一个偶然事件而泄密，把德国的战略意图暴露给了英、法盟国。

这让希特勒措手不及。

这个时候，曼斯泰因站了出来。

这位德军A集团军军群参谋长，早在“黄色方案”泄密之前，就提出建议，对“黄色方案”进行重大修改。他认为，不能让英、法联军猜到自己的战略意图，而且一定要避开法军的主力部队，而攻击比利时一定会让法军主力长途奔袭，去帮助比利时防御，这样德军主力就可以在法国和比利时中部的阿登森林实施突破，然后从色当的北方跨过缪斯河，突入到开阔地区，直取海峡上的阿布维尔。

曼斯泰因

这个想法够大胆！因为如果这个计划被法军识破，那德军面临的将是从比利时返回的法军，德军将会腹背受敌，甚至全军覆没。

A集团军司令伦斯德之所以毫不犹豫地把曼斯泰因的计划推出来，就是因为A集团军正好在中部，如果按这个计划实施的话，那A集团军必然是主攻部队。

一将功成万骨枯！也许这个战役会让A集团军伤亡甚众，可如果取胜，也会让伦斯德一战成名，成为世界级的名将。

可这个计划却在总参谋部被搁置了。

因为总参谋长哈尔德并不喜欢曼斯泰因这个激进的少将，更不愿意这个小小的少将，因为这个计划，或是这次战争，而得到希特勒的赏识和提拔。

所以，1940 年 1 月，曼斯泰因的计划不但没有被提上台面讨论，反而，曼斯泰因本人被调任，去指挥一个步兵军。

可曼斯泰因这个年轻人没有放弃。

在 2 月 17 日希特勒招待新任军长的宴会上，曼斯泰因终于找到机会，亲自向希特勒陈述了自己的想法。也许大部分德国人都会认为阿登森林这个多山的森林地带不适合坦克车通过，但如果德国人这样想，那法国人也一定会这样想。而且，现在"黄色方案"已经泄密，德国正好可以将计就计，顺势将英、法联军引入圈套。毕竟，现在如果继续执行"黄色方案"，战略突然性也就无从谈起 。

曼斯泰因的这一建议遭到了陆军总参谋长哈尔德等一批高级将领的反对，但却得到了深具冒险精神的德国元首希特勒的大力支持。

在希特勒的支持下，1940 年 2 月 24 日，德军最高统帅部正式采纳了曼斯泰因的建议。经过修改后的作战计划中规定，德军主力将翻越阿登山区，攻击荷兰、比利时、卢森堡和法国北部，然后再从西、北两个方向进攻巴黎。在法国精心构筑的马其诺防线正面的德军，则组织佯攻，牵制正面敌人，等到主力攻占巴黎，并推进至该防线侧后方时，再发起进攻，与主力前后夹击，聚歼正面法军。

1940 年 4 月，德军占领丹麦，并在挪威取得了决定性胜利，德军统帅部认为进攻西欧的时机已经成熟，准备于 5 月初开始进攻。此时，德军从北海至瑞士一线共集结了 136 个师，其中包括 10 个装甲师和 6 个摩托化师，坦克 3000 余辆，飞机 4500 余架。

伦斯德上将如愿以偿，他指挥的 A 集团军群担负主攻，下辖第 4、12 和 16 集团军，共 44 个师（其中包括 7 个装甲师和 3 个摩托化师），由第 3 航空队提供空中支援，在亚琛至摩泽尔河一线展开，翻越阿登山区，向英吉利海峡沿岸地区实施突击，分割法国北部和比利时境内的英、法军。

博克上将指挥的 B 集团军群，下辖第 6 和第 18 集团军，共 28 个师

(其中 3 个装甲师和 1 个摩托化师)，由第 2 航空队提供空中支援，在荷兰、比利时国境至亚琛一线展开，作为右翼，突破荷兰边境防线，占领荷兰全境和比利时北部，然后再向法国推进。

莱布上将指挥的 C 集团军群，下辖第 1 和第 7 集团军，共 17 个师 (其中 1 个摩托化师)，位于马其诺防线正面，担负佯攻，牵制正面法军。

德军在莱茵河地区还部署了 47 个师 (其中 1 个摩托化师) 作为预备队，其中 20 个师作为各集团军群的预备队，听从于各集团军群的调遣，另外 27 个师则作为总预备队，由最高统帅部直接指挥。

而同盟国一方，法国认为德国在占领波兰后必将进攻苏联，进攻法国至少要在四五年之后；英国认为自己海军力量比较强大，因此应主要负责对德国实施海上封锁和战略轰炸，地面作战则应主要由盟国承担；荷兰、比利时和卢森堡一厢情愿地认为只要严守中立，就可避免卷入战争。所以，这些国家都还没有进行充分准备，同盟国的作战计划直到 1940 年 3 月 12 日才最后确定，这是由法国总参谋长兼英法联军总司令甘末林上将支持制定的，代号“D”计划，该计划有两个方案，如果德军进攻比利时，法军 2 个集团军和英军 1 个集团军应迅速进入比利时，在比军配合下，坚守代尔河一线；如果德军进攻马其诺防线，则以 1 个集团军依托工事进行防御，再以 1 个集团军为二梯队，随时增援。

当时，同盟国军队有：法军 94 个师，英远征军 9 个师，荷军 10 个师、比军 22 个师 (其中 3 个装甲师和 3 个摩托化师)，坦克 3000 余辆，欧洲大陆上有飞机 1300 余架，英国本土还有 1000 余架飞机可供使用。

比军和荷军都部署在本国境内，英、法联军 103 个师，分为三个集团军群：第 1 集团军群，下辖法军第 1、2、9 集团军和英国远征军，共 51 个师，部署在法、比边境和法国北部；第 2 集团军群，下辖法军第 3、4、5 集团军，共 25 个师，部署在马其诺防线正面；第 3 集团军群，下辖第 6、8 集团军，共 18 个师，部署在马其诺防线后面；还有 9 个师作为战略预备队。此外，法军第 10 集团军，部署在法国与意大利边境，未计算在内。

西线战争，一触即发……

也许一切都已注定——曼斯泰因这朵名将之花必将绽放。

虽然他的出现受到了上司和同僚的排挤和打压，但机缘巧合，他还是露出了自己的锋芒，也许如果“黄色方案”不泄密的话，曼斯泰因的计划可能永远没有实现的机会，那他也可能最终不过是众多激进的德国青年将军中的一员。

可一切都是上天安排好的，曼斯泰因最终扬名天下，成为与隆美尔齐名的德军名将！曼斯泰因在西欧的战场上跃马扬刀，大杀四方，不但帮助德国实现了自己的战略意图，也让自己最终变成了德军的陆军元帅。即便是在后来德国与苏联大战的时候，德国节节溃败，曼斯泰因也多次上演了反败为胜的好戏。这位出生于军事世家的名将，不喜欢杀戮，也一直反对对平民特别是对犹太人的屠杀。在他的心里，没有政治，没有意识形态，没有种族的争端，有的，只是军事和战争。

第二节

马其诺防线上的对垒

我们有必要谈一谈被曼斯泰因多次提及的阿登森林！

阿登森林的地理位置决定了它自古就是兵家必争之地，整片山区面积约 1 万平方公里，包括比利时和卢森堡的一部分以及法国的默兹河谷地，也就是说，阿登森林地处欧洲最繁华的巴黎－布鲁塞尔－科隆的三角地带。可是这片地区平均高度约 488 米，二分之一以上地面为森林所覆盖，土地贫瘠，道路崎岖，奇山怪石，并且只生长石楠属植物。所以英法联军一直认为此处不适合行军，法军只在这大片的区域之内布置了九个师，而且是老弱残兵，大部分是由预备役士兵组成，没有战斗力，而且武器设备低劣，没有配备坦克师和空军力量。

可他们不知道……大胆的希特勒和曼斯泰因却把注意力集中在了这片贫瘠的土地上。

几千年前，春秋末年的兵家孙武就曾说过：兵者，诡道也！

当年孙武曾经让三万吴军以急行军的方式，而且是放弃了吴军最擅长的水战方式，一举攻破了拥有 30 万大军的楚国。究其原因，就是因为出其不意。曼斯泰因也一样，他认为，如果按照黄色方案施行作战计划，那德军的意图一定会被盟军猜中，那等在比利时境内的必然是法军主力，一场硬碰硬的决战在所难免，即便胜利，那种杀敌一千、自损八百的战役，不打也罢。可如果能穿过阿登森林，则德军将直接插入法国后方，把法国一分为二。为了这一方案，曼斯泰因专门请教了坦克专家古德里安，证实了大规模的坦克部队可以快速通过阿登森林，曼斯泰因这才将自己的作战计划上交总参谋部，并且在受到同僚的打压之后，最终找到机会在希特勒面前说明了自己的作战计划。

此计划引起了希特勒的兴趣，他过后又多次召见曼斯泰因，并组织总参谋部一起研讨此计划的可行性，并最终敲定，按照曼斯泰因的方案，重新修订“黄色方案”。

而这时候，盟军还躲在马其诺防线后面，等着德军出兵，而中立国，还在做着中立的美梦。

马其诺防线的修建耗资巨大，这也严重地影响了法国军队的现代化建设和机动性的发挥，法国人太过于依赖马其诺防线，可如果马其诺防线一旦被击破或者德军在防线之外的地方与法军相遇，那法国军队设备的落后必将给法军带来致命的打击。

马其诺防线最大的问题是只能防御而难以保障部队集中兵力和机动出击。如果德军的装甲部队从阿登山区插入索姆河口，德军就可以绕过马其诺防线进入法国。可这个缺陷并没有引起法军司令甘莫林的注意。法国政府、法军司令以及所有的法国人都认为，因为有马其诺防线，这场战争应该是在比利时和荷兰的土地上进行。等到法国人得到比利时送来的“黄色方案”残本之后，大多数人更是确认了这一想法——德军想要进攻比利时，还有少部分人认为，这是德军的苦肉计，为的是把英、法联军引入比利时境内。

针对“黄色方案”残本，英法盟军最终制定了B计划的战略防御方案。当德军对比利时和荷兰发动进攻的时候，法军第一集团军、第七集团军和英国远征军迅速进入比利时境内，抢占比利时的第二道防线，并在此帮助比军防守，从而拖住德军主力，使战争最终按照盟军的设想，在比利时境内展开；另一方面，法军第九集团军坚守马斯河沿岸，防止德国部队偷袭法国。

1940年3月，盟军又对B计划的战略防御方案进行了重新修订，被称作“布雷达变体”。这次修订的目的完全是为了应对德军的“黄色方案”，一旦战争爆发，法国第七集团军将在左翼迅速插入荷兰南部布雷达地区，使荷兰与英、法联军、比利时连成一体，法国第二集团军在南面坚守马其诺防线，另外在阿登山脉派出五个师驻守。

甘莫林的假设是阿登山脉是无法穿越的，所以最终批准了盟军参谋部对这次作战计划的修订，法军的30个师再加上英国远征军共同开进比利时和荷兰，这使法军的力量被极大地分散。并且这样一来，战争爆发后，法军的战略后备军只剩下了10个师，一旦德军突破法军防线，这10个师中只有一个装甲师能够抵挡一阵。而其他部队所装备的大炮甚至还是第一次世界大战时期的大炮，能用得上的反坦克炮和防空炮更是奇缺无比。

甘莫林

如果不是比利时坚持中立政策的话，英、法联军本来可以前进到比利时阵地，模拟与德军的遭遇战，这样的话，当战争开始的时候，英、法联军的反应速度和准确度一定会好很多。但是比利时拒绝英国和法国军队进入其境内。英国的海军部队可以称霸天下，可是陆军却差很多，不但装备很差，而且上层通信不畅。

法国的主战坦克查尔B型坦克只有一个人操作，这意味着这个人在指挥坦克的同时，还得操纵坦克炮。德军的主战坦克是潘采夫三型、四型坦克。虽然潘采夫坦克的装甲和火力不如英、法坦克，但是潘采夫坦克的机动性要远远高于英、法坦克。每辆潘采夫坦克中配备的无线电装备让德军能更有效地加以组织。

法国和英国对于坦克和飞机的认识都远远落后于德国。法国和英国的统帅部都认为坦克最重要的作用是支援步兵作战。一个法国装甲师装备的坦克数量只有一个德国装甲师坦克数量的一半。而且英、法联军所拥有的3100辆坦克大多数分散配备在步兵师里。法国空军的740架战斗机和140架中小型轰炸机，以及英国皇家空军远征军支援法国的350架飞机也是分散在各个作战地域。陆军指挥官无法集中使用空中力量进行支援，这是法国战役中最致命之处。

与之相对，德军的闪击战术特别强调地空配合，尤其是飞机与坦克的配合，两者形成立体的火力网。斯图卡式俯冲轰炸机在德军发动的历次战役中都充当着急先锋的角色。德军把斯图卡式俯冲轰炸机当作炮火的延伸，用它定点清除军事目标。

1940年4月，德军占领丹麦、挪威，希特勒认为进攻西欧的时机已经成熟，开始在莱茵河西岸集结大量的部队，而这时候的英、法联军还在做着“西线无战事”的美梦。

5月9日，潜伏在柏林的谍报人员已经分别给布鲁塞尔和海牙发去万分危急的战争警报：希特勒已经定于5月10日拂晓向西线进攻。但由于之前，从1939年11月开始，希特勒就准备进攻西欧，却因为东方战争的牵制而使“黄色方案”一拖再拖，而每次希特勒准备向西欧进军的时候，荷兰和比利时的间谍都会提前一天向自己的祖国发出警报，而每次警报最后都没有变成现实，所以，英、法联军认为，这不过又是一次“狼来了”的故事。

作战计划往往是根据假设条件来制订的。英、法联军“布雷达变体”

计划假设的前提条件是：第一，阿登山脉无法穿越；第二，马其诺防线无法被击破。

而“曼斯泰因计划”的前提条件是：第一，德国装甲师能够穿越阿登山脉；第二，英法联军在阿登山脉布防防御的兵力很少；第三，英、法联军的主力会进入比利时。

实践证明了这场战争中，曼斯泰因的三个假设条件都成立了，而英、法联军作战计划的两个假设都没有成立——阿登山脉被德国的装甲师顺利穿越，而且绕过了马其诺防线，而形成前后夹击之势。

所以，德军的胜利似乎是一种历史的必然，即便没有闪电战，战胜英、法联军也只不过是早晚之事。

第三节 偷袭

1939 年 5 月 9 日，希特勒告诉身边的女秘书们，收拾行李，我们要去挪威的奥斯陆。

德国元首要去视察那座刚刚被德军控制不久的城市——奥斯陆，似乎再正常不过。女秘书们一边收拾行李，一边偷偷地互相打听——要去多久？可是没有人能给出答案，因为这是关系着元首安全的最高级机密。

5 月 9 日下午，希特勒带着下属驱车直奔柏林北面的施塔肯机场而去。可是，这支车队没有在施塔肯机场停留，而是绕过施塔肯，向芬肯克鲁格的小火车站驶去。汽车一路颠簸，最终达到施芬克鲁格的时候，女秘书们惊奇地发现，希特勒的专列早早地就等在了这里。显然这是早就准备好了的，可是没有人敢问到底要去哪里。大家都默默地收拾好行李，踏上了专列。

下午 4 点多的时候，专列启动了，驶向德国北方的汉堡。

开了两个小时之后，列车停在了哈格诺的一个乡村小站。休息了一会儿，火车又开始启动了，可这次大家都感觉出来，火车不是在向北进发了。晚上 9 点左右，火车停在了汉诺威外边。这时候，贴身的女秘书帮希特勒接了一通电话。波茨坦附近空军司令部给希特勒打来电话，汇报了波茨坦的天气情况。当希特勒听到天气仍然很好的时候，微笑了一下，然后放下电话，对向各部队传送命令的士兵说了两个字：但泽。

火车继续向西。希特勒早早地躺下了，可却整夜难以入睡。他盯着窗外的夜色，还有夜色之中那些可能造成清晨大雾的暮霭，眉头紧锁。雾是空军最大的敌人，而德军是要靠空军的空袭才能取得战役的优势的。

黎明前一小时，也就是 5 月 10 日 4 点 25 分，火车开进了一个站名标牌都被拆掉的小车站——尤斯基尔先。这里，距离盟国防线的前线仅有 30 英里。

在这个小站，一队车队正在灰蒙蒙的晨曦之中静悄悄地等待着元首的到来。

所有人迅速登上车队，载着希特勒及其随行人员的车队穿过了艾弗尔附近的几个小村庄，继续向西前行。

望着窗外渐渐泛白的天色，已经沉默了整天整夜的希特勒忽然转过头，问身边的空军少校贝罗 ：“空军部队有没有考虑过，西线的太阳比柏林晚出来几分钟？”

贝罗挺直了上身回答 : 请元首放心，一切都已经考虑进去，并且准备妥当了。

半个小时左右，车队停在了一个乡村的山坡上，山坡上布满了稀疏零散的灌木丛。轿车停下后，希特勒拖着疲劳的身体钻了出来，走向山坡上的一个防空暗堡。

这时候天已经慢慢地亮了起来，各种鸟的叫声此起彼伏，空气中甚至传来一点淡淡的花香，这似乎只是一个再平常不过的春天的黎明。

可是，女秘书们都知道，元首带着她们来这里绝对不是为了什么访问或者出席什么活动，因为她们已经听到了卡车队从山谷穿过的时候发出的隆隆声。

又过了一会儿，不远处就传来重炮的声音，并且声音越来越大，逐渐连成了一片，在她们身后，飞机的引擎也发出了轰鸣声——德国空军的战斗机和轰炸机中队靠近了。

女秘书们不知道，就在她们前面不远处，德国的军队已经越过比利时边界长驱直入，从北海到马其诺防线之间的 175 英里的战线上，德国的部队已经在没有任何照会的情况下全面出击，突破了三个国家——荷兰、比利时、卢森堡的边境。虽然一个星期之前，希特勒还信誓旦旦地向这三个国家保证——德国一定会尊重中立国的立场。

可德国的飞机和坦克，却无情地粉碎了这些小国的中立梦。

德军向西线进军大概两个小时之后，德国在柏林的外交部官员这才向驻柏林的比利时大使和荷兰公使发出邀请函，召见两国大使。

两国大使得到的通知是——由于一天前，荷兰的军队袭击了德国的一所女子学校，死亡数十平民，而且德国得到消息，英、法联军即将出兵占领荷兰和比利时，为了保卫两国的中立立场，德国决定先发制人，德国的部队即将开进他们的国家，以保卫他们的中立，抵御英、法联军即将发起的进攻。

这些言辞和诬陷荷兰军队袭击德国平民的伎俩，与一个月前，德军准备进攻丹麦和挪威时所用的说辞和方式，几乎毫无二致。德国的外交部甚至都懒得再去想另外一个稍微好一点的理由。

随后，德国外交部向两国最后发出一份正式的通牒，要求两国政府不要进行任何抵抗，否则，一定会遭到粉碎，而流血的责任，则完全要由比利时王国和荷兰王国的政府负责。在布鲁塞尔和海牙，正如上个月在哥本哈根和奥斯陆一样，德国的驻外大使分别将同样内容的电报送交各驻在国的外交部。

当德国驻比利时大使走进布鲁塞尔的外交部的时候，德国的俯冲轰炸机在头顶上不断呼啸着飞过，炸弹在附近的机场爆炸，把外交部的玻璃都震碎了。德国大使贝劳·许汪特踏进比利时外交大臣的办公室，当他伸手从自己的衣袋中准备掏出从柏林发来的电报的时候，外交大臣保罗·亨利·斯巴克阻止了大使的动作。

“请您原谅，大使先生，请让我先说。”外交大臣高声说到，声音中充满了愤怒，“德国的军队在几个小时之前开始进攻我的国家，德国对中立的比利时进行罪恶的侵略，这在25年之中，已经是第二次了，而且这次，与1914年的侵略相比，更加可恶，更加无可忍受。因为德国既没有向比利时提出最后通牒，也没有提出任何照会或者抗议。比利时的人民是在睡梦之中受到了攻击，并且从攻击中才了解到，德国违反了我们的中立协议！比利时国王、比利时政府、比利时的所有人民，都已经准备好了，并且下定决心要保卫自己的国家。”

这时候，无言以对的德国大使掏出了由德国外交部发出的最后通牒，准备照本宣科地读给比利时外交大臣。

“不必了，把文件交给我吧！”外交大臣保罗高声喊道，“我愿意免掉你这个痛苦的任务。”

而在另外一个城市——荷兰的海牙，德国的公使也正在把写有同样内容的最后通牒送到了荷兰外交大臣的手上。虽然这个时候，战争已经开始了几个小时。

这时候，荷兰和比利时人民的愤怒已经无法阻挡德军的铁蹄，一直拒绝与英、法联军合作的比利时和荷兰，不得不在战争初期，独自面对强大德国的坦克和飞机。

虽然不久之后，英、法联军就会开进他们的国家，可之前毫无合作和模拟训练的两支部队，又怎么可能在战争面前恰到好处地融合在一起，发挥出最大的功效呢？

战争，这种人类最复杂的行为，军队数量的多少，战争优劣的比较，绝对不是1+1=2这么简单。

荷兰和比利时的外交部都立刻向英法盟军发出了请求援助的信号，而在距离前线只有20多英里的希特勒临时总司令指挥部的暗堡之中，希特勒也和比利时人与荷兰人一样，正在暗暗地祈祷着——英、法联军快些来吧，来到比利时和荷兰的领土上，来到德国军队早就设好的陷阱之中！

另一方面，1940年5月10日凌晨5点30分，在德军刚刚开始向比利时和荷兰进军的时候，哥特勋爵——驻法国的英国远征军司令，就接到乔治将军的电报——戒备一、二和三！这是英、法联军实施早就制定好的“布雷达变体”作战计划的信号，英国远征军接到这个命令，立刻准备进入比利时。

又过了一个小时左右，比利时和荷兰的求救信号发到了英、法联军的司令部。英、法联军总司令甘莫林将军下令执行“D计划”，所有事先准备好的英、法联军，立刻按照原计划行动起来。

一支强大的英、法联军从法、比边境向东北方向推进，以便在布鲁塞尔以东的代尔和缪斯两河沿岸的比利时第二道防线上部署兵力，另外一个法国集团军也开进了荷兰的境内。

他们不知道，德军早就在荷兰和比利时张开了大网，等待着他们的到来……

第四节
丘吉尔上台

1940年5月8日，英国前首相，老资格的政治家乔治在下院所有的议员面前做了一次20分钟的演讲。

乔 治

在这之前，因为挪威和丹麦的覆灭，英国人被激怒了。舆论界也开始对首相张伯伦口诛笔伐，甚至就连保守党也开始认为张伯伦推行的绥靖政策是盟国失败的主要原因，表示无法再继续支持张伯伦作为领袖来履行职责了！

张伯伦在下院的演讲，甚至被情绪激动而又悲痛的议员们所打断，下院充满了各种嘲笑的声音。这场演讲最终不欢而散。

所以，这时候，只有乔治出面，才能压得住群情激奋的议员们。

乔治的演讲对张伯伦的政治声明起到了决定性的作用！乔治在演讲中指出——现在不是谁是首相朋友的问题。当前的问题要更大、更严肃得多。首相曾经呼吁大家做出牺牲，并且所有英国人都听从首相的呼吁，准备做出各种牺牲，但要有一个条件，就是国家必须有领导人物，政府必须明确表示它要达到什么样的目标，要带领全国人民去哪里，全国人民必须能够相信领导他们的人正在尽其最大的努力！最后，乔治申明：首相应该以身作则，首先做出牺牲，因为在这次战争中，在现状之下，没有比首相牺牲自己的职位，更能对胜利做出贡献的了

一句话——张伯伦应该下台！

尽管保守党在下院中占有 81 个席位，但这已经没有任何意义了，就连议会本身都开始不再支持张伯伦。

5 月 9 日，张伯伦约见哈利法克斯和丘吉尔。在张伯伦的心里，他希望选择与自己政治观点相同的哈利法克斯担任下一任首相。而丘吉尔则因为一直力主与德军开战而在英国声名鹊起，更多英国人把他看作是抵抗德国侵略的旗帜。

张伯伦问丘吉尔，是否同意加入哈利法克斯的政府。

已经 65 岁的丘吉尔选择了沉默。

哈利法克斯明白，如果没有丘吉尔的支持，没有下院的支持，那他的首相职位是不可能坐下去的。现在，丘吉尔的态度再明显不过了，沉默代表着反对。

哈利法克斯说：现在是战争时期，首相必须是下院议员，我作为上院议员，是不适合组织内阁的。在英国的政治体制中，上议院是由贵族组成，而下议院则完全是民主选举产生，所以，在战争期间，民意自然比血统更为重要。

1940 年 5 月 10 日，德军偷袭荷兰、比利时、卢森堡。

张伯伦在下议院对政府的信任投票中遭到冷遇，不得不辞去首相职务，被迫下台。

保守党、自由党和工党三大党派共同推举丘吉尔接任首相。

按照常理，新任首相应该向前任首相写一封表示惋惜的信，但丘吉尔却没有写信给张伯伦，他是要以此举表明自己与张伯伦的意见分歧之大，已经到了水火不容的地步。

丘吉尔临危受命，重组内阁，登上了首相之位。

可这时候，战争的阴影已经笼罩了整个欧洲，入侵、轰炸、背叛、化

学战、细菌战……世界都在看着英国，英国真的能打赢这场战争么？

所有人都没有把握，包括英国人，也包括丘吉尔。

可是，现在必须有人站出来，斩钉截铁地告诉大家应该怎么做！

现在，没有人比丘吉尔更合适！

三天之后，丘吉尔作为首相接受下议院的信任投票，并且发表了那篇最著名的演讲——我没有什么，只有鲜血、辛劳、眼泪和汗水奉献给你们。你们要问，新政府的政策是什么？我告诉你们，那就是投入全部力量在海上、陆地和空中进行战争。你们要问，英国的命运会怎样，那就是胜利！不惜一切代价去战胜德国，无论道路多么艰难也要坚持下来。

丘吉尔的这次演讲，对于整个二战都是决定性的！它仿佛是一针强心剂，让整个英国的民众士气都提升了一个等级！

丘吉尔终于到了吐气扬眉的时候。

其实这么多年以来，丘吉尔的事业一直充满了坎坷和挫折。早在1900年，丘吉尔就登上了英国的政治舞台，直到第一次世界大战爆发，丘吉尔都被视作前途无量的青年政治家。

但在第一次世界大战期间，1914年的安特卫普远征和1915年的达达尼尔远征之中，丘吉尔作为军队的领导者，两次都因为冒进而吃了败仗。

这两次失败严重损害了他的声望。很多英国人（包括那些之前看好他的人）都认为丘吉尔胆大有余而沉稳不足。一个锋芒毕露的年轻人活跃在官场中未必是好事。在一战结束后的十几年里，丘吉尔先是在1919年1月出任陆军大臣，积极参与武装干涉苏俄，后又于1922年退出自由党，加入保守党。30年代他反对绥靖政策，主张增加军备开支，反对签订《慕尼黑协定》。第二次世界大战爆发后，他出任张伯伦政府的海军大臣。丘吉尔一直身居高位，可就是无法再进一步。他也从一个充满希望的青年政治家变成了一个已经65岁的老议员！

作为议员的丘吉尔一直郁郁不得志！因为英国民众渴望和平，不希望发生战争。可是丘吉尔在一开始就是坚决的主战派！所以他不但得不到民众的信任，还被张伯伦政府打压。

可现在，战争已不可避免，丘吉尔的热血变成了一种美德。就像好战的暴徒，在和平时代，可能是社会的败类，可是如果是在战争年代，那这个人就会成为民族英雄。

时势造英雄！

丘吉尔这个好战分子，就在这种时势下，变成了英国人心目中的英雄。

丘吉尔的上台，使三党重新把力量集中在一起，也使所有英国人的人心聚集在了一起。在战争面前，英国人前所未有地团结了起来。

丘吉尔组成内阁，自己兼任了国防大臣，亚历山大出任海军大臣，辛克莱出任空军大臣。

所有的政府官员都很快就体会到了丘吉尔的铁血。

他总是工作到深夜，并且总是在深夜组织召开重要的会议，所有人都只能跟着丘吉尔的作息时间去工作。

丘吉尔明白，想要打赢这场战争，必须依靠法军的力量。因为英国的陆军很少，但空军和海军都很强大，只有让法军拖住德国的陆军，通过英国海军封锁德军的出海口，使德军的资源受到控制，才能让英、法最终赢得这场战争。

所以，上任之后，丘吉尔立刻飞到法国，去尽自己一切努力支援法国陆军。

同样的时间里，法国也发生了和英国类似的事情。

法国总理雷诺抓住德国向西欧进军的机会，重组了政府，他利用这次机会解职了一些采取绥靖政策的政府官员，并组织了新内阁。

英、法两国人民终于都改变了想法，通过政府改组的方式，把民众的思想统一起来，开始直面残酷的战争。

第五节

闪电战

1940 年 5 月 10 日，莱茵河南岸的所有德国部队都接到了来自元首希特勒的口令——但泽！这是修订后的“黄色方案”的启动口令，所有的军队都按照原来计划的作战路线，开始向法国、比利时、荷兰、卢森堡同时发起进攻。

天刚蒙蒙亮，这是一个充满勃勃生机的春日的早晨。晨雾从法兰西大地的江河上向着葱郁的草地和鲜花盛开的果园弥漫开来，预示着一个欢乐明媚的春日即将来临，

这时候在马其诺防线上驻守的英、法联军还在睡梦之中，英国首相内维尔·张伯伦在全国民众面前发表演说，令人宽慰地断言“希特勒已错过时机”，在这之后的四五年之内，希特勒都没有机会向西欧发动进攻。可笑的是，就在他发表这个演讲五个星期之后，德国对西方发动了全面的闪电进攻。

发动这场猛攻的共有 136 个训练有素的师，打前阵的是拥有 10 辆坦克和大量装甲车群的第 10 装甲师，另外，还有一批又一批的重型轰炸机、俯冲轰炸机、战斗机、伞兵运输机以及满载突击队的滑翔机。纳粹德国的武装力量倾巢而出，向着法国人、英国人、比利时人和荷兰人猛扑过来。希特勒没有向张伯伦预想的那样向东进军，去与东方的红色力量决战，而是偷偷地同斯大林签订了互不侵犯和约，然后把所有的德军主力都转移到了西欧的战场之上，“西线无战事”终于变成了破碎的梦境。

希特勒只留下一些零星的部队警戒与俄国接壤的边境，然后动用三个

集团军，开始向西方发动进攻。

由格德·冯·伦斯德将军和曼斯泰因率领的 A 集团军的 44 个师，是这次作战计划的主攻部队，他们将负责穿越阿登山脉，深入到法国内部，自亚琛至摩泽尔河一线发起攻击，

B 集团军 28 个师，在费多尔·冯·博克将军率领下，进攻荷兰和比利时（尽管这两国都是中立国），然后牵制住来援的英法援军，最终作为战线的右翼插入法国。

C 集团军 17 个师，由里特尔·冯·莱布将军率领，沿着余下的战线，即从摩泽尔河到瑞士边界，向前推进。这个集团军的作用主要是佯攻，尽量动用炮兵部队和空军部队，对马其诺防线进行袭扰，而使法国驻守马其诺防线的部队不敢撤出去救援其他部队。

此外，尚有 41 个师作为预备队。

与上述德军对峙的盟国部队有：比约特将军率领的法国第一集团军，共 51 个师，其中包括英国远征军 9 个师；法国第二、第三集团军，包括预备队在内共 43 个师。第一集团军驻守在从马其诺防线北端的隆维到比利时边境，及由此直至敦刻尔克附近大海的这一段法国边界线上。在英、法联防的阵地前方，比利时人和荷兰人分别有 22 个师和 10 个师，不过只有在遭到攻击的情况下他们才会仓促上阵。由于两国亟欲置身于战争之外，所以均未作充分的动员。至于马其诺防线本身，法国人部署了九个师的兵力。连同比利时、荷兰在内，盟国共有 135 个师与敌军相抗衡。

而在这次曼斯泰因计划的主攻方向，阿登山脉，法军却只是驻守了五个师的兵力。

1940 年 5 月 10 日，天刚破晓，成群的德军轰炸机试图突然对法国、荷兰、比利时和卢森堡的机场、铁路枢纽、重兵集结地区和城市进行猛烈的轰炸。5 时 30 分，在北海到马其诺防线之间的 300 多公里的战线上，德军地面部队向荷兰、比利时和卢森堡发起了大规模进攻，揭开了入侵法国的序幕。

担任助攻和吸引英、法军队主力的德军 B 集团军群，首先以空降部队

对荷兰和比利时境内的重要桥梁及要塞设施实施了袭击。这突如其来的打击立即造成了荷、比军队的慌乱。紧接着，B集团军群的装甲部队趁乱发起了猛攻。由于伞兵部队已经占领了各要道，B集团军群的进展颇为顺利。在博克的B集团军群吸引了英、法主力的同时，勒布的C集团军群也摆开了架势。他们对马其诺防线进行的佯攻非常成功，使得法国从南部撤回部队时犹豫不决。

5月10日凌晨，德军担任中路主攻的伦斯德A集团军群向卢森堡和比利时的阿登山区实施主要突击。

最先决定退出战争的是卢森堡！这点应该是在所有人的意料之中的。

卢森堡这个袖珍王国，全称为卢森堡大公国，是现在的欧洲仅存的大公国。其面积只有两千多平方公里，人口仅有30万，而且只有400名步兵，还有12名骑兵。

这个袖珍王国，又怎么可能抵挡得住德军的铁蹄呢？

战争开始之后，卢森堡政府不战而降，卢森堡大公逃到英国，成立了临时政府。

A集团军中给伦斯德上将打头阵的是克莱斯特将军指挥的装甲兵团，该兵团下辖古德里安的第19装甲军、霍特的第15装甲军和莱因哈特的第41装甲军。

古德里安，这位德国二战名将，闪电战的创造者，注定因为这次战役而登上神坛。

古德里安的第19装甲军，是A集团军中战斗力最强的一支部队，它作为克莱斯特装甲兵团的主力和先锋部队编有3个装甲师。而第15和第41装甲军仅各辖2个装甲师。

古德里安的第19装甲军作为主攻部队，率先突破比军的松散抵抗，没有进行任何战斗，直奔阿登山脉而去，后面的残局由其他部队去收拾就好了，在古德里安心里，只有一个地方是自己停下来的地方——法国。

古德里安只用了两天时间便穿越了法国人认为坦克部队根本无法穿越的阿登山脉110公里长的峡谷，直插入法国北部。5月12日下午，古

古德里安

德里安的3个装甲师已经到达马斯河北岸，并攻下了法国著名要塞城市——色当。当天夜里他们便开始了紧张的渡河准备。

应该说，古德里安强渡马斯河是法国之战的关键。在以后5个星期中，古德里安的所有行为在其他军事家看来，都太过于大胆，缺少周密的计划。原因是，古德里安的所有军事行动，都没有后备部队，没有支援，完全不计后果。但是古德里安做到了，没有哪个军人能对一场世界级的战争的结果产生过这样惊人的影响！但是古德里安做到了。

5月13日上午11时，德军出动近400架轰炸机，分批次对马斯河南岸的法军阵地和炮兵群进行了长达5个小时的狂轰滥炸，炸得法军士兵的精神都麻木了。下午4时，德军分成数百艘橡皮艇，开始强渡马斯河。下午5时30分，德军终于在马斯河南岸上获得了一个立足点，接着德军工兵立即开始架设浮桥。到了下午8点，古德里安属下的第1装甲师已经穿过法军阵地，向纵深突入。第2装甲师和第10装甲师也在午夜全部渡过了马斯河。同一天，霍特的第15装甲军属下的隆美尔第7装甲师也在西面40英里远的南特附近渡过了马斯河。

马斯河防线一失，通往巴黎和英吉利海峡的道路就敞开了，在比利时境内作战的英法部队面临被包抄的危险，陈兵马其诺防线的法国大军也将腹背受敌，英法这才感到形势严重。英国迅速增派10个战斗机中队与驻法英空军和法国空军一起实施反击。

5月14日，英、法盟军出动170架飞机袭击德军在马斯河上架设的浮桥，结果仅仅破坏了3座浮桥，而盟军却损失了85架飞机，侥幸飞回来的飞机也被打得体无完肤。5月15日下午，古德里安将军认为已经完成了突破法军前沿的任务，便决定执行第二项任务，挥师西向，直扑英吉利海岸。

5月23日上午至24日，古德里安的装甲部队先后占领了布洛涅和加来。24日下午，古德里安的第19装甲军已到达格拉夫林，离敦刻尔克还有10英里了，而在其右翼的莱因哈特的第41装甲军，也已到达艾尔——圣奥梅尔——格拉夫林运河一线。两支装甲劲旅只需再努把力，就可直取敦刻尔克，而后续的几十个步兵师也正源源不断地跟进。古德里安等人踌躇满志，决心率领他们的装甲部队再打一个围歼战，将英、法军队的数十万人马彻底消灭在滨海地区。

·第三章·

阴影下的西部战线

第一节
孤傲的荷兰

威廉明娜女王常说，1940年注定是最煎熬的一年。

这位统治了荷兰50年的女王，一生经历了无数的坎坷和挫折——第一次世界大战，1933年的世界经济大萧条，荷兰从顶级世界强国逐渐衰弱，现在，第二次世界大战又在她的王冠下爆发了。

当时的荷兰属于君主立宪制和议会制度，20世纪初的时候，明娜女王在议会的支持下，竭力保持国家的中立，结果迎来了和平。

可这次，女王力求的和平没有实现，德军还是开进了荷兰的领土。

其实早在一个月之前，德军突然入侵丹麦和挪威，威廉明娜女王就感觉到了荷兰这次似乎难以逃脱战争的厄运。

在女王的倡议下，荷兰内阁立即宣布，停止一切军队休假。荷兰女王和议会内阁同时向德国和英、法表明自己的立场——荷兰不是害怕，也不想跟任何国家结盟，但是荷兰人有决心捍卫自己的国土。

荷兰的主流媒体已经开始宣传，向世界传递政府的信号——荷兰人没有任何担忧，因为荷兰人已经做好了应付任何事变的准备。驻守在荷兰边境和在海防工事内的荷兰官兵，正严阵以待。没有人会怀疑荷兰的决心，任何敌军都会发现荷兰的军队依旧还是欧洲一流强国的水平。

荷兰政府一边控制国内的形势，抓捕随意散布谣言的人和从事投机商业的人，一边告诫国内的一些在野政党，不要采取任何激进活动，不要给德国人进攻荷兰的借口。

不管怎么样，女王还是希望可以通过中立政策躲过这次战争，所以荷兰不相信任何一方，也拒绝和英法进行军事会议。

4月19日开始，荷兰全面戒严，实行军事管制，并且暂停了出版自由，对所有报纸全面接管，严格检查，所有舆论导向都在政府的管控下进行，荷兰军队总司令格尔更是站出来，向全国人民发表演讲，号召民众保持信心，要求人民任凭波涛汹涌，依然镇定自若。并再次声明——荷兰绝不会同任何一个交战国进行任何秘密会谈。

进入五月份之后，荷兰的间谍更是给荷兰政府发来情报，确认了德国将会进攻荷兰这一情况，虽然时间还不能确定。

5月7日，军队的休假再次被取消，正在休假的军人都被召回部队。不过官兵早已习以为常，从1939年11月开始，关于德国要向荷兰出兵的消息就不断传来，所以已经没有人相信这次就一定是真的。

荷兰的军队很镇定，一方面是由于对这种战争新闻已经习以为常，另外一方面，是因为挪威和丹麦的战争已经结束，英国海军已经撤回到西欧。所有人都认为，德军在这时候向西欧进军，那就必须要面对欧洲最强的陆军部队——法军和最强的海军部队——英军。

似乎德国人不会那么傻。

而且，荷兰已经组织起了一支50万人的武装。并且机场开始对所有外国飞机禁飞。

可就在大家觉得，一切都在向着好的方向发展的时候……德国开始真的向荷兰进军了。

5月10日凌晨，在荷兰的军队还都沉浸在睡梦中的时候，德军机群的轰炸声在瞬间打破了这份宁静。

负责辅助攻击和吸引英、法联军主力的B集团军，首先派出大批飞机轰炸荷兰境内的桥梁和要塞。

凌晨突然的袭击给一直做着和平梦的荷兰军队造成了巨大的恐慌。空袭刚一结束，德军的装甲部队就已经推进到了荷兰军队的阵地前面，因为德军的空降兵部队，在之前的空袭之中，就已经空降到荷兰境内，并且快速抢占了各要道，所以，B集团军的坦克部队进展十分神速，甚至超出了希特勒和计划制定者曼斯泰因的想象。

仓皇应战的荷兰军队，很快就开始丢弃阵地，向后方撤退，为了阻挡德军的闪电袭击，荷兰军队一边逃跑，一边砍倒树木当路障，并且捣毁了运河上的大多数桥梁和交通设施，还在莫登附近炸毁了油轮，封死该段航道，以延缓德军机械化部队的速度。

荷兰的这些努力对于德军的进攻起到了一定的延缓作用，但对战争的走向却没有任何有益的帮助。这种撤退让恐惧情绪在军队中不断地滋长。

明娜女王非常果断地命令内阁，立刻将德军入侵荷兰的消息用电话传到伦敦和巴黎。现在荷兰需要英、法的援助了。长期以来，荷兰一直拒绝英、法的军事援助，而且拒绝与其他国家举行军事方面的谈判。这时被迫向英、法两国寻求援助，女王也表明态度，荷兰愿意加入盟军的阵营。

可是为时已晚。虽然英、法联军做出反应，按照之前的作战计划，派出法军第七集团军从英吉利海峡赶赴荷兰，可是之前没有任何的演练和准备，法军进入荷兰之后，无法进入到最恰当的阵地，也无法有效组织起对德军的反击。

5 月 10 日早晨六时，在德军向荷兰开始进军的一个小时之后，德国外交部部长才开始向荷兰驻德大使发表广播声明，并且同时向其他国家发布声明——德军要在盟军之前占领荷兰。

德国外交部向各国发布的进攻荷兰、比利时的理由是：德国得到消息，英、法两国准备借道比利时进攻德国。德国本来十分尊重荷兰、比利时的中立国立场，但荷兰和比利时却没有遵守中立政策，而是私下里与盟军暗通款曲，而且两国的舆论导向都很显然的对德国抱有敌意，两国的主要部队都集中在国土东方，显然是针对德国，荷兰虽然宣布了对外的禁飞令，不允许德国飞机降落在荷兰的机场，可是却一直对英国飞机放行，即便是英国的战斗机多次侵犯荷兰领空，荷兰也没有提出任何异议。一切的一切，都显示出，荷兰在偏袒盟国，而与德国为敌。

欲加之罪，何患无辞？

战争爆发之后，荷兰和比利时同时派出大使，试图把政府抗议入侵的照会发给德国外交部，以通过外交的途径停止战争，可德国外交部却拒绝接受任何照会。

伪装的面纱已经揭开，只有战争一条路可走。

荷兰女王威廉明娜在寻求通过谈判停止战争无果之后，只好站出来向全国发表声明：对这一史无前例的背信弃义行为提出严正抗议，号召全国人民都站起来，对德国的野蛮入侵坚决抵抗到底。

荷兰军队在鹿特丹外莱克河西岸建立防线，一边死守几座莱克河上的大桥，一边等待英、法联军援军的到来。

直到第二天下午，法军第七集团军才到达蒂尔堡，可德军的B集团军已经早早地列好了阵势等在了这里。

反客为主。

不熟悉地形和军事攻势的法军反而好像成了一支入侵荷兰的军队，而德军却像一支守军。

而且法军第七集团军是纯粹的陆军部队，法国本身空军部队又比较薄弱，所以甘莫林司令早在第七集团军出发之前，就向丘吉尔发出请求，请求英国出动空军部队，配合法军的行动。

可是丘吉尔却不愿意把自己宝贵的空军丢给法国的陆军，回复甘莫林说，法军要靠现有的力量进行战争，英国除了必要的防御部队，已经派出了所有的精锐远征军与法军一同作战，而且英国的海军也已经与德军打得不可开交。

即便战争已经到了这一地步，可每个人还是不肯放弃个人利益，不肯通力合作。

由于没有空军部队作为支援，法国第七集团军很快失去了制空权，被德国B集团军阻挡在蒂尔堡，仓促建立的阵地无法阻挡德军的空袭，法军在坚持了一天之后，只好向后撤退，退守布雷达。

而这时候，荷兰的军队还苦苦地等候着援军的到来。

鹿特丹外的几座大桥虽然已经被德军占领，可是荷兰的军队一直没有放弃袭扰，大桥的控制权几度易手，这使德国的军队不敢再全力前进，而是就地防御。

5 月 12 日晚，荷兰军队得知法国援军已经退守布雷达的消息之后，希望法军可以向马斯河大桥进军，从而牵制和延缓德军的进攻。可是没有制空权的法军却拒绝了荷军的请求，固守布雷达，不肯再对德军发起进攻。

德军的第九装甲师在一天之后，在荷军的袭扰和阻击之下，终于全部通过马斯河和瓦尔河大桥，进入鹿特丹附近的区域。

荷军只好无奈地通知女王和内阁政府，荷兰依靠自己的军事力量已经无法抵挡德军的攻势了。

威廉明娜女王明白——荷兰的覆亡已经在所难免。

当晚，女王就偕同王室，登上飞往英国的飞机。威廉明娜女王成了荷兰第一位流亡的女王。

第二天，到达英国的女王，通过媒体向所有荷兰人发布了《告荷兰人民书》——荷兰政府已经搬到了英国，但荷兰无论任何时候都是主权国家，荷兰的军队将会一直战斗到底，各地政府必须严守岗位，与荷兰人民站在一起。王室之所以流亡英国，是因为德军的首要目标是俘虏王室和内阁成员，使荷兰丧失依法组成的权力机构。王室到达英国是为了更好地同侵略者做斗争。

荷兰的外交大臣和殖民大臣也很快飞抵英国，第二天，内阁其他成员陆续飞抵英国，荷兰临时流亡政府正式组建起来。

可再怎么说也没有意义，王室的逃离使民众信心动摇，抗战必然受到影响。

B 集团军不但入侵荷兰的脚步神速，而且成功地吸引和牵制了英法盟军的主力部队。

14 日，也就是荷兰在英国组建临时流亡政府的时候，希特勒向军队发出指令：虽然荷兰陆军的抵抗力比预想的要猛烈些，但为了军事需要，为了整个战争的胜利，要求 B 集团军迅速瓦解荷兰军队的抵抗。为了快速击垮荷兰的抵抗力量，希特勒加派战斗机，加强对荷兰最后防线鹿特丹的攻势。

按照希特勒的命令，德军疯狂地向鹿特丹进攻，并且向荷兰守军发出最后通牒：如果荷兰守军不肯投降，那德国轰炸机将对鹿特丹进行大规模的轰炸，到时候，死亡的恐怕不只是军人，还有无辜的百姓，而这一切责任，都要由荷兰的军队来承担。

政府已经逃离，军队到底为谁而战？

现在只有民众是军人持枪的唯一理由。

一直坚持中立政策的荷兰，孤傲地不肯同英、法联军合作，希望可以用中立政策来换得和平，现在，荷兰终于要为自己的孤傲付出代价——独自面对德军的进攻。

第二节
荷兰的覆亡（一）

进攻荷兰的德军共 10 个步兵师和 1 个伞兵师、1 个机降师，指挥官是库赫勒将军。之前在对挪威和丹麦进攻的时候，德军都有意地保留了空降兵部队，以防暴露实力，让西欧国家过早制定防御政策。

而现在，到了出王牌的时候了！

德国派出了自己最精锐的王牌部队，以确保能够将英法联军的主力部队吸引到荷兰境内。

德军的作战计划非常明确：以空降兵的突然袭击保障地面部队快速越过荷兰边界，突破荷兰的前两道防线，向鹿特丹、海牙两地进击。然后迅速利用荷兰军队建立的阵地，反客为主，与英法援军展开决战，全力把英法联军的主力留在荷兰境内。

要保证这个作战计划的成功，关键一点就是要在英法联军反应过来之前，抢占荷兰军队的阵地。如果让英法联军进入荷兰境内，并且和荷兰军队会合，那德军就会很被动。

所以，这个计划的第一要求是要快！

天下武功，无坚不破，唯快不破！

速度永远是打破一切规律和平衡的唯一的武器。

对于荷兰人来说，最渴望的是和平。因为希望可以避免战争，所以荷兰人一直拒绝和任何国家结盟，也不允许英法联军在战争爆发之前进入自己国家，也不与英法联军进行任何形式的军事会谈。但保持中立的荷兰却是最早一批进行战争动员的国家。

荷兰人并没有躺在中立政策的温床上做美梦。

他们明白，防人之心不可无!

既然天下动荡，那没有什么比强化自己更有用的了。

早在 1939 年 9 月波兰被入侵的第二天，荷兰政府就下达了战争动员令，此后一直保持着防御作战准备状态。

荷兰当然明白，依靠自己国家的陆军力量，根本不可能防御德国（还包括意大利）的军事进攻。

所以，虽然荷兰不允许英、法联军进入自己国家，却一直是按照战争爆发之后英、法联军驰援荷兰做的战争计划。

荷兰的作战计划，所有的假设都是根据英、法、荷、比四国联合抗击德军进攻的协议而制定的。

荷兰政府，包括军队司令部，要求所有部队，一旦战争爆发，在英、法陆军到达前，要尽全力在边界线上和纵深内的筑垒地域进行防御，利用砍倒树木、焚烧房屋、甚至决堤泄洪等方式来推迟德军的进攻速度，保障英、法军队展开部署。

应该说，荷兰人的想法完全没有错。

只要能够推迟德军的进攻脚步，那英、法联军就会从后面赶上德军，而德军必然陷入前后夹击的困境之中。

可惜，荷兰人显然低估了德军的实力，更没有想到，德军的空降兵部队会这么强大。也没有想到，来援的英、法联军那么不堪一击，在失去制空权后，一触即溃，立刻收缩回来布控雷达进行防御，而不肯进兵荷兰。

荷兰军队兵力有限，不足以防守由马斯特里赫特到北海的 400 公里长的边界，为防御德军入侵，他们设有 3 道防线：在边境地区构筑有一般的筑垒阵地，只部署少量兵力；而后是哥雷比—皮尔防线，荷兰的 10 个步兵师主要依托这一防线组织防御；最后是“荷兰要塞”，即鹿特丹、阿姆斯特丹、乌德列支和海牙地区，这一地区有海湾、河流和大面积水域，构成了良好的天然障碍。而且东有北临艾瑟尔运河的格雷伯筑垒地域，南有从瓦尔河到鹿特丹的防御工事做屏障，“荷兰要塞”是荷兰中枢神经所在地。为了能在哥雷比—皮尔防线拖住德军，尽量拖延时间，必要时还可把下莱茵河、马斯河和瓦尔河的防洪坝打开，以大水在这一地区构成障碍，并有利于主要港口城市的防御。

德军对于荷兰可能利用水障防御这一点是清楚的。当时有一个办法可以打破荷军的计划，使德军的装甲部队避免遭受洪水的威胁，那就是在地面部队突破主要防线的时候，同时攻占上述三条主要河流上的要害桥梁，以保障德军迅速通过。这也是空降作战的主要任务。

早在1939年10月27日，德军第7空降师师长斯图登特将军就被希特勒召到柏林的帝国办公厅密谈。希特勒说，在波兰战役中，我们有意不使用空降部队，为的是避免过早地暴露秘密。但是现在准备立即展开西线的大规模攻势，到了使用空降部队的时候了。斯图登特奉命着手制定作战计划。

斯图登特把这次空降作战行动分为夺占海牙和鹿特丹这两个重要地域。在海牙，空降作战的部队为第22机降师的两个团和第7伞降师的1个营，由第22机降师师长斯庞尼克将军指挥。其任务是首先以伞降的方法夺占海牙周围的瓦尔肯堡、奥肯堡和伊彭堡3个机场，然后机降两个步兵团，攻入荷兰首都海牙，俘获荷兰皇室、政府机关和高级指挥部成员，使其中枢神经陷入瘫痪，同时阻止这一地区的荷兰部队向受威胁的哥雷比—皮尔防线增援，并使荷兰空军不能使用“荷兰要塞”的军用机场。

在鹿特丹，空降作战的部队为第7伞降师的4个营和第22机降师的1个团，由第7伞降师师长斯图登特指挥，主要任务是夺取瓦尔港机场和鹿特丹的维列姆大桥、多尔德雷赫特大桥、默尔迪吉克大桥，为正面进攻的第18集团军打开进入“荷兰要塞”的通路。为保证夺取和扼守这些桥梁，除使用伞兵直接在大桥附近降落外，在瓦尔港机场还将机降1个步兵团，作为预备队，以支援各桥的战斗。参加空降作战的兵力为1．6万人，其中伞降部队4000人，机降部队1．2万人，由第2航空队约500架容克—52运输机运送。德国西部的威塞尔、明斯特、利普施塔特、帕德恩博等9个机场为空降出发机场。空降纵深为40×100公里。为了达成最初空降的突然性，规定运输机从北海上空绕道飞行，从西北方向由海上进入目标。

斯图登特的计划在后来的6个月中虽然经过修改，但其基本设想并无大的改动。希特勒一方面观察着西欧事态的发展，与英、法保持着和平信件的往来；一方面又寻找实施突然袭击的良机。在此期间，斯图登特曾11次接受了准备袭击的命令，每次命令都是在临起飞之前被撤销。第12次接到袭击的命令是在5月9日，这一次空降作战计划终于得到了实施。

荷兰当局根据其驻柏林武官从德国最高统帅部谍报局搞到的情报，预料到德军将要进攻。荷军总司令温克尔曼中将对德国空降部队突击“荷兰要塞”的威胁了如指掌，他不断提醒部下注意防范。因此，从5月7日起，荷兰采取了一些反空降措施：在各机场的跑道上和公路的重要地段上准备了载重汽车、设置了地雷和其他障碍物；加强了机场、城市的警戒和伪装；加强了值班飞机和增加了高射火器；在沿海组织了猛烈的对空火力。但荷军大多数军官对此并不重视，他们过于相信哥雷比－皮尔防线、洪水的威力和法国实施支援的承诺。

5月10日凌晨，德军航空兵最先发动空袭，袭击了荷兰、比利时、法国的40多个机场，夺取了制空权。对荷兰之战来说，最激烈的战斗并不是后来地面军队的突破，而是随后德军和荷军在“荷兰要塞”内的空降和反空降作战。

凌晨3时30分，德军对荷兰的瓦尔港、海牙、阿姆斯特丹、希尔维萨姆等地实施航空火力准备。在轰炸海牙兵营时，由于荷军未及时发出空袭警报，约800名士兵被炸死在床上。航空火力准备一直持续到运输机进入空降地区。

4时，运载第一批空降突击部队的运输机开始起飞。5时30分，第18集团军向哥雷比—皮尔防线发起正面进攻。

海牙方面，第7伞降师第2团第1营乘坐65架容克－52运输机，在战斗机护航下，从夜航机场起飞。机群在越过荷兰国境线、掠过平原、通过哥雷比－皮尔防线以及在飞向海岸时，把飞行高度降到30米作超低空飞行。当飞到海牙以西的河流交织地区时，飞机爬升到180米，并分成3

个突击分队，分别飞向海牙周围的瓦尔肯堡、奥肯堡、伊彭堡 3 个机场。飞临海牙北边瓦尔肯堡机场的伞兵突击分队看到了德军空军对机场实施航空火力准备时投下的最后一批炸弹，正当轰炸机向后转弯返航的时候，容克－52 运输机开始进入目的地。伞兵降落在跑道上，很快集合完毕，与荷军机场警卫分队展开战斗，把荷兰军队驱逐出机场。7 时 30 分左右，德军伞兵完全控制了机场。降落在海牙南边奥肯堡机场和海牙西边伊彭堡机场的两个伞兵突击分队也同时占领了这两个机场。这样，德军伞兵为即将到达的机降部队准备了 3 个良好的着陆场。

第三节
荷兰的覆亡（二）

德军虽然占领了机场并清除了跑道上的障碍，可是在每个机场上只有一个轻装伞兵连在进行迎接机降的准备和坚守机场。当德军第一批机降部队的 100 架飞机运载 2 个步兵营分别飞抵瓦尔肯堡和伊彭堡，并于 7 时 30 分左右着陆的时候，荷兰军队正准备向这 3 个机场实施反冲击。伊彭堡周围的高射炮火一直很猛烈，因而运载步兵的飞机有 12 架被击中。有的飞机带着熊熊烈火着陆，幸存的士兵钻出飞机，立即与反击的荷军激战起来。在瓦尔肯堡机场降落的步兵从正在滑行的运输机中跳出来投入战争，沉重的容克－52 运输机有的在松软的跑道上陷了下去，轮轴都陷入泥土里，因而无法再起飞，结果被炮火击中燃烧起来。

下午，荷军组织了 6 个步兵营、1 个炮兵旅和 1 个炮兵团向 3 个机场进行大规模反击。机场周围燃烧的德军飞机残骸使荷军士气大振，他们以优势兵力发起猛烈的反冲击。

在瓦尔肯堡，荷兰步兵第 4 旅的 3 个营，在 1 个炮兵团的火力支援下，对据守在机场上的德军伞兵和步兵实施了反冲击，并将德军从西北方向赶出机场。德空降部队第二批运输机到达机场上空的时候，飞行员看到双方在跑道周围进行着激烈的战斗。飞行员与地面部队没有无线电联系，只能目视一些德国旗帜标示的阵地，并据此判明德军的位置。地面的混乱局面使飞行员不敢冒险着陆，只好在空中盘旋。看着机场上到处是第一批被击毁的破烂不堪的运输机，他们心里明白，第一批攻击部队遇上了不小的麻烦，在这样的机场上已无法继续着陆。

空中指挥官下达了取消在机场着陆的命令。带队机长率领机群飞向附近的海岸，在卡特威吉克附近选了一块海滩当作备降场。然而，这块场地的土质实际上比他预料的要松软得多，因此在这里先着陆的 14 架飞机当中，有 7 架接地失事无法再起飞，着陆场顿时一片混乱。带队飞行员本人也被困在这里。他用无线电向空中的其余飞机上的飞行员发布命令，要他们在通往海牙的公路上找地方着陆。由于战前曾预想过可能会发生在公路上着陆的情况，所以德国空军的运输机飞行员曾在德国古特尔斯洛赫附近的公路上练习过在公路上着陆的飞行技术。于是整个编队向西南转弯，围绕这个城市盘旋飞行，最后试图在德尔夫特至鹿特丹的公路上着陆。但荷军在此段公路上事先已设置了障碍物，因而在降落的 30 架容克— 52 运输机中，有几架由于在着陆时损坏得过于严重而不能起飞，一些飞行员和大量机降部队因此而丧生。陷在卡特威吉克附近海滩上的 7 架飞机和机上人员，遭到荷兰步兵第 4 旅第 2 营的攻击，被赶出着陆场。第一批在瓦尔肯堡机场着陆的部队，被荷兰军队赶出机场后，退至瓦尔肯堡村庄里的防御阵地。荷军炮兵对这些阵地连续轰击了一个下午，但是德军据壕死守，拼死抵抗荷军的反击。

在奥肯堡和伊彭堡，荷军从中午发动的反冲击就非常猛烈。荷兰近卫旅派出该旅的第 1 营，在 1 个炮兵旅的支援下对奥肯堡机场实施反冲击，德军伞兵 1 个连在那里孤立无援，被驱逐出机场，向西南方向退却。荷兰近卫旅第 2 营和第 3 营，在海牙仓库守卫部队的支援下攻击伊彭堡机场，经过激烈的战斗之后，夺回了该机场。荷军经过在海牙周围的一系列协同良好的反冲击之后，将主动权从德军手里夺了过来。

下午 4 时，德军第三批运载预备队及补给物资的运输机飞临海牙上空，但是这些飞机只能在海牙几个机场的上空无能为力地盘旋，因为地面仍在进行激烈的战斗，飞机不可能找到一块安全的地方着陆。鉴于这种情况，斯图登特通知第三批所有飞机统统在德军已占领的鹿特丹南面的瓦尔港机场降落。于是这些飞机从下午 5 时到 6 时相继进入瓦尔港机场机降，并在那里接到了在鹿特丹作战的新任务。

第22机降师师长斯庞尼克是随着第二批机群飞到伊彭堡机场上空的，由于无法着陆，便飞往奥肯堡机场。这里的情形也跟那里差不多，防空炮火很猛，跑道上尽是飞机残骸。突然，斯庞尼克乘坐的那架容克－52运输机也被荷军的高炮击中。受了伤的运输机在空中盘旋着，寻找着陆的地点。机上的人员看到有的飞机在海岸的沙滩上迫降在松软的沙地里，也有的飞机降落在鹿特丹至海牙之间的公路上。他乘坐的这架飞机的飞行员费了好大劲才降落在靠近森林的一块空地上。海牙周围到处是被迫降落的运输机和德军空降人员，大部分人员被分割在4个地方，他们大都是从自己的目标地域被赶出来的。天黑前，斯庞尼克把各个小股部队集中起来，约数百人，在海牙郊外的奥弗赖斯希构筑了“刺猬阵地”。因为兵力太弱，无法向市区进攻，又没有任何可控的简易机场，斯庞尼克攻占荷军统帅部的任务也就无法完成。5月10傍晚，他通过携带式无线电台设法和第2航空队取得了联系，后来接到库赫勒的命令，让他放弃原来的计划，停止对海牙的进攻，向鹿特丹北部挺进。

荷军在海牙方面赢得了作战的胜利。在海牙落地的德军空降部队在荷军的反攻下大部分被歼，还有1500人被俘，运输机损失了90%。

在鹿特丹方面，5月10日凌晨3时，刺耳的汽笛声就开始响彻街头和港口，这是空袭警报。瓦尔港机场附近的荷军步兵都躲进了机场的战壕和地道里，守在机枪和迫击炮旁，而这时却有两个预备连的士兵仍在机库的临时宿舍里蒙头大睡。正在他们做着美梦时，死神降临了。无数颗炸弹从天而降，在机场边缘的战壕里和高炮阵地上爆炸。有一颗重磅炸弹正好命中了那座预备队正在里面酣睡的机库的临时宿舍中。机库中弹后，马上燃烧起来，顷刻便倒塌了，不少士兵被压在里边。瓦尔港机场的防卫骨干力量就这样被消灭了。这次命中率极高的轰炸是德军向鹿特丹方面实施空降突击的序幕。

就在瓦尔港的爆炸声停止、对空炮火刚刚寂静下来的时候，天空中又传来了飞机发动机的轰鸣声。德军第1特殊任务轰炸航空兵团第3大队的运输机，运载着伞兵第1团第3营和第2营的1个连，于5时准时地进入了鹿特丹的南部。炸弹坑遍及瓦尔港机场，燃烧着的机库冒出的浓烟使他们在空中很快认出了目标。伞兵们跳出了机舱，只见机场和机场周围的天空中出现了一个接一个的小白点。他们在空中飘荡了 15—20 秒钟，慢慢地接近地面。这时，荷军才发现这是德军空降伞兵。接着，地面响起了机枪的射击声。荷军的防空炮火开始也一度打得很猛，可后来逐渐减弱，并且火力也不集中了。德军伞兵遭受的最大损失是由自己的过错造成的，1 架载着伞兵的容克－52 运输机竟然在大火熊熊的机库正上方实施空降，结果，丝绸做的降落伞见火就着，许多伞兵就这样被活活地摔死了。但大部分伞兵是在瓦尔港机场两侧着陆的，并立即投入了战斗。这样一来，荷军就不得不分散火力对付机场外围的伞兵。经过约 1 小时的激战，伞兵控制了瓦尔港机场。

在德军做好迎接机降部队的准备后，第 16 机降步兵团开始机降。首先，一个运输机中队试图在机场着陆，但遭到小口径高炮的射击。有 1 架容克－52 运输机的油箱被打漏，两台发动机起火。这架飞机好歹着陆了。还没等飞机停下来，舱门便打开了，士兵们从里面跳了出来。他们是施维贝克中尉指挥的第 16 机降步兵团第 9 连的两个排，是机降部队的先遣分队。紧接着，容克－52 运输机陆续在燃烧着的飞机旁着陆。该团第 3 营营长霍尔蒂兹中校事后曾这样写道：

“不出所料，这里是一片惊人的轰响。发动机的轰鸣声、机库里弹药的爆炸声和重火器炮弹的爆炸声交织在一起。敌人的机枪在阻止飞机降落。但我们的士兵早已敏捷地跳出机舱，开始了攻击。”

在德军机降过程中，荷军以密集炮火猛烈抗击搭载德国步兵的运输机，有几架运输机被地面炮火击中，其中 1 架坠地着火。荷兰海军的几艘小型舰艇也企图轰击着陆的机降部队，但被德国斯图卡式俯冲轰炸机所驱逐。此时，荷步兵第 3 营在重迫击炮火力和鹿特丹北部炮兵火力支援下，正在进行反击，但糟糕的是德军突然发出了绿色信号弹——这是荷军停止重火器射击的信号，荷军无从得知德军是怎么知道他们的信号的——结果荷军炮兵误认为这是自己发出的信号，因此停止了射击。机场守军失去了炮火支援，经不住德军伞兵和机降步兵的攻击，最后的抵抗陷于崩溃，残部举起双手当了俘虏。这时，德军运输机还在一架接一架地着陆，瓦尔港机场彻底落到德军手中。

失去了女王和政府的荷兰军人，这时候最大的敌人不是德军，而是对胜利信心的缺失。在没有援军的情况下，所有人都明白，战败只是早晚之事。荷兰装备落后的 50 万陆军根本阻挡不住如狼似虎的德国集团军。

为了让鹿特丹免遭轰炸，14 日傍晚，荷兰军队总司令温克尔曼将军命令全军放下武器。15 日上午 11 时，温克尔曼将军作为荷兰政府的全权代表在无条件投降书上签字。

短短的五天时间，荷兰就向德国投降，这个曾经辉煌一时，被称作“海上马车夫”的国家就这样覆亡了。

第四节
利奥波德的王者之心

同荷兰威廉明娜女王相比，比利时的国王利奥波德三世更值得尊重和推崇。

他的性格是如此地鲜明，让人不能不喜欢他。

虽然他的做法被人诟病，被人猜忌，并最终被他所热爱的比利时人民所抛弃。

可是不管怎样，他都没有屈从于任何人，而是按照自己的理解——一个国王该做的事——去坚持了自己的想法。

利奥波德三世（右）

能够坚持自己想法的人就是可贵的，特别是在风云变幻的战争年代，特别是，要面对的是凶残的德国战车。

可是这位可敬的比利时国王做到了。

在他登上国王宝座之后不久，由于意见不合，他很快就被英国排挤并退出了盟国。从此之后，即便战争爆发之后，他也再没有加入到盟国的行列之中。

什么是骨气，大概就是有那么几

根骨头，你打我的时候，你也会疼。

利奥波德国王是一个有骨气的人，当然，他也为自己的骨气付出了亡国的代价。

可是……就算他在战前就看清了形式，接受重新加入盟国阵营的建议，难道比利时就可以免于灭国之灾么？

历史告诉我们，不可能！

且不说英、法联军会派出什么样的军事力量来援助比利时，即便是以全力以赴的英、法联军的全部力量，即便是有号称永远攻不破的马其诺防线，法国最后不也一样被德国灭亡了吗？

既然注定一败，何不站得直一些？

1940 年 4 月 9 日，盟国召开最高作战会议，英、法两国一致认为如果不希望丹麦和挪威的悲剧在荷兰和比利时重演，那必须让英、法联军预防性地进入比利时和荷兰。

可是，比利时拒绝了。比利时国内出现了两种声音，一种认为比利时应该现在立刻投入盟军的怀抱；另外一种则认为，保持中立政策才是保家卫国的最佳选择。

利奥波德国王明白，如果自己现在选择加入盟国，那必然要面对的就是德国的威胁（给了德国向比利时开战的借口），同时，又要面对国内分裂的局面。

就在盟国召开最高作战会议的第二天，在利奥波德国王的授意下，比利时政府对外通告，重申了独立和中立政策。

但所有的迹象都在表明，西欧战争似乎不可避免。

比利时从 4 月 16 日开始，宣布全国进入战争状态。不但禁飞，而且颁布了管理外国人的条例，防止外国人秘密潜入，将国内现有的外侨分为几类，有的被拘留，有的被驱逐出境，在几天之内，就抓捕了几千个德国的间谍。

4 月底的时候，居住在比利时的德侨已经开始将财产转移出比利时。

5 月 8 日的时候，驻柏林的比利时大使发来秘密消息，向国王说明了德国的动向——将在近期开始进攻比利时。

5月10日凌晨，利奥波德国王接到边境守军的报告，大批德军正在向荷兰和比利时边界进发，并且发现大批飞机出现在荷兰上空。德军古德里安将军率领的A集团军的先锋部队已经从中路向比利时和卢森堡的阿登山脉进行突击。仅有400名步兵和12名骑兵的卢森堡不战而降。

早晨五点，防空警报的尖啸声响彻比利时首都的上空，大批的德国战斗机出现在比利时首都。

比利时外交部部长立刻向盟军求援。

不久之后，利奥波德国王在接见了几名官员之后，出发前往布雷恩东克大本营。

早晨8点30分，德国大使向比利时递交一份照会，声称德国接到了盟军即将进攻比利时的消息，为了先发制人，德国被迫用武力来保证比利时的中立。

德国声称，如果比利时停止抵抗，德国将保证其在欧洲和在其殖民地的领土完整，比利时若继续抵抗，将会丧失主权。

利奥波德国王声明，面对德国赤裸裸的侵略，比利时一定会抵抗到底。

当天，这位国王宣布自己为比利时军队总司令，同时号召全国人民一起奋起反抗侵略，并且告诉民众，盟军部队已经开始进入比利时。

国王的计划是，依托埃本·埃马尔要塞，这个号称全欧洲最坚固的要塞，长期固守，拖住进攻的德军，然后让英、法联军赶到这里，并且最终歼灭来犯之敌。

可是，让所有比利时人大跌眼镜的是——这个让所有人引以为豪的军事要塞，却在短短的几个小时之内就失陷于德军之手，甚至没有人知道这个要塞是如何失陷的。

所有守军全部被俘虏，连战败的报告都没有发回。

德军的宣传部门号称德军使用了德国研发的“秘密武器”，任何坚固的要塞都无法阻挡这种秘密武器的进攻。

埃本·埃马尔要塞的失陷，使阿尔贝特运河至马斯河的第一道防线全线瓦解，而这时候，英、法的援军还在赶来的路上。

11 日晚上，第一道防线上的败军退守安特卫普—那慕尔—吉韦防线。

12 日，英、法援军也赶到了这条防线。

当日，利奥波德国王会见了盟军的指挥官达拉第，达拉第说盟军会全力帮助比利时人保卫自己的家园。

13 日，法军第一集团军的先头装甲部队与德军第 16 装甲军在日昂布鲁遭遇，这是第二次世界大战开战以来首次大规模的坦克战，也是盟军取得的最大的胜利。

横冲直撞的德军在地势开阔的地带遭遇了法军的装甲部队，两军随即展开对攻，这场战争的结果是，法军以损失 105 辆坦克的代价击毁了德军 164 辆坦克。

可这场局部战争的胜利却无法左右战局的发展。

14 日，德军在色当和更北面的两个地点渡过马斯河。

15 日，德国装甲部队在盟军的防线上打开了一个宽 50 英里的缺口，德军的地面部队迅速占领并扩大战果。

德军的空军部队也开始大规模地空袭比利时首都布鲁塞尔，而这时候的布鲁塞尔，因为大批难民的涌入，已经陷入瘫痪状态。到处流传着各地被德军分割包围的谣言。

15 日，利奥波德国王召开会议，在这个会议上，国王要求官员们注意盟国战败的可能性。因为根据情报显示，德军已经突破了英、法联军所建立起来的防线，并且分割包围了几个集团军。

在这种情况下，比利时的灭亡似乎不可避免。

政府内阁坚决主张，必须不惜一切代价，使比利时的军队撤到法国，同时政府和国王也像荷兰一样，在法国组建流亡政府，他们相信，法国有能力把这场战争打下去，直至获胜。

可利奥波德国王却拒绝进入法国，他坚持国王应该与人民在一起，并且一直战斗下去。

5月16日，由于德军的轰炸和难民的进一步增多，布鲁塞尔已经成为一座死城。比利时政府撤退到奥斯坦德，当天晚上，德军占领了布鲁塞尔。

在随后的几次会议上，官员们要求将军队向南撤退，甚至要求国王丢下军队和政府，先行进入法国。利奥波德国王斥责了官员的这种想法。他说，自己不仅是比利时的国王，而且是比利时军队的总司令，司令官的职责就是与军队在一起，而国王的职责就是与人民在一起，哪怕被俘虏，哪怕投降，哪怕牺牲，自己也绝不会离开比利时。国王的责任就是保卫领土的完整。

16日夜，缺口以北的比利时军队和英国远征军被迫撤到卡尔特河附近。法国的第九集团军被德军彻底击溃，法国第一集团军的防线也开始溃散，而这时候，深入荷兰境内的法国第七集团军在失去制空权的情况下，也已经撤回到安特卫普。而这时候的荷兰，已经宣布投降德国。

事实上，因为德军的推进速度太快，导致盟军的后续部队还没有办法建立防线就已经开始溃散。比利时的军队想撤入法国更是难上加难。因为军队缺少装甲车，坦克数量更是少之又少，而且比利时军队的装备和之前的训练也导致比利时人只能打阵地战。可现在，在防线被突破之后，需要比利时人与德军在平原上对攻，这对于比利时军队来说就是一场灾难，不停地撤退和盟军的溃散，也让比利时军队军心大乱。

而且，比利时军队的行动还受到难民潮的影响，政府在16日才想起向全国人民发出通告，要求大家留在家里，可为时已晚，难民像潮水一样出现在通向法国的道路上，这些行动迟缓的难民占据了主要的道路，使比利时军队无法顺利撤退到法国。

18日，比利时政府不顾国王的阻挡，自行撤退到法国，组建临时政府。

19日，法军总司令甘莫林将军命令在比利时战斗的各集团军不再恋战，向南撤退。

20日，英国远征军司令戈特也下达了同样的命令——向南撤退。英国参谋总长电告比利时军队，要求比利时军队也和英军一起向南撤退。

可是利奥波德国王，面对盟军的再一次抛弃，毅然决然地选择了拒绝。利奥波德国王一面命令比利时军队重新建立防御阵线，无论如何都要与德军战斗到底；一面送给英国首相丘吉尔一封信，在信中，利奥波德国王要求英、法联军再组织一次进攻，不要放弃比利时。如果英、法联军不肯回头的话，那比利时将陷入孤立，也免不了被灭亡的命运，可比利时军队将独自面对德军，直至战斗到最后，最终将向德国投降。

21 日，刚上任的法军总司令魏刚到达伊普尔召开军事会议，可在这次会谈中，无耻的英、法联军要求比利时军队退守马斯河防线，并在此掩护盟军向南撤退，而盟军将在有序的撤退之后，组织军队从南北两个方向同时向德军进攻。

魏刚（右一）

面对盟军的再次抛弃，利奥波德国王决定带领比利时军队在马斯河建立最后的防线，独自面对德军的进攻。

25 日，形势进一步恶化，已经没有任何能够阻止德军的挺进的希望了。盟军的通信工具落后，军队之间缺少必要的配合和联系，比利时军队在马斯河遭受到德军的强攻，比利时人宁死不退，可是在比利时军队的右翼与英军的左翼之间，由于英军的不作为，防线被德军撕开了一条大大的缺口。

英军再次开始溃散。

只剩下比利时人负隅顽抗。

一些比利时官员来到大本营觐见国王，在情绪激动的觐见中，官员们强行逼宫，要求国干和他们一起去法国。

但利奥波德国王还是拒绝了官员们的要求，他已经下定决心要留在军队里，与比利时军队，与比利时人民共存亡。

官员们坚持说，作为国王，他的位置会使投降具有政治色彩。如果不听他们的劝告而留在国内，那国王必须对国内的纷争负责，甚至会被当作战俘押往德国。而如果国王去法国，那就可以在法国集结力量，继续与盟国一起在军事和政治方面进行斗争。

可是利奥波德国王已经对盟国彻底死心，他认为毫无斗志的盟国也必然会失败。即便是法国，也会在不久的将来被德军所灭。也许英国会独自作战，可那也只剩下了海战和殖民地的战争。而且，他认为，自己到了法国，毫无地位可言，作为一个国王，他为国家效力的最好的办法就是留在比利时！

26 日，利奥波德国王再次要求英军进攻德军侧翼，以缓解死守马斯河防线的比利时军队的压力，可这时候的英军已经开始向敦刻尔克撤退，无法再给予比利时任何援助。

5 月 27 日，德国的陆军在空军强大火力的支援下，一举突破了比利时的防线。

中午，利奥波德国王派大使到德军司令部要求停战，并且同时电告英、法两国。晚上，比利时大使带回德军的条件——要求比利时军队无条件投降。

强大的荷兰只抵抗了德军 5 天，而小小的比利时却抵抗了德军 18 天，而且是在盟军毫无作为的情况下。

不得不说，有时候，战争比的并不是装备，而是一份战斗的决心。

5 月 28 日凌晨，利奥波德国王下令，比利时军队放下武器，向德军投降。上午，比属刚果总督发表广播讲话，申明刚果和比利时政府保持一致。

5 月 31 日，逃到法国的比利时议员在利摩日开会，会议上，议员们声明支持临时政府，并且严厉地批评了利奥波德国王的投降，许多情绪激动的比利时官员甚至提议废除国王。

可留在比利时国内的大部分民众，却选择了站在国王这一边，他们认为是政府的官员们抛弃了国家。

不久，在法国投降之后，比利时政府尴尬地发现，他们面对的唯一出路也是投降。这时候，比利时政府只好派人同国王联系，讨论如何向德国投降的问题。可这时候，政府使节受到国王的冷遇，他说自己身为战俘，无权过问政治。

结果，比利时政府要向德国投降，却可笑地被所有人置之不理。

7 月 20 日，德国颁布命令，禁止比利时政府的官员回到比利时。而这时候，法国在德国监控下建立起来的新政府在德国的授意下，甚至停止了对比利时政府的经费供应。

比利时政府面临着倒闭的尴尬境地！

第五节
空中的特洛伊木马

这点毋庸置疑——战争是残酷的，可在某种意义上来说，这种残酷却创造了那么多的英雄，并且残酷地推进了世界前进的脚步。

对于汉娜·莱契来说，战争——也许不过是一场飞行游戏。她爱的不过是滑翔机，不过是飞行，可在那个时代，她却实实在在地成了所有德国人心目中的英雄。

1913 年，汉娜出生在德国许林津的谢尔许堡。她的父亲是一位与军事毫无关系的医生。

汉娜·莱契

汉娜 13 岁时，父亲带着自己这个心爱的小女儿第一次到谢尔许堡的库尔瑙山丘上观看滑翔机飞行，那自由自在翱翔于蓝天的滑翔机，给这位 13 岁的小姑娘留下了不可磨灭的印象。她在征得父亲的同意之后，很快就报名加入库尔瑙滑翔学校，她的努力和认真，得到了校长沃尔夫·希尔特的认可和认真的教授。

五年之后，刚刚 18 岁的汉娜在柏林获得了飞行执照。考取了飞行执照后的汉娜没有出去工作，而是回到库尔瑙接受校长的直接指导。

1933 年，20 岁的汉娜驾驶“库尔瑙宝贝号”滑翔机创造了连续飞行 10 小时 20 分钟的女子滑翔世界纪录。这一纪录轰动了整个德国。

她的一战成名也使得她不能再留在飞行学校当一名学员了。太多人想要聘用她。

1934 年 6 月，设在达姆施泰特的德国滑翔研究所（DFS）聘用汉娜为试飞员，她主要担任新式滑翔机和制动板的测试工作。1937 年 5 月汉娜操作滑翔机成功飞越 4000 米海拔的阿尔卑斯山。鉴于这次出色的飞行，德国李希林航空中心的空军试验部门正式聘用了她，这是首次有女性而且是以平民身份参加德国空军的试飞工作。后来，她连续创造了多项滑翔机纪录，甚至连希特勒都知道并且亲自接见了这位女飞行员。

在当时性别歧视盛行的德国，这让很多人大跌眼镜。

1938 年 2 月在柏林的德国会展中心举办了世界机动车博览会，作为附加项目，汉娜驾驶新开发的双旋翼福克－沃尔夫 FW–61 直升机进行悬空和垂直上下飞行表演，她每晚表演一场，连续 3 周没有发生事故。这比美籍俄裔人士西科斯基（现代直升机的完成者）成功试飞 VS–300 样机要早一年半。有趣的是荷兰媒体是这样报道的：

“德国人用肉眼看不见的绳子把飞机挂在天花板上，我们用望远镜看到了！”而美国媒体则大为赞赏：“德国直升机需要改进的地方很多，但这一切都被汉娜的卓越技术所替代了。”

在 20 世纪 30 年代后期，汉娜创造了多项滑翔机纪录：

1937 年，从华沙飞往库贝、汉堡的长距离世界纪录；1938 年从达姆施泰特飞往华沙、库贝的往返飞行距离世界纪录；1939 年从马克德堡飞往什切青的单一目的地飞行距离世界纪录。在此期间，德国空军为伞兵部队以 DFS 的名称招标军用滑翔机，1937 年定型为 DFS230 型，可运载 10 名军人、由 Ju 52 运输机曳航。汉娜担任试飞，在空军高官乌德特、格莱姆、凯赛林和米尔契面前表现得非常完美，以至于乌德特也跃跃欲试地说：“我也想飞一次看看。”于是汉娜搭载着官员们又飞了一次，安全降落后突然有一个人从机身后部滚了下来，他是空军设计部主任汉斯·雅各布斯，由于赶不上搭乘只好出此下策，这个自负的人感叹地说道：“我一直认为只有我的 230 是最好的，但是我今天才知道还有汉娜的技术，现在我有两张王牌了。”

第二次世界大战开始以后，希特勒并没有立即将滑翔机投入实战，这是因为在研究对整个西欧的作战计划的时候，针对号称整个欧洲最坚固的要塞——埃本－埃马尔要塞，汉娜提出了一个方案——出动滑翔机运输部队偷袭。

希特勒采纳了这个大胆的计划，所以，在之前的战争中，滑翔机一直没有出现在战场上。希特勒要保持这种武器的神秘性。

希特勒曾经说过，对西欧的整个黄色方案能够成功的关键，也许就在于比利时的这个埃本－埃马尔要塞。因为德军能够绕过马其诺防线，可无论如何都绕不开埃本－埃马尔。

还早在第一次世界大战时期，比利时军队就依托马尔贝特运河修筑了工事，并且成功地阻挡了德军半个月，德军在此一处就损失了 25000 人。

第一次世界大战结束后，比利时出于对德国的畏惧，在马尔贝特运河修筑了一整条防线，并且在防线中部的一座岩质高地上，修建了埃本－埃马尔要塞。这座要塞所在的高地，位于荷兰和比利时交界处，马思特里赫城和斯维城中间。埃本－埃马尔要塞的东北和西北面是几乎垂直的悬崖峭壁，悬崖下是阿尔贝特运河，要塞南面设置了深深的反坦克战壕和七八米高的防护墙，防护墙前又设置了许多障碍物。要塞东面是马斯河与阿尔贝特运河，河上的桥梁都在火炮射程之内，背面还有一条长长的战壕，随时都可以决堤引入河水。

整个要塞南北长 900 米，东西宽 700 米，所有工事都修筑在岩石之上，所以，这个高地的要塞，不管从军事价值，还是从地质强度来看，都是一大当关万夫莫开的天险。

要塞配备了旋转式装甲炮台、高射炮阵地、重机枪阵地等，各部分由 45 公里长的地下坑道连接起来，每一个通入要塞的坑道都能成为敌军的噩梦。

比利时历届政府都一直在加强对这个要塞的建设，经过 20 年的苦心经营，终于将这座要塞建成了整个比利时的“大门”。这座要塞的后面，就是比利时的平原，一旦要塞被攻破，比利时将一马平川，再无险可守。

比利时在整条运河防线上部署了 12 个师，相当于比利时军队的一半军事力量。而在这个要塞，就部署了整个一个师，1200 名士兵的防御力量。这些士兵躲在地下 25 米深的工事之中，要塞里存有大量淡水、食物和弹药，可以长期坚守。

而希特勒也早在很多年前就开始关注和研究这个固若金汤的埃本—埃马尔要塞。

1939 年初，德国的间谍终于成功地取得了埃本—埃马尔要塞的内部结构图。希特勒大喜过望，立刻在德国寻找与埃本—埃马尔要塞地理位置相似的地方仿造了两个要塞，用于研究如何突破这个要塞。

汉娜注必定要成为一个传奇。

空降兵部队有一个弱点，就是运输机的发动机声音巨大，无法隐蔽，所以，还没开始空投伞兵就会被敌军发现，而伞兵要从最低 90 米的高度跳伞，有大概十几秒的时间毫无还击之力，而且着陆之后，伞兵要先摆脱降落伞，然后才能拿起武器，在这段时间中他们很容易被敌军发现并歼灭。而滑翔机不需要发动机，可以在夜色的掩护下，偷袭降落在目标区域，并且空降兵可以立即投入战斗。

在希特勒的命令下，德国空军立刻开始全力研发新型的突击滑翔机，并且将此设为德国的最高机密。很快，这种新型滑翔机就被研究出来，它采用高单翼加翼下支撑的混合式结构，机身横截面为矩形，骨架由钢管焊接，不仅成本低廉，而且可以大规模生产。

这种滑翔机由两套操作装置组成，可搭乘两名驾驶员，再加上 8 名全副武装的士兵。它的最大起飞重量是 2.1 吨，自重 900 公斤，这种滑翔机还可以由运输机牵引飞行。

这种滑翔机成了名副其实的“空中特洛伊木马”，可以悄无声息地运输大量的士兵或者物资出现在敌军的后方。

而对于欧洲最坚固的要塞—— 埃本–埃马尔要塞和里面整整一个师1200名士兵，希特勒认为，只要一个营的空降兵即可搞定。

也许希特勒很疯狂，但正是这种疯狂，才造就了传奇。

几天之后，这份疯狂的任务落在了科赫上尉身上。科赫上尉仔细研究了埃本–埃马尔要塞之后，找到了希特勒，向他建议：为了不惊动守军，这次突袭不应该有空中袭击和炮火支援，应该等空降小分队占领埃本–埃马尔要塞顶部之后，再进行支援和歼灭性的打击。所以，这次突袭攻打要塞只需要80人。更多的士兵应该去控制运河上的大桥和截住比利时的增援部队，以让德军的空降部队和大批地面部队降临。

科赫上尉原来更疯狂！

希特勒欣然接受了这个计划。科赫上尉开始寻找单兵作战能力超强的士兵，组建突击队，并且进行模拟性的特训。

5月10日凌晨3时，莱茵河畔科隆附近的机场上，40架滑翔机在容克–52型运输机的牵引下，依次升空，希特勒的“非常规闪电”开始发射。这时，近千公里的进攻前线还悄然无声，整个欧洲都还在沉睡中。斯图登特将军目送飞机消失在夜色中。作为希特勒的空降兵司令，他深知此举关系重大。然而，赌徒的心理控制了他的每一根神经。宝已押上，只等见分晓。况且，元首永远是正确的！

滑翔机内载有大约400名德军，分为4支突击队。第一突击队代号“黄岗岩”，85人，配备轻武器和2.5吨炸药，负责占领要塞。第二突击队代号“水泥”，96人，负责占领弗罗恩哈芬桥；第三突击队代号“钢”，92人，负责占领费尔德韦自尔特桥；第四突击队代号“铁”，90人，负责抢占坎尼桥。

一小时后，机群越过德比边境，滑翔机开始解缆，分别向指定的目标飞去。要塞的顶部是一片宽阔的平台，也许正是这一因素促发了希特勒机降突击的想法。在直升机尚未诞生的时代，滑翔机就是最好的突击工具。没有动力的缺点此时反变成了优点，因为听不到发动机的轰鸣。它们拍打着硕大的翅膀，无声无息，像一个个黑色死神。只在落地的一刹那，才发出沉闷的撞击声。但对于防御一方来说，敌人已在不知不觉中飞抵面前，任何应急措施都已失灵。

就在这场精心策划的偷袭好戏马上就要上演的时候，意外发生了！

搭载“花岗岩”突击队的一架滑翔机出现了问题，它的牵引机发现右前方有其他飞机，眼看两机就要相撞，只好向下俯冲，但被牵引的滑翔机驾驶员并不知情，拼命想把舵拉住，以保持平衡，结果导致牵引绳索被拉断，这架滑翔机飞过了莱茵河之后，在一块陆地上降落。

最糟糕的是，这架滑翔机里面乘坐的竟然是整个“黄岗岩”突击队的指挥官——维哲希中尉。这位本来已经做好了一切准备，并且打算在这次偷袭战中一战成名的中尉，就这样还没有开始战斗，就提前着陆了，眼睁睁地看着自己的伙伴们搭载着滑翔机向埃本–埃马尔要塞飞去。

这场意外的结果就是——顺利降落在要塞顶部的80名突击队员一时之间变得群龙无首。

时势造英雄！

这时候，一个中士跳了出来。

“全部听我指挥！生死成败，在此一举。”温齐尔中士，就这样成了这场战斗的指挥官。

第一声枪响划破了夜空。突击队员按预先的编组，急速向各个坑道口扑去。这地形太熟了，在德国内地两个埃本·埃马尔要塞的模拟地点，他们足足演练了4个月。4个月，就是为了这决定命运的10分钟。

乔德兰特少校从睡梦中被惊醒。惊醒他的，不是哨兵报警传出的枪声，而是滑翔机对要塞顶层的冲击声。一周之前，西线战云趋密时，他的上司视察过这里。作为要塞的司令，他拍着胸脯保证过：“没有问题！除非德国人插上翅膀。”

当时，德军还从来没有使用过空袭战，这位少校又怎么会知道德国人真的可以插上翅膀，在几千年的战争史上，还从未有人能插上翅膀从天而降。

悲剧往往就在这里，多少个意料不到的“除非”、“假如”，结果却演变成事实！倘若允许反悔的话，少校一定会收回之前说过的话。

枪响之后，一切怀疑顿消。乔德兰特纵身坐起，一把拉响了床边的警报器，随后抓过话筒，向各炮台和火力点的守备分队发布命令："不要惊慌，立即冲出坑道口，占领表面阵地！"冲出坑道口的比军和奔赴而来的德国突击队相撞。一阵机枪扫射，冲在前面的比军倒了下去，后面的被迫返回坑道。更猛烈的火网封住了坑道口。从一个被德军忽略的坑道口冲出来的少许守军，迅速占领了要塞顶部的两个工事，但还没来得及展开火力，就被德军消灭，这个坑道口也被封死了。

乔德兰特在坑道指挥所里心急如焚，这时他才发现，坑道工事的所有炮台、机枪火力点的射击方向都限定在四周的前下方，对顶部的敌人毫无办法！头顶传来巨大的爆炸声，这是德军工兵开始破坏炮台工事。

10分钟，仅仅10分钟，一座经营20余年、被誉为坚不可摧的要塞，就在一个中士的手里失去了战斗力！

比利时首都布鲁塞尔

上午，要塞工事被破坏殆尽，几十门大炮一弹未发。从一个残存的瞭望孔中，乔德兰特少校看到，大批的德军正跨过失守的运河大桥，开向比利时内地。他痛苦地闭上了眼睛。

这时候，另外三支突击队——“钢”、“铁”、“水泥”，也已经成功空降，并且迅速占领了三座大桥。很快，大批德军的轰炸机蜂拥而至，埃本－埃马尔要塞，这个号称整个欧洲最坚固的堡垒，在空中特洛伊木马——滑翔机的战术偷袭之下，就这样以死 6 人，伤 19 人的代价被轻易地攻破，彻底陷落了。

5 月 11 日晚，柏林广播电台向全世界发布特别报道——德军依靠一种最新的秘密武器，一举攻克德比边境的阿尔贝特运河防线，开始向布鲁塞尔挺进。

·第四章·

强渡马斯河

第一节
穿越阿登山脉

阿登山脉可以穿越。

这件事法国的贝当元帅早就知道。这位第一次世界大战时就已经在阿登山脉进行过长期作战的老兵，当然知道，阿登山脉可以穿越。

可是他不希望德国人知道这件事。所以他组织了一个“专家团”来到阿登山脉进行了一番考察，然后向世界宣布，树木纵横、怪石嶙峋的阿登山脉是无法穿越装甲部队的。

德国人没有机会来阿登山脉进行实地考察，所以他要尽一切可能让德国人相信——阿登山脉不可穿越。

而且，贝当元帅心里想的是，就算德国人的几个装甲师真的穿越了阿登山脉，那等着他们的也是法国人的天罗地网，几个没有后勤、没有后援、无法进行休整的装甲师，对战争又能起到什么作用呢？

贝 当

对于这一点，曼斯泰因同样心存疑虑。

年轻的曼斯泰因甚至没有去过阿登山脉，他并不知道这座传说中无法穿越的山脉到底险恶到什么程度。

所以，曼斯泰因特意找到了另外一位在第一次世界大战时期曾经在阿登山脉地区作战的老兵——古德里安。

作为德国装甲兵部队的元老，古德里安对德国各种装甲车的性能了如指掌，他给了曼斯泰因一个肯定的答案——可以穿越。

所以，曼斯泰因才充满信心地制定了自己的计划，并且敢于呈给希特勒。

兵不厌诈！

曼斯泰因欺骗的战术用得非常好。德军的主力部队还是按照已经泄漏的“黄色方案”，布置在进攻荷兰的方向。并且进攻也是真正的进攻，只不过减少了装甲车部队。几乎所有的装甲力量都集中到了阿登山脉附近，北边首先发起进攻，在空军配合下，疯狂进攻荷兰！

英、法联军看到荷兰被进攻，当然希望战争最后是在荷兰境内展开，所以毫不犹豫，挥师北上。结果英、法联军的主力部队刚刚进入荷兰，这边，古德里安的装甲部队就冲过了阿登山脉 110 公里长的峡谷深入法国境内。古德里安的装甲部队只用了两天时间，途中只遭受到轻微的抵抗。

驻守阿登山脉的士兵根本没有做好战争的心理准备，而且，本身驻守在这里的士兵都是老弱残兵，作战能力不强，在强大的装甲车部队面前，根本不堪一击。

1940 年 5 月 12 日下午，古德里安的 3 个装甲师已经到达马斯河北岸。装甲师不费吹灰之力就拿下了法国的要塞城市色当，并且在色当西北 24 公里长的马斯河北岸集结。

1940 年 5 月 13 日上午 11 时，德军出动近 400 架轰炸机分批次对马斯河南岸的法军阵地和炮兵群进行了长达 5 个小时的狂轰滥炸，以摧毁法国在马斯河的防御工事。

航空炸弹铺天盖地地落下，持续的轰炸甚至使一些工事中的法国士兵的精神陷入崩溃的状态，法军的指挥所、机枪掩体、火炮阵地和交通都不同程度地被摧毁。德国空军调集了 12 个轰炸机中队支援装甲车部队的强渡行动。下午 4 时，在马斯河的南岸，古德里安摩托化军的 3 个装甲师（从左至右分别是第 2 装甲师、第 1 装甲师、第 10 装甲师）做好了强渡马斯河的准备。

强渡马斯河是整个作战计划——闪电式击溃法国——的关键。

马斯河，发源于法国郎格勒高原的普伊，向北流经比利时和荷兰，最终流入北海。马斯河是整个西欧最重要的通航水路之一，马斯河谷更是整个法国的天然屏障，自马斯河谷东部可以直接进入巴黎盆地，河流的走向使得这条河具有重要的战略意义。

所以，德军渡过马斯河，就可以一马平川地突入法国腹地，为整个作战的成功奠定基础。

强渡马斯河，这最难最关键也最艰巨的任务，落在了装甲师部队中的步兵团的肩上。

让装甲车坐着皮划艇去强渡应该是不现实的吧。

其实，在穿越阿登山脉的整个作战计划中，步兵团都起到了至关重要的作用。他们不但要做前锋，更要保护装甲车部队，还要扫清随时可能会出现的法军阻击部队。不仅如此，他们还要承担从贝尔勒弗纽—托尔西公路向北推进的任务，直至切梅里—查芒特一线。

经过补给之后，之前伽斯基中校率领的 3 营又重新和团主力聚集在了一起，并占据了一个名为内劳蒙特的阵地。经过短暂的休整，他们即将迎来暴风雨……

1940 年 5 月 12 日的夜晚是不平静的，已经连续几天没有睡过好觉的步兵团士兵们，在凌晨 3 点，就被长官叫醒。进攻开始了，步兵团在夜色的保护下穿过森林直奔博伊朗（此处已经在前一天被第 1 装甲师所控制），以迎接即将来临的强渡任务。

一名士兵在他的日记中这样写道：

> 夜色笼罩着我们。刚刚睡下一个多小时，排长就开始逐个地把我们从床上拖起来，这让我们感到有点恼火，但谁让我们是在打仗！在伸手不见五指的夜晚赶路简直就是在折腾人，尤其是当我们刚刚被连长从床上赶起来之后；或许唯一能激发我们精神的就是卡车前方那时不时会闪动一下的车灯……

当第一缕晨曦刚开始洒向大地的时候，映入我们眼帘的是一座燃烧着的、饱受战火摧残的比利时城市——博伊朗。有一件事情让我们连里那些热爱考古的小伙子们感到兴奋异常：这座城市就和当年十字军东征时在亚细亚筑起的城堡一样，矗立在崎岖不平的山岩峭壁上！

在博伊朗稍事休息之后，步兵团便迅速向预定的渡河集结地进发。队伍一路上走的尽是拥堵不堪的小道，还要忍受战马尸体所发出的阵阵臭味，不一定什么时候还会有法国或者比利时人冒出来放上一枪！走出博伊朗没多久，又是一片茂密的树林，穿过这片林子，带头的士兵都惊呆了，他们猛然之间发现前面的道路两旁满是德国人的火炮，林林总总好几百门，相信整个团里也没几个人有机会见到过这种架势！而那些炮手们还在不断地挖战壕、做掩体。士兵们依稀可以听到远处传来的爆炸声。看完了别人的大炮，就该轮到自己的了。步兵团的大部继续向伊利以北的集结地推进。以下是第 15 重步兵炮连军士长的描述：

凌晨 3 点，步兵团的士兵越过了比利时和法国的边境线。在继续向前行驶了几公里路之后，他们就看到了不计其数的火炮，这些数量大得惊人的火炮部队为强渡马斯河的部队提供了火力支援。

很快，步兵团为了躲避法国轰炸机的视线，离开了主干道，走进了狭窄而又崎岖的森林小道，之后便迅速消失在一大片树林之中（这世上没有比这个更好的伪装了！）

很多车辆在崎岖的山路中熄火，为了在指定时间到达马斯河，士兵们只好跳下车，整理好背上的行囊，在一片开阔地顶着烈日步行。这些步兵们甚至不知道自己在哪里，但所有人的精神都高度紧张着，他们知道，他们甚至能感觉到，法国人就在附近，也许某棵树后面就藏着法国人的狙击手。

背上的装备耗去了他们太多的精力和体能。走出森林之后，是一片泥泞的草地，估计肯定还有沼泽！大家只能据此感觉出来，马斯河不远了。一路上，已经没有一点生命的迹象，所有的东西都好像是被遗弃了一样，因为战争的到来，村民们都已经落荒而逃……

他们终于再次停下了前进的脚步，因为在他们前面的大河边，已经挤满了密密麻麻的来自别的部队的火炮和车辆，正一个接着一个穿过不远处的高地。在狭长弹坑的映衬下，身背火焰喷射器的士兵们看上去格外显眼！不一会儿的工夫，飞机一拨接着一拨从他们的头顶掠过，这些轰炸机飞过马斯河，在快到地平线的时候，便三五成群地脱离原有的机群，自上往下像鹰一般朝着各自的猎物俯冲过去……

以下是出自第6步兵连（GD步兵团中第二个越过马斯河的连队）连长冯·库比埃尔中尉之手的报告：

我们营的指挥部就设在离河不远的一个十字路口，营长戈雷姆少校的办公桌其实就是一块大石头，他的身边还围着一圈装甲部队的指挥官。团部的命令已经来了，根据古德里安将军的意思，我们营将率先强渡马斯河，突破法国人在北岸的防线直至攻占247高地（说到这里，戈雷姆少校还特地提高了他的嗓音）。很快，这些长官们就在地图上用铅笔标明了我们营的行走路线。

下午3点多，全营集结完毕之后便开拔了。第7连从色当城西的工厂出发，我们连就紧跟在他们后面。我必须为自己的这些小伙子们感到骄傲，仅仅不到两个小时我们就横穿了近十公里长的森林无人区，并到达了马斯河畔。当然，我的士兵也是人，他们也时常咒骂身上背负的沉重的装备，还要冒着炎炎烈日扛迫击炮或是重机枪。但无论怎么说，能看见马斯河总算是一件值得高兴的事情，对岸直面我们的是面目全非的弗洛林小镇！所见之处皆是四起的狼烟和炮弹蹂躏过后的痕迹。倒是在河岸远处，那些躲在工事里的法国兵显得异常平静，他们葫芦里装的什么药？难道他们在等我们过河？我还真拿不准！唯一可以肯定的是，这里的法国人的战斗力，远没有我们战争开始前想的那么强！飞机轰隆的马达声又开始在我耳边回绕了，我们的斯图卡又要去给法国人上课了！……后面的兄弟为我们送来了冲锋舟和划桨。

强渡马斯河的战斗就要开始了！

第二节
狂热的步兵团

这点谁都知道——第一批冲上皮划艇的士兵，很有可能就再也回不来了。这时候，没有人能够强迫别人冲上去。

可是，战争有的时候就是这样充满了魔力——狂热的魔力。

年轻的士兵们对于战争的热情会超出人类的想象，下午四点左右，下达了冲锋的命令！在连长的带动下，很多小伙子站了出来，他们三五成群地架着小舟拼命地向河边冲去，德军数百艘橡皮艇，向着马斯河的彼岸冲了过去。

奇迹并没有发生，德国的士兵一露头，法国人的子弹就嗖嗖地从对岸射来，漫天倾洒着的炮弹让人绝望，似乎之前那几个小时的狂轰滥炸一点作用都没有起，第一次冲锋很快就失败了。

虽然德军的坦克火力要远远地强于对岸的火力，而且所有的坦克和火炮都全力开火，给予渡河部队最大程度的掩护，但法国人很容易地就能从对岸的碉堡中观察到河这边的一举一动。

那些橡皮艇就像法军练习射击的移动靶子一样，法军士兵可以轻松地瞄准、扣下扳机！而橡皮艇上的德国士兵，只能匍匐在船上，狼狈地躲避着法国人的子弹……

德国的步兵团连续组织了三次冲锋，结果都无功而返，德国人从没想到小小的一条马斯河此刻居然也能成为一道难以逾越的天险！一直熬到了傍晚6时，德军的后续部队——突击炮车赶来助阵。这些重武器的陆续到达让步兵团士气高涨，但这种“铁罐头”并没有他们想象的那么神奇（或许是士兵对于这款新式武器的期望太高了），它的75毫米的大炮也无法穿透对岸的钢筋水泥工事。

步兵团的冲锋再一次失败了。

步兵团在河边又耗了半个多小时，直到从军部调来了88毫米高射炮，才逐一让隐蔽在对岸钢筋水泥工事下面的法国人彻底闭嘴！机会来了！

德军的冲锋舟再一次吹响了迈向马斯河的号角，但冷不丁地还是会有机枪子弹袭来，不过这已经于事无补了。

当德军的第一个士兵猫着腰、蹚着水踏上河的对岸时，所有德国人都意识到——这是一个伟大的时刻："伟大"的马斯河已经被德国人征服了！

模拟了无数次，演练了无数次，战争还是比预想的要艰苦，要残酷。

当德国的先头部队到达马斯河彼岸的时候，他们显然还没有走出胜利的喜悦，有的部队甚至都不知道自己该往哪儿走，要干什么！要知道这个时候将士们用鲜血换来的这个突破口还处在法军火力的打击之下，而且附近还有法国人的狙击手在活动。但随着越来越多的充气筏和冲锋舟出现在马斯河的河面上，德军开始慢慢将这边的局势稳定下来了，已经上岸的尉官还组织了一些士兵开始搜索前进，德军的斯图卡继续向河岸边不远处法国人的防御工事投掷炸弹，有的炸弹就在德军先头部队前方仅仅几米处炸开了花，他们显然还没有注意到自己人已经牢牢占据了河岸阵地！

晚上9点过后，夕阳已经早早下山了，但在马斯河的北岸，德国步兵团和法国人的战斗还在继续。没等他们晾干浸满了水和泥的军靴，上级的命令就下达了：组织所有人员上路，迅速突破和占领附近的高地。

与此同时，装甲车已经从临时搭建的浮桥上一辆辆陆续地开了过来，这时候，令德国人不敢相信的一幕出现了。

为了达到闪击的目的，所有抢先渡河的步兵团都不能等着笨重的装甲车部队集结之后再前进，而是要用生命的代价，抢在预定时间的前面到达。

所有的步兵团士兵，开始以连为单位向前冲锋。

古德里安下达这个命令时早已经准备好了要付出无数德国步兵的生命。可是，就在德军开始发起冲锋的时候，前面阵地上的法国士兵突然一批批地站起来，高举着双手，扔下手里的武器和装备，开始投降。

要知道，这时候的法国人只要轻轻扣动一下手中的扳机就能置这些没有任何火力支援的德国步兵于死地，就像杀死一只小鸡一样容易！

可是，法国人却在这时候选择了投降。

法国人的战斗意志被渡过马斯河的德国人摧毁了。

也许，比起战争，浪漫的高卢人更喜欢女人和香槟！

第三节

混战马斯河

这时候的马斯河沿岸还有很多碉堡和高地在法国人的手里，碉堡里的火力也足以压制住现在的德国军队的火力。可是，士气高涨的德国士兵，已经开始不顾一切地向前冲锋。漫天投掷的手榴弹和猛烈扫射的机枪，让躲在碉堡里的法国人不堪忍受，纷纷逃了出来，一阵机枪扫射之后，这帮家伙很自觉地举起手来，抖抖索索地叫喊着“No Tirez！ No Tirez！”(不要射击！不要射击！)。

对此感到大为困惑的德国士兵曾经问过这些法国战俘为何如此，法国战士回答说，他们的上级告诉他们，任何被德国人在碉堡中俘获的法国兵都将被射杀！

有意思的是，这时候，已经占领了马斯河沿岸大部分碉堡的德国士兵，却忽然遭到炮火的袭击。原来，刚刚渡过马斯河的德军装甲车部队接到的命令是——摧毁碉堡。

他们并不知道，甚至难以想象，前面的步兵竟然已经在没有炮火支援的情况下，占领了碉堡。

黑暗中的混战，反而是死在德军炮火下的德国士兵数量要远远地多于死在法国人的枪下的数量。

很快，247 高地便在德国人的掌握之中了，通往北方的门户已经打开了，可以这么说，正是这些不畏生死的德国步兵团，为整个古德里安的装甲师部队突向英吉利海峡之旅铺平了道路。团属的工程兵们正在连夜赶工修建横跨马斯河的桥梁，而第一批车辆（包括卡车、摩托车等）和第一批火炮（37 毫米的反坦克炮）被送到了河的北岸！

夜幕降临河谷之时，马斯河一带的气温骤然下降，但战争不会因此而停止。在马斯河的北岸，步兵团的车辆纵队在成片的树林、房屋之中不断地倒退着前进，即使是在公路状况最发达的西欧，山间小道也一样崎岖难行！

古德里安将军正和他的两个作战参谋一起站在 2 营刚刚拿下的河边阵地上，若有所思地观察着前面的战势。

硝烟已经散尽，战场上除了几声零星的枪响之外，别无其他；在马斯河，法国人已经被打败了。

再来看看 5 月 13 日这天整个古德里安摩托化军的 3 个装甲师的情况：他们都没有能在色当的两翼取得决定性的突破，这一点与世人传统印象中的概念有较大差异。拥有步兵团（相当于 1 个步兵旅）加强的第 1 装甲师已经克服了马斯河天堑，并继续向前推进；而其左翼，第 10 装甲师尽管

马斯河

在河对岸建立了一个桥头阵地，但没能取得更多的进展；而右翼的第 2 装甲师更是索性连马斯河都没能冲过去。可以这么说，马斯河之战德国人是赢了，但赢得并不彻底，他们的桥头堡还远远谈不上“巩固”二字！

当然，在这个夜里，法国人并不是什么都没有做，他们的坦克也曾让德国人揪心了好一阵子！以下对切梅里坦克战的介绍主要来自德军 GD 步兵团部的报告：

在 1940 年 5 月 13 日、14 日夜里，德军第 4 营的舒纳德少校（据资料记载这次调动是团长的意思）下令第 14 反坦克歼击连的 2 个排转移到色当西南郊的戈娄雷·艾特·维勒埃特（Gloire et Villette），以支援离那儿不远且正在向巴尔逊推进的 1 营。14 连指挥官司博劳屈斯特尔中尉接到的调令如下：

> 兹调拨你手下的 2 个反坦克排前往 1 营所在地，承担起该地区相应的反坦克任务，立即行动！

正当这两个排的战士在摸黑寻找 1 营下落的时候，他们突然被一名来自第 1 装甲师的装甲兵中尉所阻，当时是大约凌晨 4 点左右，这名装甲兵中尉向海因兹少尉（当时这支部队的最高指挥官）口述了装甲师奇希纳师长给他下达的紧急命令：

现在，切梅里村虽然已经“摆脱了敌人的魔爪”（注，资料原话，不代表笔者观点），但其防守能力尚有待加强。我将会派遣几辆装甲车配合你部战士以夺取并坚守那里的一座具有重要战略意义的桥梁，祖国期待着你们的佳音！赶快行动吧！

海因兹和身旁的阿尔贝斯军士长马上抖擞起精神，那名装甲兵中尉也钻回了自己的“坐骑”，所有车辆都重新发动了起来……虽然通往切梅里村的道路已经被子弹和炮弹蹂躏得满目疮痍，但却对车辆尤其是装甲车辆的通行无法构成丝毫的麻烦。海因兹的车队走了 20 多分钟之后，发现在黑夜里他们不慎和负责支援的第 1 装甲师的友军走散了；虽然有点慌了

海因兹

神，但无论怎么说现在赶快赶到切梅里村是必须的，战争可不会因意外而停滞！

早上7点，海因兹和他的队伍赶到了距离切梅里村仅仅三四公里远的康纳格村，在途经村东的十字路口时，海因兹一行遭到了来自左翼法军的猛烈炮击，之后又有几辆法国坦克从右面包抄过来。海因兹明白现时不好好地打一场，眼前的法国人可不会放过他们！一番调度之后，两个排迅速各就其位，第一轮的反坦克炮火就让法国人的先头部队吃了亏，法国人的装甲车辆根本挡不住德国人的反坦克炮弹，海因兹借此稳住了阵脚，但多少带有几分侥幸！

但之后，越来越多的法国坦克开始向康纳格村的南面和东南面聚集过来，有的甚至已经挺进到距离海因兹的反坦克炮阵地200米远处，但很快又被一炮干倒在地；紧接着，法国人的坦克试图绕开德军的射程，从侧面或后面向其开火。海因兹命令6门反坦克炮圈在一起，摆成刺猬阵势，形成一个覆盖前后360度的射界，让法军坦克毫无可乘之机！……僵持的局面一直持续到了上午8 ~ 9点之间，突然一名神情激动的德军装甲兵气喘吁吁地跑了过来，提高了嗓门吼了起来："在前面的切梅里，我们有2辆坦克被法国人打得不能动弹，还有一名中尉受重伤快不行了！"显然他是想来这儿搬救兵的。海因兹低头思考了一下之后便拒绝了他的请求，不是他拒绝求援，而是现实不允许他这么做！

四周尽是虎视眈眈的法国坦克，要知道在这种情况下转移毫无机动作战能力的反坦克炮就意味着白白送死，损失2个反坦克排姑且不论，在当时情况下还有可能会为法军提供一条通往马斯河的光明大道，这必将对德军战区的统一部署构成重大威胁。所以说海因兹固守康纳格村东十字路口的决定是正确的！

在康纳格村，胜利的天平始终没有倒向占据绝对优势的法军这边，原因除了法国人畏惧反坦克炮的威力，不敢太过逼近之外，两门88毫米高射炮的迅速赶到也是居功至伟（有了这两把“坦克开罐器”，任谁也难以奈何），到了早上9点，一名德军上尉带着一个不满员的步兵排也赶来助阵，法国人的龙骑兵就再也没能往前推进一步了。

10点左右，海因兹接到了新的报告——第43突击工兵营正沿着公路向切梅里村方向挺进，仅仅10来分钟之后，侦察兵又传来了新的消息：“法国人已经夺回了切梅里，第43突击工兵营已经着手准备开始反击，他们需要反坦克炮的支援！”……第43突击工兵营分兵两路，沿公路两翼包抄切梅里村，海因兹把自己手上所有的6门反坦克炮都调了上去，顷刻间，法国人的坦克、火力点一个个都成了哑巴。

在清扫切梅里村外围法军火力点的时候，海因兹的部下福劳恩科内驰特下士发现村西500米处的一木桥下方的掩体里有机枪在向外扫射，由于身边一时得不到重火力支援，所以他毫无办法！在福劳恩科内驰特身边的别尔瓦根下士扔掉了自己手里的冲锋枪，夺过福劳恩科内驰特身上背着的步枪，瞄了不到一秒钟就让子弹出膛了！这发子弹直接命中了法国机枪手的脑门，这场战斗就在不经意间结束了！

根据战后的报告，在切梅里村的战斗中，第14反坦克歼击连共摧毁了法军44辆坦克和数个机枪火力点。连队里没有一名士兵阵亡！

切梅里村于当天中午12点被德军再次夺回。第14反坦克歼击连在村北面的公路上稍事休息之后，便朝着麦颂塞勒方向开拔了。这时，不可思议的一幕发生了。正当连队集结完毕、行将出发之际，两架消息滞后的德军斯图卡飞机向切梅里村呼啸而来，开始进行疯狂扫射！士兵们简直不敢相信自己的眼睛，第43突击工兵营马赫勒尔中校和多名士兵被机枪子弹扫中！

5月13日夜晚的战斗是此次战役的高潮，德军士兵非常清楚此次战败的后果，一旦这两个登陆场失守，那么前 3 天苦战取得的所有成果，将荡然无存。他们把几门刚刚运载过河的反坦克炮部署在最危险的地段，一旦危险解除，德国兵又拖着炮，转入另一个处于危险的阵地。法军战车虽然已经驶进河谷，但他们始终无法冲到河岸来彻底消灭德军。

这也是一场与时间赛跑的战斗，河西岸的士兵在拼命抵御，河上面，勤勤恳恳的工兵冒着炮火，紧张而快速地工作着，工兵营的指挥官就站在浮筏中央，手提一个扩音喇叭，声嘶力竭地大声喊叫。法军的重炮弹纷纷落在浮桥周围，但德军运气出奇地好，整个晚上，也没有一枚炸弹直接命中浮桥。（古德里安的渡河点遭遇了近千架次的飞机轰炸，浮桥完好无损；第 7 装甲师的渡河点遭到法军整夜的炮轰，浮桥同样安然无恙。我实在是无法用语言来评述法军有多么倒霉了）

5 月 13 日深夜，浮桥架设完毕。几乎 3 天没有合眼的隆美尔再次跑回东岸，他的下属们都劝他休息一会儿，可他依旧快速地坐上一辆八轮通信车，带领坦克部队冲过河去。

法军的增援部队在前一天刚遭到古德里安的重创，长途跋涉赶来的法军的两个师，人数——20000 人，加上此地的防守部队，法军的总兵力达到 40000 人左右。估计是刚吃了 19 装甲军的苦头，得了坦克恐惧症，法军发现德军坦克过河之后，攻势就立即停顿下来，转入防御，他们想把德军困在这两个小小的登陆场里，等待下一波的支援。其实到了 5 月 14 日拂晓，德军渡河的坦克总数也不过 20 来辆，士兵总数也不过 10000 人，法国指挥官的优柔寡断使法军丧失了打败德军的最好机会。

法国人既然收手了，现在，就应该轮到隆美尔来表演了。德军的兵力集中在两个登陆场，虽然距离不远，但德军依旧采用他们最擅长的钳形攻势，只有消灭了内钳里的法军，才能使得战线连成一片。

本来，钳形进攻是拿破仑最擅长的打法，但他的后代实在是太不争气了，这种分进合击、合围敌军的战术被拿破仑曾经痛恶的敌人给剽窃了过来，并将其发扬光大。这种看似简单却非常有效的战术，贯穿了整个德国二战史——从波兰战役，到基辅大会战，甚至到阿登反击，春季觉醒行动，可以说是屡试不爽。钳形攻势最主要的一点是左右两个方向同时用力，做向心运动。也就是说，把进攻力量集中在两翼，虚其中心。如果要设计台词的话，那就是：我夹，我夹，我夹死你。

现在，第七装甲师这个大夹子要开始夹人了，只不过这个“大夹子”得先打上一个引号，因为到了进攻发起的时刻，德军渡河的坦克总数也才30辆，另一个登陆场连一辆坦克也没有，要不是法军放弃进攻，德军连防守都成问题，更不用说是反攻了。所以，马斯河上游的那个登陆场几乎无法对法军构成威胁，这使得隆美尔亲自统帅的部队事实上面临着从正面进攻比自己实力强许多的敌人。

第四节

坦克大战

直到 5 月 13 日午夜时分，左右两翼的第二装甲师和第十装甲师才渡过马斯河。与此同时，隆美尔率领的第七装甲师在西面 40 英里处的南特附近也成功渡过了马斯河。

到了 5 月 14 日下午，古德里安的装甲部队全部过了河，而位于北面的赖因哈特指挥的装甲军，也在蒙特梅附近强渡马斯河。至此，德军 A 集团军的七个装甲师共 1800 辆坦克均已渡过马斯河。

这样一来，在比利时作战的英、法联军将陷入随时被德国军队围歼的巨大危险之中。

这样的威慑力，也成了比利时境内的英、法联军快速溃败的一个诱因。

马斯河防线失手，意味着通往巴黎盆地和英吉利海峡的道路再无险可守，在比利时境内的英、法联军成了孤军，而马其诺防线上的法国主力也腹背受敌。

就在古德里安迅速向法国内陆挺进的时候，另外一只德国装甲车部队——第 16 装甲军却没有那么好运，他们刚刚渡过马斯河，就与赶来增援的法国第一集团军的先头装甲部队在日昂布鲁遭遇了，双方很快就在这块地势开阔的平原上展开了第二次世界大战开战以来的首次大规模坦克战。

双方数百辆坦克开始了大规模的混战，整个战场很快就变成了地狱。炮弹爆炸掀起的尘土和热浪充斥在整个战场上，被炮弹击中而燃烧的坦克浓烟滚滚，随处可见残缺不全的尸体，大地变成了火的海洋。

经过几个小时的激战，两百多辆坦克变成了一堆废铜烂铁，法军以损失 105 辆坦克的代价，击毁了德军 164 辆坦克。

杀敌一千，自损八百。

法军惨胜，可这种胜利已经无法挽回整个战局。

古德里安的装甲车部队，已经像一支利箭一样，射向了法国的心脏。

马斯河防线被击穿。这让英、法联军大为震动。

之前一直不肯出动空军支援法国的英国，在丘吉尔的主张下，迅速派出十个战斗机中队，与驻法的英空军和法空军一起反击。

5 月 14 日下午，马斯河上空爆发了激烈的空战。

英国“布雷汉姆”轰炸机和法国“布雷盖”轰炸机在英、法战斗机的护卫下，不要命地向马斯河沿岸的德军登陆部队发动攻击。

德国空军也立刻抽调了五个联队的战斗机升空迎敌，双方投入的飞机达到了 500 多架。一场历史罕见的空中大对决在马斯河上空展开了。

双方从中午杀到晚上，双方的战斗机在空中上下翻飞，互相追杀。

德军的武器装备这时候起到了关键的作用。

已经成功渡河的高射炮部队不断地用地对空的炮火射击英、法的飞机，这使得英、法的战斗机无法全神贯注地与空中的敌人捉对厮杀，最后，不肯放弃的英法飞机开始采用一批批的自杀式袭击来应对德国的地面部队。

战争从下午一直持续到深夜。

英、法的战斗机损失殆尽，已经无法再组织起有效的进攻。而德国的战斗机也损失过半。

这场惨烈的战斗最终以德军的胜利宣告结束。

英、法联军一直引以为傲的空军，竟然没有打过德国的空军，这是英、法联军所有人都没有想到的。

而这种失望的情绪也引发了连锁反应，给很多英、法防御和反击部队都带来了不同程度的骚动。

这时候的古德里安孤军深入，后面的部队由于被空军袭击而一时无法跟进，古德里安的侧翼已经完全没有掩护的部队。这对执行反击任务的法国第 24 军第三装甲师和第三摩托化师来说，是一个绝好的机会。如果这时候他们从侧翼穿插过来，完全可以和前面的部队一起，把古德里安的三个装甲师分割包围，甚至全部歼灭。

如果这样的话，那也许古德里安神话的说法就不复存在，整个战争的进程将被改变，甚至整个第二次世界大战的格局都有可能被改变。

可是，由于空军的战败而引发的骚动，使法军错过了这次稍纵即逝的战机。

在德军装甲部队西进半个小时之后，法军停止了反击行动，转而把第三装甲师分散部署在一条 19 公里的战线上，试图封锁德国装甲部队向西推进的每一条道路。可是这样一来，不但没有阻止住古德里安前进的脚步，反而分散了兵力，为德军各个击破提供了机会。

5 月 14 日夜晚，法军第 9 集团军司令柯拉普将军被迫下令：放弃整个马斯河防线，向西撤退。

从战略上说，这个命令错误之极，这等于是给德军帮了一个大忙——法军主动让开一条通道，让德军能够肆意地扩展他们的战果。几十年后，李德·哈特在编撰二战史的时候，还在为这个错误命令痛心疾首地大喊："非战之罪也"，可见这次撤退的影响有多么严重。就像有人曾经哀叹的那样：也就是在这一天，因为这一荒唐的命令，法国人就此输掉了这场战争。

李德·哈特

柯拉普将军并不是一个稀里糊涂的指挥官。事实上，他的头脑清醒得很。他之所以下达这个总退兵的命令，是因为在 5 月 14 日这天，第 9 集团军的情况实在是太糟糕了，容不得他们在马斯河防线继续防守下去。

这天，古德里安的第 19 装甲军已经在马斯河西岸站稳了脚，正在发动猛攻，他的装甲军直扑法军第 2 和第 9 两个集团军防线的接合处。古德里安的部队过河的并不多，但他们的装甲部队很集中，虽然步兵取得的战果不大，但装甲部队几乎是指哪打哪，绝不含糊。这无疑令法国指挥官从心理上产生了巨大的压力。另一方面，隆美尔所指挥的第 7 装甲师也在这一天疯狂地猛攻第 9 集团军防线的中心地带，并从多处渗透第 9 集团军的防线。这导致法国官兵士气低落，并出现了大规模的逃兵现象。

所以，柯拉普将军的这个总撤退命令，就当时的情况来看，并不是毫无道理的——既然马斯河防线已经被德军渗透得千疮百孔，赶来增援的部队又无法遏制德军的进攻，撤退缓口气，也是件很稀疏平常的事。而且，柯拉普将军并不打算撤多远，第 9 集团军准备撤退到距离马斯河防线仅 20 公里以外，一个以菲利普维尔村为起点的新防线。这条防线看上去还十分理想。因为，它是一条铁路线，铁路两旁都有齐腰深的壕沟，连挖战壕都省了。

从本质而言，这个撤退计划并无漏洞，但柯拉普将军没有考虑到的一点是——士气。

现在，第 9 集团军的殖民地士兵基本上已经跑得一干二净，剩下没跑的法国士兵，信心也已经动摇。所以，这个“撤退到 20 公里以外的新防线”的命令对于一部分士兵们来说，仅仅只需要记住前面两个字就够了。

当然了，法国军人也并不全是贪生怕死之徒。有一半的法军士兵，依旧严格地遵守了撤退命令，急急忙忙撤往菲利普维尔村的新防线。

俗话说，人走背运，喝凉水都塞牙，法国人那年的时运真是背到了家——第 9 集团军的士兵刚刚撤到菲利普维尔村，还未来得及进入阵地，隆美尔的装甲部队就突然神奇地出现在菲利普维尔村外。

有趣的是，隆美尔并不知道法军要在这里构建新防线。他能及时赶到这里，仅仅是为了躲避法军的反坦克炮阵地，绕道走到这里而已。结果却阴差阳错地绕进了法军新防线的核心地区，大批刚刚抵达的法军正在这里集结。德军坦克自然毫不客气地开火射击。而法军呢，当他们看见德军坦克阴魂不散地出现在自己面前时，士气顿时瓦解，一支10余万人的部队就因为德军的这次误打误撞而全线崩溃——每一个人都在惊慌失措地四处逃命，就连那些最勇敢的士兵，也丧失了继续抵抗的勇气。

第五节
蝴蝶效应

这一天，是 5 月 15 日上午，法国正式战史文件的说法是：第 9 集团军已经不复存在。

实际上，第 9 集团军的崩溃还不是最致命的，最致命的是这只溃败的部队所引发的“蝴蝶效应”。当时，法军第 11 装甲师和第 4 北非师刚刚赶到前线，正准备向跑得最快的隆美尔第 7 装甲师发动一个反攻。法军第 11 装甲师曾在隆美尔的右翼出现，该师师长正美美地琢磨着给德军来一记狠狠的右勾拳，但在这个紧要关头，却突然发现他们的汽油用完了，只有少数的坦克能够参加作战。而他们的补给车队呢，全部被溃兵和难民潮堵在公路上寸步难行。就这样，11 装甲师的官兵们只能眼睁睁地看着隆美尔的装甲师就像狂风扫落叶一般，横扫他们的右翼。多数的法军坦克都无法开动，纷纷被俘获。法军的反攻计划，就这样莫名其妙地胎死腹中。

第 4 北非师（殖民地军队）的遭遇就更囧了。这支队伍刚刚开到预计地点准备反击，正在这当口，他们的前面出现了潮水般的溃兵部队。黑人士兵的士气本来就不高，他们当兵的很大一部分原因是在家乡实在混不下去了，找个工作混口饭吃。现在，既然连保家卫国的本国士兵都跑了，自己再不跑，那真是有点说不过去了。于是，他们便混在第 9 集团军的溃兵里，来了个浩浩荡荡的千里大溃逃。

法兰西战役的过程极像中国历史上著名的淝水之战。当时，前秦皇帝苻坚仅仅是让军队稍向后退，给晋军留块空地，待晋军渡河到一半的时候，再以骑兵冲杀。但他怎么也没料到，秦兵士气低落，一后撤就失去了控制，阵势大乱。前锋的溃败引起后续部队的惊恐，进而也随之溃逃，这就形成连锁反应，结果全军溃逃，97 万大军中最终逃回洛阳的仅有 10 余万人。

法国现在的遭遇正是如此，他们那只溃败的军队就像滚雪球那样越滚越大，越滚越多。各个部队被完全打散，士兵和平民们在道路上互相拥挤，局势混乱不堪。有的溃兵甚至拼命地挤上正在向前线挺进的卡车，命其转向。他们宣称：“德军的几千辆坦克已经突破了我们的防线，你们这么点人上去也是送死，快搭上我一同逃命吧”。后方的军官也曾经试图通过封锁道路、对空鸣枪的方式来收容溃兵，但完全没用——士兵们远远地避开军官，从乡间田野里继续往后方狂奔。他们所遗弃的卡车、大炮，被丢得到处都是，甚至把交通都堵塞了。有时，德军不得不亲自去推开这些障碍物，才能够继续前进。

现在，第 9 集团军的正面已经被打开了一条宽达 60 公里的缺口，德军就从这个缺口源源不断地向法国腹地涌了进来。同样是在这一天，盟军的主力还在北边与德国第 6 集团军对峙着。甘默林将军何尝不想把这支部队撤回来，但第 6 集团军死死地粘住了他们，让盟军的撤退计划困难重重，由于德军的迅速挺进，这些部队已经面临被包围的危险。现在，德军就跟在第 9 集团军溃兵后面，一路狂奔，朝着海峡挺进。可想而知，用不了几天时间，德军的装甲部队就能围成这条举世震惊的巨大包围圈。

在急行军期间，古德里安严令禁止他的部队去抓俘虏。他还命令士兵站在装甲车上，手提扩音喇叭，声嘶力竭地大声喊话。喊话内容是：“我没时间俘虏你们，请你们放下武器，并离开道路，保持道路通畅”。

隆美尔前进的方式也颇具想象力，他充分地利用了法军士气低落的现象，在通过一条法军地堡构建的防线的时候，他命令坦克全体乘员——炮手、电报员、装弹手和指挥官，统统坐到坦克上边，边开边拼命摇动白旗。而法军呢，正在考虑是逃命还是抵抗，看见这支像是在庆贺狂欢节的奇怪队伍开来之后，除了转过身来，惊慌失措地张望，竟然没放一枪一炮。隆美尔也亲自坐在坦克边上，向这些“友善”的法国士兵挥手致意。

正如王阳明所云："破山中贼易，破心中贼难"。等我们再回过头来仔细回味这段历史的时候就会发现，法国人完全是在自己吓自己，几万德军追着几十万法军跑，而法国人呢？连回头一战的勇气也没有。

隆美尔

丘吉尔曾把法国陆军瞬间崩溃的原因归罪于"共产党对法国人的腐蚀"。他的理由是：一直到1941年德国对苏联开战后，法国共产党才呼吁"武装保卫苏联，共同抗击德国纳粹。"而德国入侵法国的时候，法国共产党却连一点表示都没有，不仅没表示，还在拼命制造工潮，鼓动工人罢工。以至于法国政府不能像1914年那样团结起来，一致效忠祖国。

不管归罪于谁，法国这一次是彻彻底底地完蛋了。如此轻而易举的胜利，甚至让德国军人都无法相信眼前所看到的事实——世界上最强大的军队就这样被我们打败了？我们就这样轻而易举地获得了胜利了？

如此唾手可得的胜利，让隆美尔这位久经沙场的军人激动万分，在给他妻子的信件里，隆美尔动情地写道：

> 我们已经突破了马其诺防线！这简直令人有点难以置信。22年前，我们曾经花了四年半的漫长时间，和同样的敌人作殊死的搏斗，虽然我们曾经一再获得胜利，但是最后还是输掉了战争。而今天，我们又已经突破了这个世界闻名的马其诺防线，并且正在向敌人境内深入。这并不仅是一个美丽的幻梦，这是千真万确的事实！

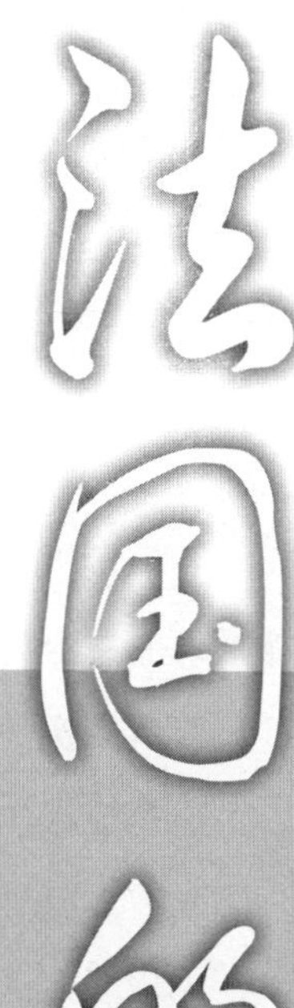

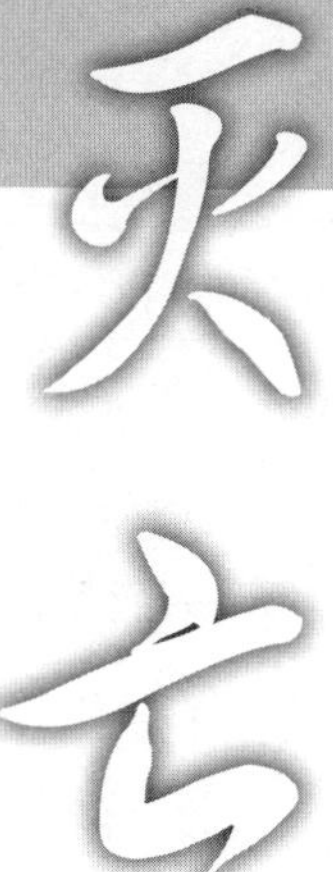

·第五章·

深入法国腹地

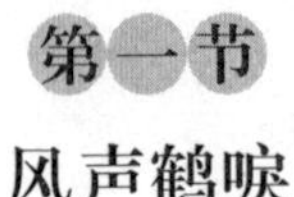

第一节
风声鹤唳

5 月 15 日。清晨。大雾。

习惯于深夜办公的丘吉尔刚刚躺下一个小时，正处于深度睡眠之中。

忽然床头的电话铃声急促地响起来。

这是丘吉尔的私人电话，知道这个号码的人全世界都不超过 10 个。

丘吉尔知道，如果没有十分紧急的事，是不会有人打这个电话的。所以，无论多么恼怒，他都要爬起来接这个电话。

丘吉尔摸索着提起电话，好一会儿，电话那头，才传来了法国新总理雷诺的声音。

这位派头十足的法国总理，这次却没有用他习惯的法语对丘吉尔说话，而是改用了英语："我们被打败了。"

雷诺不是一个轻易言败的人。这点丘吉尔很清楚。在这么多年的政治斗争之中，雷诺一直保持着自己的斗志，并且趁着德军进攻西欧的时机，重新组阁，终于登上法国权利的巅峰——总统的宝座。

所以，当丘吉尔听到雷诺说"我们被打败了"的时候，丘吉尔知道，事态一定到了很严重的地步。

仅仅在一天之前，丘吉尔接到英、法联军的求援电报，电报上说，德军已经突破马斯河防线，请求英军的空中支援。丘吉尔立刻请求战时内阁派出 10 个战斗机中队，帮助英、法联军重整旗鼓。

他觉得，有空军的支援，英、法联军应该在法国境内立刻重新组织防线，并且能够挡住德军的进攻。毕竟，从阿登山脉穿越过来的德军部队不会太多，而且没有后勤给养，又没有侧翼支援，一只小小的部队，又能把强大的法国怎么样呢？

丘吉尔怎么也想不到，仅仅一天，雷诺就对他说出“我们战败了”这样的话来。这句话让刚从酣睡状态中醒过来的丘吉尔一下子仿佛掉进了冰窖，彻底地清醒了。好一会儿，丘吉尔都没有开口说话。电话两端，是短暂的、令人不安的沉默。

最终还是雷诺打破了沉默，雷诺又重复了一遍自己说的话：“我们被打败了，我们这一仗打输了。”

“败得这么快？”丘吉尔还有些不能相信，也不敢相信，百万大军会在不到一个星期的时间就彻底败了。

“马斯河防线被装甲车部队突破了，上千辆他们的坦克和装甲车冲进了法国腹地。我们被打败了，我们输了。”

又是一阵难堪的沉默。

这次打破沉默的是更加机智的丘吉尔，他知道，这时候，无论如何不能让雷诺失去信心，信心这种东西，一旦失去，可能法国就彻底地亡了。

“所有的经验都表明，这种进攻不久就会停止。我想起了1918年3月21日那一天，他们不得不停下来，等待补给，这就给我们提供了反攻的机会。这些话，是我当时听到福煦元帅亲口说的：这种情形确实是我们过去常常看到的，也是我们目前应该看到的。”

“现在，我们没办法有效地组织起防线，没办法阻止德军向巴黎推进！我们败了！”雷诺继续说，显然，丘吉尔的话没有起到应有的作用。

“不要放弃，我愿意来巴黎一趟，我们面谈。”丘吉尔当即做出这样的决定，无论如何，不能让法国灭亡，如果那样的话，那战火就会直接烧到英国本土。可现在，丘吉尔不知道自己是否拥有那种力挽狂澜的力量，不知道自己的到来能否让自己的盟友再次冷静下来，可无论如何，都要试一下。

5月16日，丘吉尔乘坐飞机前往巴黎，去探明一切。他迫切地想要知道，现在的局势到底到了怎样一个不可挽回的程度。这位海军出身的首相并不喜欢乘坐飞机，因为他总觉得飞机不安全。但此刻也顾不得许多了，他冒着被德军战机拦截的危险，带领着一大群新组阁的英国战时内阁要员，心急火燎的于当天下午 4 点抵达巴黎。

他们一行刚走下飞机，迎接他们的英国官员便告诉丘吉尔说："预计最多不过几天，德军就会进入巴黎。"丘吉尔一边听，一边沉默地低着头，快步前行。他先来到英国驻法大使馆，听取了关于战局的报告之后，就乘车赶去法国外交部。在一间精致的房间里，他发现法国总理雷诺已经在这里等着他了，旁边还有国防部长兼陆军部长达拉第，以及盟军最高总司令甘默林将军。可以说，盟军的最高首脑都到场了。

这些法国高级首脑，看见丘吉尔一行人走进房间，也不打招呼了，全部都出神地站在房间的角落里，没有一个人想到要去大厅中央的桌子旁坐下。失魂落魄的法国人也忘记了应有的礼仪，没有邀请他们远道而来的朋友坐下来谈。丘吉尔看到，在甘默林面前，在一个学生用的画架上，挂着一幅地图，约有两码见方，上面用一条黑色墨水线标出盟军的战线。在这条线上的阿登山区那里，画了一块很小、但是很不祥的凸出部。

没有人说话，很长一段时间，在空气凝结的房间里，大家都沉默不语，呆呆地互相望着。不知道过了 5 分钟还是 10 分钟，甘默林将军首先打破了沉默，他简单地说了一下事情的经过："在阿登以北和阿登以南，在大约 50 公里的一段战线上，德军突破了我们的防线。迎击的法军已经被消灭或被击溃。大批德军装甲车辆正以前所未闻的速度奔向亚眠和阿拉斯，目的显然是要推进到海边，切断深入法国北部盟军的退路；再不然，就可能是推向巴黎。"他接着说："在装甲部队后面，有德国 8 个或 10 个全部摩托化的师正在挺进，分成左右两翼，进击两头被切断的法国军队。"

这位将军说了大约有 5 分钟，谁也没有插一句嘴。他说完以后，又有相当长一段时间的沉默。然后，丘吉尔像灵魂回窍般地突然问道："战略后备队在哪里？"甘默林将军痴痴地望着他，丘吉尔才想起甘默林将军听不懂英语，便改用法语说："机动部队在哪里？"甘默林摇摇头，说："一个也没有。我们数量上占劣势，装备上占劣势，方法上占劣势"，然后耸了耸肩膀，表示毫无希望。

丘吉尔瞠目结舌，惊讶得说不出话来，他不敢相信，法军会一点后备部队都没有。可这话就这么从盟军最高统领的口中说了出来，让人不得不相信。

其实，法国陆军并不是没有预备队，只是，派出去的预备队根本没有办法组织起防线，溃败的大军和快速推进的德军混在了一起，预备队派出去，还没有立住脚跟，就立刻被自己的溃军冲散。法军已经风声鹤唳!

这也是雷诺悲观的原因——法军面对的不仅仅是德军，还有那些溃军，以及毫无士气的法国陆军后备队。虽然这些后备队的建制完整，可已经没办法再派出去了。

来到巴黎不到三个小时，丘吉尔就知道——法国人已经败了，败在了士气上。法国人根本无心与德军决一死战。

屋里继续难堪地沉默着。窗外，在外交部的花园里，几大堆的火盆里，冒起了滚滚黑烟——那是法国人焚烧的机密文件。丘吉尔看见，那些慌乱不堪的官员们正在用小车推着档案向火堆走去——估计是在为撤出巴黎做准备。

现在，只有丘吉尔是清醒的，他明白，只有自己能够给这群人注入信心和气势。丘吉尔转身走到地图面前，借着端详战局图的时间，心里不停地转着念头。

要反攻！无论如何都要反攻！只是在当前的情况下，怎么制定这个反攻计划，至关重要。

可是，不管怎样，都一定要反攻!

第二节
丘吉尔的反攻计划

“马斯河防线被敌人突破，是严重的，但并不是致命的。事情可能很糟，但绝不是不可挽救。1914—1918 年间，马斯河防线曾有过多次突破，可是全都被顶住了。即使 1914 年，德军距离巴黎只有 20 公里的距离，我们不也顶住了吗？而且，我们都是通过对敌人凸出部的一侧，或两侧，展开反攻来顶住的。”丘吉尔站在地图面前，背对着所有人，慢悠悠地说，“这次，和那次进攻有什么区别么？我觉得这次还没到上次那么严重的程度。所以，我们要反攻，我们应该反攻，战略上的大反攻。我们决不撤退，决不能投降。”

伊斯梅

顿了顿，丘吉尔没有转身，就仿佛对着地图说一样，继续说着：“我们现在在这里哀叹失败是没有用的，我们应该立刻做出反攻计划才对！”

“伊斯梅将军！你说呢？”丘吉尔知道，这时候，想要振作大家的士气，必须有人说话才行。

而这个说话的人，必须能够领会和接上丘吉尔的谈话方向，这点，伊斯梅将军当然是最好的人选。

伊斯梅将军是陪同丘吉尔一同来到巴黎的英国上将。

“当然！”伊斯梅将军立刻站了起来，斩钉截铁地说，“我们现在应该尽量收容溃军，然后再把 8 ~ 10 个师，从没有受到攻击的区域撤下来，进攻德军的侧翼，牵制和拖延德军的进攻。”

伊斯梅将军的话，让甘默林将军也振作了起来，毕竟是经历过第一次世界大战的老将军。甘默林将军继续说：“现在，还有 3 个装甲师尚未投入战斗；还有 8 个或 9 个师正从非洲赶来。我们不能等到德军步兵师赶上来稳固防线，这个反攻计划一定要快，只要能遏制德军装甲部队的进攻，我们就一定能够守住巴黎。现在，有 200 万的预备役士兵正在被动员起来。但我们缺乏的是空军，特别是轰炸机。只有这种武器，才能大规模地杀伤那些正在疯狂前进的德国装甲部队。而现在，能够提供这种火力支援的只有英国的空军，如果英国的战斗机能提供强有力的空中掩护，在以后的 2 天或 3 天中，控制凸出部的上空，目的不是为了保卫那个局部地区，而是给法国陆军一个恢复士气的最后机会。由于德军空军的不间断骚扰，法军现在连集结都成问题，部队的士气已经降到了最低点，更别说反攻了。只要让法军重新集结，建立好防线，抵挡住德军的这只装甲车部队，还是有把握的。”

现在，球又踢回到了丘吉尔的脚下。

所有人都知道，英国空军足够强大，一定能够延缓德军 2 ~ 3 天的攻势。可是，现在的问题是，英国的空军是否能够应甘默林将军的要求，出现在法国的领空上。

所有人再次把目光集中在丘吉尔的身上。

丘吉尔沉默着。

丘吉尔不敢保证英国空军一定会出现，他也毫无把握。

丘吉尔并不能直接控制空军，而是要通过战时内阁，得到大家的认可才可以出动空军。可是，那些战时内阁的老官僚们，无论什么时候，向来有留一手的习惯。

这一点，让丘吉尔也很无奈。

现在，在英国本土，有大约 40 个空军中队还停留在伦敦的各个空军基地，保卫所谓的“本土安全”。那些内阁的老官僚们，他们宁肯让几千名飞行员在伦敦无所事事地晒太阳，也不愿意让他们飞到法国来帮忙。

在战争爆发前，法国政府就曾经提出过抗议，可是交涉到最后，英国政府也不过才派出了几个空军中队。英国政府向法国申明：“我们首都的空军战斗机中队无论如何也不能离开大不列颠，这是非常重要的。我们的生存有赖于它，我们国内只剩下40个战斗机中队了，这是最后极限。”

没办法，即便到了战争的最关键时刻，各个国家也没办法排除门户之见，仍是只为自己的利益着想。德国空军现在已经全部投入到了法国战场，可大不列颠，还是死守着自己的空军力量，不肯出一点力气。

其实，丘吉尔何尝不希望让皇家空军来帮忙。只是那些英国的老官僚们不同意罢了。在这些人看来，哪怕有一架德国飞机飞到了英国上空丢炸弹，就比什么事儿都严重。

现在，甘默林将军又提出了这个要求！

“好！我现在就去联系内阁，争取最大限度地派出空军，来给法军集结的时间。”丘吉尔答应着，“现在，请诸位立刻制定反攻计划，我这就联系内阁！”

“好！”几位将军一起答应着。

会议转向了纯军事的方向，丘吉尔退出了会议，急急忙忙赶回大使馆，给英国内阁拍了封要求迅速增派空军的电报，用词是极端地谦卑。

丘吉尔连饭都顾不上吃，就坐在大使馆等回电。他左等右等，一直到晚上11点半，内阁的回电来了：“同意，增派6个战斗机中队。”

丘吉尔立刻又拍电报回去，要求增派更多的战斗机中队。6个战斗机中队恐怕无法阻挡德军的攻势。

又是一段难耐的等待。

直到凌晨1点，英国内阁的消息才再次传来——勉强同意“增派10个战斗机中队。”

丘吉尔高兴得几乎要跳起来，虽然整整一天没有吃饭也没有休息，但丘吉尔毫无倦意，他立即偕同伊斯梅将军，乘车赶往雷诺的官邸，把这个天大的喜讯亲口告诉雷诺总理。

当汽车抵达法国总理府的时候，他们发现，总理府已经是黑沉沉的一片——这么晚了，雷诺总理早就休息了。

听说英国首相这么晚了还来造访，雷诺总理连衣服都顾不得穿，身着睡衣，就从卧室里走了出来。丘吉尔急不可耐地把这个好消息告诉他，丘吉尔激动地大声喊道："10个战斗机中队！10个战斗机中队！"他还让雷诺总理立即派人，去请达拉第先生一起来分享这个喜讯。接到消息的达拉第立即赶到总理官邸，这位老先生已是老泪纵横，他大跨步地走到丘吉尔面前，紧紧握着丘吉尔的手，久久不肯松开。

对这次丘吉尔的巴黎之行，后世曾有过很高的评价。当事人伊斯梅将军在他后来的回忆中，曾直言不讳地指出："虽然丘吉尔的反攻计划并不是经过深思熟虑的军事主张，但丘吉尔的满腔热情和乐观主义精神，让那些惊慌失措的法国盟友一度恢复了信心。这两个国家，从未像今天这样，团结一致。"

想想，大半夜的，丘吉尔还亲自跑去法国总理府，把法国总理和国防部长都给叫醒，仅仅是为了通知"英国政府援助了10个战斗机中队"这件微不足道的小事。虽然，10个战斗机中队，几百架飞机，也许并不能改变战局，但其表达的涵义，显而易见——"我们英国人并没有放弃希望，也未曾放弃过对法国盟友的支持。"丘吉尔正是以这种精神，感染了他身边的每一个人。

在17日凌晨1点的法国总理府，这三个老家伙，就这样互相安慰，互相激励，相对催泪。一直到凌晨2点，丘吉尔才回到了大使馆。他后来回忆说：那天晚上，尽管零星空袭的炮声不时使人辗转翻身，但我睡得很好。

17日清晨丘吉尔便乘飞机回到了伦敦。与此同时，法军的反攻计划也正式被提上日程。甘默林将军还需要花几天的时间去集结他的部队。也就是在这天上午，他还悲观地对同僚说：我只能在今天、明天和明天夜里，敢担保巴黎的安全。但到了下午，局势逐渐明朗起来，德军并未对巴黎方向发起进攻，而是向法国北部重镇亚眠挺进——很明显，德国人暂时对巴黎不感兴趣，他们的目标是插入法国北部，包围比利时境内的盟军主力。这同时也给了甘默林将军在法国南部集结兵力的机会。

有人肯定很疑惑，为什么盟军迟迟不肯把比利时与法国北部的部队撤出来，难道要等着德军去包围吗？这些部队可都是盟军的精锐啊，3个集团军：法国2个、英国1个，还有数量可观的比利时军队，总人数75万人。

事实上，这个问题，在同盟国高层将领们的回忆录中，也鲜有提及。因为这次战役实在是太丢脸，太失败了，是同盟国“不堪回首的往事”，自然没人愿意把自己的丑事天天挂在嘴边。

但就当时盟军的处境来看，也不难分析出甘默林将军的真实想法——他并不是不想让这支部队撤退，而是不敢撤退。第9集团军的崩溃不就是一纸撤退命令引发的“雪崩”吗？而且，像撤退这种行动无疑是最痛苦的，他们必须要丢弃大量的物资器材以及军事设备。现代战争可不像古代，每人发一把菜刀就能上战场。整整3个精锐集团军的战略物资啊，这可不是个小数目。

可是，随着战略局势的不断恶化，以及德军对北部地区的包围网越缩越紧，甘默林将军不得不痛心地在5月17日下达了一个“做好突围准备”的命令。现在是没有选择的余地了，等到德军冲到了英吉利海峡，占领了海边的港口，那一切都太晚了。

其实，现在已经太迟了，德军的先头部队离海峡只有不到200公里的路程。而且，这个距离还在不断缩小，盟军能跳出这个包围圈的机会似乎已越来越渺茫。不过，时事总是难以预料，“乐于助人”的希特勒帮了法国人一个大忙。

第三节

进击的古德里安

5月16日晚，古德里安的装甲部队已经向英吉利海峡方向推进了80多公里，将步兵远远地甩在了后面。德军的装甲部队已经到达达拉昂，英法联军无法抵御德军坦克的推进，无法进行有效的反击。

战场上出现了出人意料的局面——德军的坦克和英、法联军的溃军一起，向着一个方向前进，只不过，一个是进攻，另外一方则是溃败。古德里安下令，不许耽搁时间去俘虏英、法联军，所有的坦克都安装着扩音器，德军一边向前推进一边喊着：我们不想俘虏你们，你们要放下武器，离开道路，免得丧命！

古德里安对溃军只有一个要求：不要挡在路上，耽误坦克向前推进的速度。古德里安的进攻速度不但令联军措手不及，即便是德军司令部也一样感觉不安。德军司令部认为，过河之后，不能急于向法国纵深推进，要巩固桥头阵地，等后面的摩托化师跟上，否则装甲部队和步兵脱节，这是兵家大忌，更何况古德里安的装甲师是孤军深入，连侧翼的保护都没有，这更加大了被围歼的风险。

德军司令部对古德里安的命令是：严禁超越桥头阵地。

将在外，君命有所不受！

古德里安明白战机稍纵即逝，于是回复司令部说：这道命令，我既不愿意接受，也不甘心接受，因为这无异于放弃奇袭，丧失一切初步战绩。

司令部没办法，只好再次发命令：准许继续进军24小时，以扩大桥头堡，但不要冲得太猛。

司令部下发了这样的命令之后，古德里安给自己的师长们下的命令是——加速前进！全速前进！直到用完最后一滴汽油！

德军的前进速度可以用“飞奔”来形容。真可谓，形势一片大好——一天前进 80 公里。每次古德里安将军都是跑到汽油耗尽才肯停下来休息。那个“只能进攻 24 小时”的命令，早就被他抛到九霄云外去了。在这段时间里，古德里安打给后勤部的电话是最多的：“油呢，油呢，我的汽油呢？”

也许我说德军在飞奔仍让你无法理解古德里安跑得有多快。那当时古德里安到底跑得有多快呢？快到德国空军对古德里安的装甲部队狂轰滥炸。

在 19 装甲军飞奔的这段时间里，德国空军老是把古德里安的装甲部队认成正在撤退的法军，稀里糊涂地冲下来一阵狂轰。而且，这种轰炸不是一次，两次，而是 N 次。有时候，一天中被自己空军轰炸所造成的人员损失比战斗损失还要严重——谁叫古德里安冲得这么快呢。

在法兰西战役爆发的时候，德国陆军每个师级单位中都配备有一个空军联络员。50 年后，美国大兵如果碰上敌人顽强的抵抗，就会拼命地呼叫：空军、空军，我们需要空军的支援。其实这招是跟德国人学的。德国兵是：斯图卡、斯图卡，我们需要斯图卡的支援。

可现在，斯图卡给古德里安的不是支持，而是，由于古德里安跑得太快，让它们变成了捣乱部队！

发展到后来，德国空军的做法把古德里安彻底惹毛了，一次古德里安在场的时候，空军又跑来丢炸弹——他们运气不好，19 装甲军下辖的一个高射炮阵地正好也在这里，古德里安命令高射炮，向跑来扔炸弹的飞机开火射击，打得德国空军狼狈逃窜，最后，还打下来一架跑得慢的。两个飞行员跳伞下来，古德里安饶有兴致地驱车赶到他们降落的地点等着他们。这两个年轻的飞行员一下来就怒气冲天地抱怨说：“这是我们空军最新式的飞机。”古德里安从背后拿出一瓶法国香槟堵住了这两个青年的嘴——他们高高兴兴地去野战食堂喝酒去了。

这次事件也确实让稀里糊涂的德国空军收敛了不少。大家也许看到过很多二战照片，特别是苏联战役的时候，德军时常在地面或者坦克上，覆盖一面巨大的卐字旗，这就是提醒空军，别又炸错自己人了。

卐字旗

这段时间对于古德里安来说也许是最快乐的，他很有兴趣地记录了这些快乐的小插曲，他的装甲部队终于在法兰西战役开花结果，被世人所重视。但他很快就要快乐不起来了，因为希特勒很合时宜地又跳出来横加干涉，突然喊：“stop！”

希特勒是一个奇怪的人，在苏联战役的时候，他比任何一位将领都要大胆；在法兰西战役的时候，他又比任何一位将领都要胆小。如此突如其来的胜利，让希特勒一时慌张起来——他为自己的好运而感到不可思议。按规定，勃劳希契元帅每天要给希特勒打两次电话，在他打电话时，希特勒总是盯着鸡毛蒜皮的事，歇斯底里地痛斥他的陆军总司令。勃劳希契元帅觉得这个元首可真不好伺候，打了胜仗也挨骂。

据哈尔德回忆，在那段时间里，希特勒的日子过得非常混乱——他有时会为了前线的巨大胜利而欢欣鼓舞，对德军和他的指挥官们大加赞扬；有时又会突然神经极度紧张，嘴里语无伦次地嘟哝着什么“我们会使整个行动毁掉，我们有遭到失败的危险”；再或者就是神经质地盯着地图，大肆渲染所谓来自南部的危险。第二天，哈尔德和勃劳希契看见他时，希特勒劈头盖脸地大发雷霆说：“陆军要毁掉整个战役，我们无须冒失败的危险。我命令你们，停止进攻。”这个纳粹领袖总是担心强大的法军会从南部地区发动一次出人意料的有力反攻。希特勒在给墨索里尼的信中这样写道：“1914 年的马恩河奇迹，决不能重演！”

5 月 17 日，德国空军报告说，法国人即将大举反攻，他们正在色当附近集结兵力，企图截断向海峡挺进的德国装甲部队的后路。这份天天轰炸自己友军的糊涂空军的情报让希特勒更担心起来，因为，勃劳希契元帅并没有执行他那个停止进攻的命令。

希特勒绕开了他的陆军总司令，亲自打电话给克莱施特上将，命令他们停止进攻，好让较慢的步兵师赶上来，在法军发动反攻之前，加强侧翼的防御。

陆军参谋部进行了徒劳的争辩，认为法国目前只关心稳定他们自己的防线，哪有什么部队来反攻。但希特勒决心已定，任凭他的将领们如何巧言令色，他就是不准进攻。哈尔德非常生气地指责希特勒根本不懂打仗，希特勒却把悬挂在胸前的一级铁十字勋章敲得咚咚直响（那是他在一战时候获得的），带着小学生的快感，反问他的陆军总参谋长："你在前线打过仗吗？我可是在前线与法军打了 4 年的交道。"（当小下士）被如此一顿抢白，哈尔德气得拂袖而去。

其实，希特勒的焦虑并非毫无道理，同盟国高层确实在酝酿一个反攻计划。而德军装甲部队已经深深地楔入了法国腹地，把步兵远远地抛在后面。（这是一只孤军，所依赖的仅为几条公路线。）但古德里安却对自己的装甲部队充满信心。他认为，只要不停地进攻，就能从精神上彻底击垮法军。并且，像他这样把坦克集中起来使用，就算被法军包围，敌人也不可能吃得掉他。

大家也许还记得，在战役之初，哈尔德上将是严令禁止"装甲部队超越桥头堡阵地，单独进攻的"。但随着法国第 9 集团军的崩溃，他的态度就来了个 180 度的大转变——他不但拒绝执行希特勒"停止进攻"的命令，就连装甲部队那长长而薄弱的侧翼，他也不肯派兵去掩护。而且，最有意思的是，他和陆军总司令当着希特勒的面，信誓旦旦地保证说"坚决执行元首停止进攻的命令"，可一回到自己的司令部，他们就把这个保证抛到了九霄云外，还嘲笑"前下士"是神经出了毛病。

这种当面一套、背后一套的做法，让希特勒大为恼火。生气之余，他便亲自给克莱施特上将打了个电话，询问情况。这一次，他终于找到了知音，克莱施特在电话里大谈所谓的侧翼威胁，并且还提到："现在A集团军群的坦克部队，因为战斗损失以及机械故障，起码有一半都瘫在了路上，真正在前线作战的，反而少之又少。"

听到克莱施特这么一渲染，希特勒紧张得不行，当即命令"停止进攻，加强侧翼防护。"

等到这个命令传达下来之后，可以想象，前线指挥部里几乎是炸开了锅。更绝的是，希特勒是以OKH（陆军统帅部）的名义来下达这个命令的。指挥官们虽然满腹牢骚，但也无可奈何。"违命专家"古德里安却依旧不依不饶，他觉得这个命令简直不可理喻，他后来写道：

> 我在3月间对希特勒所说的想法是：一直前进，以英吉利海峡为目标。我绝没有想到，希特勒既已批准了最大胆的"曼施泰因计划，"又在我表示意见的时候，一句反对的话都没说，可现在竟会突然叫停，我原先的判断实在是大错特错了。

当时，古德里安还不知道这个命令是希特勒亲自下达的，他认为是克莱施特在捣鬼（其实也算）。他当即给克莱施特打了个电话，让克莱施特去机场接他（让他的直属上级去接他，古德里安的派头够大吧）。古德里安的理由是"我实在是太忙了，把事情在机场当面说清楚，我就又得立刻赶回前线去。"说完此话，古德里安便丢下电话，急急忙忙地登上一架联络机，赶回了A集团军群司令部。

古德里安的飞机抵达目的地的时候，他发现，克莱施特早已在那里等他了。这位上将把皮手套紧握在手里，背着手，站在跑道尽头的小汽车旁，冷冷地注视着飞机在机场缓缓降落。

古德里安后来写道：他刚一跳下飞机，还未来得及开口道早安，克莱施特就劈头盖脸地骂开了。克莱施特骂古德里安不服从命令，还是个骗子（古德里安在5月15日对克莱施特保证"只进攻24小时"，现在已经5月17日了）。

而且，克莱施特骂得相当难听，一口气骂下去，骂得直喘粗气才停止。本来古德里安心里就堵得慌，挨了这顿没头没脑的臭骂，心里当然更不舒服。他后来写道："士兵们现在前线浴血奋战，但这位将军，对将士们这样卓越的成绩，居然不夸奖几句，还大声辱骂"。古德里安耐着性子等他骂完之后，异常平静地说出——他要辞职！

古德里安明白，现在前线不能没有自己，他更相信，现在自己所选择的进攻方式是正确的。

古德里安深得闪电战的精髓所在——快！

现在，难题摆在克莱施特的面前了。手下的大将以辞职来要挟自己，他明白，现在前线缺不了古德里安，可是如果不同意古德里安的辞职，那以后，恐怕自己的命令都得不到执行了。

服从命令是军人的天职！可偏偏这个会打仗的古德里安就来了个抗命！

面对古德里安的要挟，克莱施特面无表情地口头接受了辞职！他当然知道，如果古德里安当真撂了挑子，对前线装甲兵的士气将是多么致命的打击，这种临阵易帅的做法实乃兵家之大忌。但克莱施特依旧赌气般地同意了古德里安的辞职请求。他点点头，若无其事般地对古德里安说，回到前线后，立刻把职务移交给"一个资深的部将"，然后立刻回陆军部。

现在轮到古德里安犯囧了，他没料到克莱施特还真敢让他卷铺盖走人。他不等克莱施特说完，便转身登上飞机，回前线办理职务移交手续去了。

可是，他压根就不想离开前线。在这期间，古德里安发了封无线电给A集团军群总司令隆德斯泰特上将诉苦，并在老将军面前告了克莱施特一黑状。隆德斯泰特不愧为德国资格最老、"最滑头"的将军。他当然不肯让自己的爱将离职，同时又要照顾克莱施特的面子，更要尊重希特勒的旨意，于是他回电说：不允许离职，不允许进攻，但可以进行"侦查搜索"。

什么是"侦查搜索"，隆德斯泰特没有点明。

古德里安可不管那一套！

在古德里安看来，"侦查搜索"其实就是默认了他继续进攻，他便钻了这个空子，继续马不停蹄地前进。就算哪天希特勒知道了这件事，问起话来，他也可以解释说，我没进攻啊，我这是“侦查搜索”。

并且，这个命令并不限于古德里安的19装甲军，隆美尔与赖因哈特也同时接到了OKH（陆军统帅部）的命令——他们早就等得手痒难耐了。一接到只许进行“侦查搜索”的命令，便不管三七二十一，A集团军群下辖的7个装甲师几乎在同时发起了进攻。对面的法军应该是最惨的，一开始，他们还美滋滋地琢磨着德军的攻势已像1914年那样趋于衰竭，便心安理得地停下来休息（跑了几天也够累的）。但不到几个小时，德军又打过来了，他们只得丢下露宿营地继续逃命。有些法国军队的做法更是让人哭笑不得，估计是预感到大势已去，他们非但不逃跑，反而在营地外面竖上一杆白旗，睡觉的继续睡觉，吃饭的继续吃饭，冷眼看着德国兵从自己身旁走过。在这一天，隆美尔的第7装甲师就前进了90公里，一路上法国难民的大车与法军的军车互相混杂，互相拥挤，特别是法国难民，他们看见德军追上来之后往往是吓得面无血色，连走路都不会了，任凭德国人如何叫喊，如何驱策，他们就是不肯离开道路。更甚者，有些比较乐观的法国人发现德军并未向平时宣传的那样屠杀平民，便不逃跑了，拖着自己的家当开始返家。这些难民车队造成了道路堵塞，倒成了阻拦德军前进的最大障碍（为了能够继续前进，隆美尔不得不下令让装甲车远离道路，在田野里越野行驶）。

根据官方战史记载，在5月16日到17日之间，第7装甲师只遇到了零星的抵抗——一共才死了35人、伤59人（这是根据该师正式战史给出的数字）。该师所收容的俘虏数约为1万人，另外加上100辆战车、30辆装甲车和27门大炮。对于这些数字，结论是这样说的：“本师因为没有时间，所以无法收集大量的俘虏和装备……”

到了5月19日，希特勒才知道陆军一直都在猛攻之事——那天晚上，勃劳希契兴高采烈地给希特勒打电话，告诉他说：“坦克部队已经抵达阿布维尔(直通英吉利海峡沿岸的要道).”出人意料，希特勒并未对陆军违命之举发火，反而异常兴奋。据凯尔特回忆，希特勒在讲话时“非常

勃劳希契

激动”，几乎是泣不成声。勃劳希契在电话那边，竖起耳朵听了老半天，也没听清楚元首到底是在嘟哝些什么。直到放下电话，希特勒才把一句话说完整了——希特勒转头对站在身旁的凯特尔说起了胜利之事，他说：“法国确实已经完蛋了，我要在接下来的和平谈判中，要求法国归还近400年来从德国人民手中抢走的全部领土和财产，我要为1918年强加于德国的耻辱条款而报复法国，就在当年签订条约的地方——贡比涅森林，举行第一次和谈。”至于英国，“只要把殖民地归还我们，英国就会马上得到和平。”

一如既往，凯特尔拼命地点头。接着，他便又开始吹牛拍马起来。“我的元首，”他笨拙地说，“您是有史以来最伟大的指挥官！”

第四节
血战阿拉斯

阿拉斯——法国北部加莱海峡省首府。虽说是省会，其实只是一个小镇而已，人口不过区区 3 万。5 月 20 日，隆美尔便开始向阿拉斯以南地区挺进，他决定避开这个市镇，偷偷地走小路绕到海边去。

也就是这一天，在他的左翼，古德里安的 19 装甲军攻下了法国北部重镇——亚眠。这是法国北方交通枢纽，几乎所有的北方重要公路线都在这里汇聚。随着亚眠市的陷落，法国南部通往北部的后勤供应线完全被切断——这是致命的一击。

法国人当然不甘心丢掉如此重要的战略要地。一位叫作戴高乐的装甲师师长就接到了“向德国人发动反击”的命令。但是，戴高乐将军的兵力少得可怜，他的第 4 装甲师经过长途跋涉，早就跑散了架，到达集结地的坦克数量，竟然只有十几辆。

不过，戴高乐，这位年轻的师长，并不是一个肯轻言放弃的人。之后在法国灭亡的那些日子里，正是他的这种气质，才使他最终带领着法国人民重新获得自由。

可这时候，他还不知道，未来等待着他的是什么样的命运，他也不知道，不久之后，自己就会把拥有悠久历史的法兰西民族扛在自己的肩上。

现在，他还只是一个装甲师的师长。他清清楚楚地看到了古德里安的这种进攻的弱点，所以他拼命地在古德里安的侧翼发动袭击，制造事端。可惜的是，他的部队实在太弱小了！可就是这么一支小部队，稀里糊涂地就冲到了距古德里安前进指挥部 1 公里远的地方，差点让古德里安成了俘虏。但是，这些法军并不知道德军的指挥部就在自己眼皮子底下，他们很快便改变了进攻方向，朝其他地方继续挺进。

古德里安压根就没把这些法军放在眼里，他的先头部队在亚眠攻击战中甚至为了抢功而大打出手。因为按原计划，向亚眠的进攻要以两个师的兵力同时从两翼发起进攻。但那位骁勇善战的巴尔克中校为了抢头功，居然不等部队到齐，就带领自己的步兵团一拥而上，三下五除二便拿下了这座城市。等古德里安进城的时候，脸被熏得像炭黑般的巴尔克中校早已坐在亚眠市中心的长椅上，美滋滋地抽着香烟。

古德里安其实本想来批评巴尔克中校不听指挥，擅自行动。可一看到巴尔克中校这副模样，他顿时怒气全无，还笑眯眯地跑过去讨烟抽。估计在巴尔克的身上，古德里安看见了自己的影子。要说不听指挥，古德里安自己就是所有德国指挥官中最不听指挥的，他还好意思批评别人么？

巴尔克中校这个人也算是二战中的传奇人物了。他从小小的中校做起，真正是属于战争中成长起来的那一批人，他最终官拜集团军群总司令一职。在东线 1943 年末的一场战役中，他曾以 1 个装甲军单挑 3 个苏联集团军，并打得苏联人溃不成军，他也是马利诺夫斯基元帅和托尔布欣元帅最咬牙切齿的头号死敌。如果说曼施坦因和莫德尔是东线最出色的战略指挥官，那巴尔克就要算最厉害的战术专家了。

戴高乐

所以，戴高乐将军那可怜的反攻，连一点作用都没有起，德军的攻势并未停止。天底下再也找不到比他更糟糕的法国陆军指挥官了！他们准备大反攻的部队，就这样像挤牙膏般地慢慢被消耗掉。等到法军真正大举反攻的时候，他们能凑齐的部队真是少得可怜——法军第3轻型机械化师（不满员，约70辆战车）、英军2个坦克营（74辆坦克），还有一些收容起来的乱七八糟的溃兵部队，总人数不到2万人。

这些部队就集结在隆美尔和古德里安的装甲部队之间的空隙里，幸亏德军冲得太快，未来得及展开搜索，所以，并未发现这支部队的存在。甘默林将军原计划这支部队是往北方进攻，杀开一条血路，掩护北部盟军主力南下。等兵力汇合之后，再顺势南下，冲破19装甲军的封锁线。从某种程度上来看，盟军的这个计划非常完美，这也是挽救北方被围困部队的唯一可行方案，而夹在这个中间的德军部队，正好是隆美尔的第7装甲师。

恰巧，正在盟军准备反攻的当口，德军的一个步兵师突然赶了上来，并在古德里安和隆美尔战线中间的空隙地段拉起了一道防线，这个师正是大名鼎鼎的党卫军第3师。后来，我们称它为——“骷髅师”。

在正式描写德国武装党卫军以及它下辖的骷髅师之前，大家必须要先把这支战争中最臭名昭著，同时又最战功卓绝的军队，与德国正规军区分开来。因为，这两个组织虽说同属陆军，但性质却不一样。有什么不一样，这个问题放到东线战役中再详细讲，因为到那时候，这个军事组织将会扩展成一支拥有38个师、95万士兵的庞大力量。

但现在，它们还只是一支弱小的军事力量，是希姆莱胡思乱想捣鼓出来的产物。说来可笑，党卫队的“国家领袖”——海因里希希姆莱虽然没上过战场，但他却梦想成为一名“真正的军人”。

因此，他把希特勒身边仅有200人的小小卫队，来了个大扩编，组成了一支军队。在法兰西战役爆发的时候，他已组成了4个党卫军师。但由于初上战场，缺少实战经验，所以，这些军队都只被拿来当预备队来用，主要任务就是跟在德国正规军后面以备不时之用。

在大多数人看来，这些身材高大、着装帅气的党卫军士兵并不像是来打仗的，而像是来搞徒步旅游的。特别是古德里安、隆美尔等一系列陆军将领，对于这个游离于正规军之外的军事组织异常反感。例如，隆美尔的独子想去参加党卫军，他的理由是党卫军待遇好，军装帅气，装备也比陆军更好。隆美尔却严厉地说："要当兵可以，但必须加入国防军（正规军），国防军才是国家的军队，党卫军不属于德意志！"

在法兰西战役的时候，党卫军还并未形成规模。陆军众将领对希姆莱的做法虽然嗤之以鼻，背地里偷偷说党卫军是"花瓶"军队，但考虑到希特勒的面子，也就未提出任何抗议，得过且过吧。

不过，希特勒却对这支全部由纯种日耳曼人组成的亲信部队抱有相当大的希望。当希特勒听说深入法国境内的装甲部队的侧翼受到的威胁越来越大，勃劳希契又无所作为的时候，便开始焦虑起来。

5 月 16 日，他亲自下令，命令作为预备队的骷髅师正式投入战斗。到了 21 日，骷髅师行进到古德里安与隆美尔的装甲部队之间，并伺机向阿拉斯方向机动。很明显，希特勒的目的是要让骷髅师来保卫隆美尔第 7 装甲师的左翼，因为在同一天，第 7 装甲师已经偷偷地绕开阿拉斯市镇，向该地区的西北方向前进。隆美尔似乎很着急，他的装甲师离敦刻尔克和加莱港口已经不到 100 公里了。他想要成为第一个冲到海边的将领。

隆美尔未曾预料到盟军也正在阿拉斯城外集结。到了 5 月 21 日下午，盟军终于发动了酝酿已久的反攻。虽然，150 辆坦克以及不到 2 万的士兵，从数量上来看，有些寒酸，但他的对手——隆美尔第 7 装甲师的日子也不好过，它们原有的 218 辆坦克，由于战斗损失以及机械故障的原因，现在也只剩下 100 来辆左右。骷髅师是步兵师，当然也没有坦克。所以，在数量上，盟军还是占有一定的优势。而且，最致命的是，在盟军发起反攻的那一刻，第 7 装甲师下辖的第 25 战车团（也是唯一的战车团）正在别的地段发动进攻，对盟军的行动一点察觉都没有。

更可笑的是，在盟军进攻的那一刻，身为师长的隆美尔并不在前线——他的一个步兵团因为一块挂错的路标牌而走错了方向。隆美尔左等右等，也没等到这支部队赶上来，他大为生气，亲自驱车去找这支部队的身影。哪知道此时法军却已经渗入到了他的交通线，和隆美尔的指挥车可以说是擦身而过。倒是隆美尔眼尖，他首先看到了林子里的士兵不像是德国兵。

他急令司机熄火，把汽车偷偷地停在路旁。呆头呆脑的法军士兵虽然近在咫尺，但却始终没有发现他。就这样，隆美尔和他的司机以及副官 3 人，被困在自己交通线的后方长达 2 小时之久，一直等到骷髅师的一个步兵团带着反坦克炮一同来到之后，才算是把隆美尔给救了出来。这支部队就奉命守住阿拉斯南面的防线，其团长对隆美尔说："刚接到消息，有好几个师的联军，正在该城的周围集结，估计是朝我们方向来的。"

阿拉斯战役就这样莫名其妙地打响了，双方都是在毫不知情的情况下便交上了手。从战略上说，这次战役对今后的"敦刻尔克奇迹"有着巨大的影响。从战术上说，这次战役是难得的一次势均力敌的战斗——德军 1 个装甲师、1 个步兵师，100 来辆坦克，士兵 2 万人左右；盟军有 1 个法军装甲师、2 个英军坦克营，150 辆坦克，接近 2 万名士兵。

这就好比打群架，100 人打 10 个人，打赢了也胜之不武，所以不值一提。而 100 人打 100 人，那就值得研究了，至少从战术角度上来看，能清晰地从双方指挥官的指挥技巧，来判别高下。

首先来看骷髅师的战斗。这支部队从某种程度上来说，挽救了第 7 装甲师的性命。它在侧翼帮助隆美尔分摊了一部分"伤害"，不然 150 辆盟军坦克全部用来对付第 7 装甲师的话，可就够隆美尔一呛了。

当时，骷髅师下辖的反坦克炮营刚刚进入预定阵地不久，盟军的坦克便出现在德军阵地面前。英国军队的突然出现虽然让德国人吃惊不小，但他们同时也暗自庆幸反坦克炮营及时赶到。与此同时，盟军也发现了敌人的阵地就在他们坦克列队的正前方，于是中间的盟军坦克便减慢了行驶速度，而两边的坦克则加快速度，从两翼杀了过来。阿拉斯的小丘陵地形，倒非常适合于坦克的机动。两翼的盟军坦克在行驶到距阵地 1500 米的时候，德军便首先开火射击，铺天盖地的炮火所产生的烟幕，差点把目标都遮掩住了。可是一轮炮袭之后，让德国士兵惊讶的事情发生了——英国人的坦克毫发无损，仍在继续前进。

问题就出在德军的反坦克炮身上——37 毫米反坦克炮。这种轻型火炮虽然轻便好用（火炮全重仅为 432 千克），但它的弱点却是致命的——穿甲能力相当差。在波兰战役以及对付法军坦克的时候，这点弱点还不明显。但此时，盟军中有英军大量的马蒂尔达坦克。这种坦克虽然行动缓慢，但它的护甲却相当厚重（车体正面装甲厚度有 60 毫米，炮塔的四周均为 65 毫米厚的钢装甲）。而德国的 37 毫米反坦克炮，在交给步兵的时候，设计人员是拍着胸脯保证说这种火炮能击穿 127 毫米厚的装甲板。不过，德国陆军明显是被这些奸商给骗了，显然，它们连 60 毫米的装甲板都击不穿。

尽管情况危急，但德军士兵仍然徒劳地坚守着阵地，疯狂地向越来越逼近的英军坦克猛烈开火。可是这毫无意义，他们的反坦克炮发射的炮弹只能在马蒂尔达坦克正面“砰”的一声撞出一个小坑。有一辆马蒂尔达坦克虽已被 14 发炮弹直接命中了，正面装甲都被打成了变形金刚，但竟没有造成致命效果，这辆坦克仍能够继续前进。

眼见德军反坦克炮对自己毫无威胁，盟军的胆子便大了起来，他们死死地踩住油门，全速朝着德军阵地猛冲过去。由于坦克在快速行驶之下不便瞄准射击。所以，开火还击的英军坦克很少，但它们都用机枪对那些暴露在外、还未来得及挖战壕的德军阵地猛烈扫射。37 毫米反坦克炮需要炮手绕到炮口正面去装弹，许多德国炮手都在装弹的时候被击毙，在这种情况之下，装弹射击对德军来说都成了一件非常困难的事情。可德国人似乎还不肯放弃，他们企盼着英军坦克接近，只有接近之后，37 毫米炮才能发挥其最大威力击穿英军坦克正面装甲。但是，随着英军坦克越逼越近，装弹射击成了不可能的事情，德国炮手一跳出战壕，就被打成了筛子。

最终，这些德国士兵只能放弃自己的阵地，仓皇地向后面逃命。许多士兵都被击毙在跳出战壕不到 20 米的阵地上，能活命的士兵少之又少。另一些受伤的士兵则躺在地上装死，英国坦克毫不留情地从这些士兵身上碾压而过，场面惨不忍睹。也就是这个时候，一名德国下士在马蒂尔达坦克距离自己不到 2 米远的地方，利用手中的 37 毫米炮开火射击。当时，这辆坦克正在翻越一处小土丘，坦克的底盘暴露了出来，这发炮弹直接贯穿了坦克下腹部薄弱的装甲带，在坦克的内部引发剧烈爆炸，那位德国炮手也因为距离太近而被飞溅而出的碎片击中，和英军士兵同归于尽。

这是骷髅师唯一的战果，唯一的。

第五节
决战的开始

虽然拼死厮杀，骷髅师终究还是未能守住自己的阵地，他们在盟军的重压之下，开始撤退。德国士兵应该是比较郁闷的。因为，对于勇敢的士兵来说，他们不在乎敌人有多么强大，而是在乎自己手上的武器能不能消灭敌人。他们实在不明白，为什么自己的部队要装备这么多无用的 37 毫米反坦克炮，而且整个陆军上下就这么一个型号，真是够郁闷的。

郁闷的不仅是骷髅师的士兵，隆美尔应该比他们更加郁闷，“你们倒是拍拍屁股就撤退了，我的侧翼怎么办？”隆美尔预料，英军的目标并不是为了消灭骷髅师，而是意图救援北方被围攻的盟军部队。

现在，那些拼死突围的盟军士兵正与隆美尔右翼的第 5 装甲师激战。为了援助友军的防御，第 7 装甲师下辖的第 25 战车团（也是唯一的战车团）已投入到另一场战斗之中，所以，现在隆美尔手上没有一辆可以调用的坦克——至少暂时是这样。

果然不出隆美尔所料，英国军队并未痛打落水狗般地跟在骷髅师屁股后面狂追，而是稍稍转向，朝他的左翼逼迫过来。21 日下午 5 点左右，隆美尔的左翼便和英军交上了火，他的正面也出现了英、法联合部队。现在，盟军一切可以用来进攻的部队已经全部压在了隆美尔的战线上，情势似乎有些不妙。这等于一个没有坦克的装甲师，要抗衡拥有 150 辆坦克的敌军，同时还要保护狭长的侧翼（任务真是够艰巨的）。

如果换上别的将领，现在应该只能选择撤退。但别忘记了，指挥这场战役的是隆美尔，他并不是一个肯轻言放弃的将领，在他的手上有整整一个反坦克炮营（第 42 战防炮营）和两个步兵团（第 6、第 7 步兵团）。而且，在陆军服役多时的隆美尔深知反坦克炮的威力——只要选择了一个合适的阵地，这些火炮简直就是坦克的克星，“反坦克炮”的名声可不是白叫的。因此，隆美尔决定赌上一把，他绝不考虑撤退，他要凭借这些部队和盟军周旋到底。

不过，隆美尔的赌博很快就失败了。整个陆军都只装备了 37 毫米反坦克炮，第 42 战防炮营自然也不例外。在一个猛冲之下，盟军便突破了德军的防线。由于盟军的攻势实在太过凌厉，德军根本都来不及展开阵型便被击溃，他们所匆匆建立起来的战防炮阵地对于英国人的重型战车毫无效力，多数的炮位都为敌人所摧毁，人员死伤无数。

许多滞留在后方的卡车甚至还未来得及发动，就被猛冲过来的盟军坦克所击毁。无论是正面还是侧翼，德军的战线几乎都是一触即溃，作战过程与骷髅师的遭遇一模一样——德军反坦克炮拼命开火，盟军坦克奋勇向前，毫发无损。就连战斗结果也是一模一样，英军坦克再一次从这些德军士兵身上碾压而过。

英军的野蛮行为让德国士兵极度恐慌，这些士兵纷纷逃回了隆美尔的指挥部——一个叫作威里的小村庄。后来，隆美尔在给他的妻子的信件中这样写道：

> 敌人战车的炮火使我们留在村落内的士兵们相当惊慌，他们的车辆都挤塞在路上和广场中，好像忘了用手里的武器去打击来犯的敌人。我们尝试着恢复部队的秩序，并把威里附近的严重情况通知了司令部。

由此可见，德军几乎完全丧失了继续抵抗的勇气，全部都聚集在村庄内，等待他们的师长下达撤退命令。（个人认为，隆美尔的这一小段描述，可以很完整地勾画出普通德军士兵的军事素质。无论情况再怎么危机，局势再怎么糟糕，他们也不会扔下武器，扔下他们的指挥官率先逃命，对比一下那些逃跑技术堪称世界一流的法国士兵，德军焉能不胜？）

隆美尔当然知道，在这样劣势的情况之下，他的撤退命令是不会被陆军统帅部所拒绝的。但是，他的内心告诉自己，假如第 7 装甲师真的就这样跑了，右翼的第 5 装甲师的情况将会更为糟糕。现在，英法盟军在法国北部的拼死突围已经让第 5 装甲师难以招架，如果再加上这支盟军的力量，后果将不堪设想。

隆美尔的想法是对的，假如第 7 装甲师就这样跑了，整个 A 集团军群 3 周以来的战果将会付之东流，几十万的盟军士兵将会跳出这个包围圈，顺着这个通道突围而出。

不能再犹豫了，隆美尔疾步走到了广场中央，带领村中的所有部队驶出村庄。

隆美尔到底做了什么？说了什么？史书上没有记载。但隆美尔确确实实是在很短的时间之内，让这些已经惊慌失措的士兵们重新恢复了斗志。他们紧紧地围绕在师长的周围，朝着英法盟军的方向前进。

一路上，隆美尔的部队还在不断壮大。那些源源不断从四方八面溃退下来的士兵，纷纷自觉地加入到这支队伍。他们的武器五花八门，像什么战防炮、榴弹炮、步兵炮，甚至迫击炮；他们的运输工具也是五花八门的，有骡子、马车、卡车。

这支还算浩浩荡荡的大军，在干燥的土地上急速前行，带起一阵阵尘土，士兵们都不说话，他们很清楚地知道迎接自己的将是什么样的命运。明眼人都看得出来，这支部队冲上去，几乎是与送死无异。隆美尔依旧是那样的乐观，他仰首挺胸站在车头，从容不迫地用望远镜观察着周围的地形——他在找一个有利的地形，构成临时防线。

按照隆美尔的作战性格，这场战斗的结果似乎注定是——战斗到最后一人，战斗到盟军踩着他们的尸体走过为止。

不过，这场战斗的结果因为隆美尔的一个小小发现而彻底改变——在威里村外大约 900 米处的一片小森林中，隆美尔看到一个高射炮连。这个高射炮连正在慌忙地把大炮套上马车，看样子是准备撤退了。

不用怀疑，这个高射炮连所使用的武器是 88 毫米高射炮。

如果有人要问，在第二次世界大战中，最优秀的坦克是什么？得到的答案也许是五花八门的。但如果有人要问，第二次世界大战中，最优秀的反坦克炮是什么？那可能只会有一个答案，世界所公认的一个答案——88 毫米高射炮。

事实就是这样。在二战中，交战各国研发的反坦克炮不下百种，但最优秀的反坦克炮桂冠居然被高射炮给夺去了，真是够囧的。

可是，谁会想到用高射炮去打坦克呢？

隆美尔想到了。也许，他仅仅是抱着一种死马当活马医的态度。但他确确实实毫不犹豫地对那位躲在小树林里准备撤退的高射炮连长说道：“你们立即停止撤退，随部队一同开往前线。”

那位连长几乎不敢相信自己的耳朵。什么？让我们一个高射炮连去前线？这位连长当即摇了摇头，似乎要拒绝师长的提议。

现在，英军的坦克已经离他们很近了。就在隆美尔与高射炮连连长交谈时，前方溃退下来的士兵上气不接下气地跑到师长跟前，报告了这个危急的情况。

隆美尔当即命令“行军纵队原地待命”。他带上副官，手拿望远镜，登上了一个小高地。从望远镜中他看到：在他的右翼，有好几辆英军坦克即将越过阿拉斯——博梅特之间的铁路线。很明显，这只英国军队试图绕到威里村的右翼，再次发起进攻。而他的正前方，情势更不容乐观。隆美尔甚至看到，一个榴弹炮连的炮手们已经丢弃了他们的炮位，随着一队步兵，朝着村子方向跑来。而英军的坦克，则跟在这些士兵的屁股后面，气势汹汹地开了过来——他们离隆美尔所在的位置已经越来越近了。

隆美尔当机立断，决定先消灭来自正面的敌人，再扫除侧翼的威胁。他拉上那位高炮连长，命令他站在土坡上指挥炮兵瞄准射击。那位呆板的连长却表示：“目标太远，无法做出有效的射击”。

这种推三阻四的行为让隆美尔相当地气愤。骗谁呢，高射炮能打到 10000 米的高空目标，现在敌人坦克已经在眼前了，却还说什么“目标太远”。

隆美尔脾气不好是众所周知的。若照以往的做法，他早就让这位不服从命令的连长下课了。但此时，隆美尔没空再继续和他磨叽下去。他一个箭步冲到草草构筑的防线前面，扯开嗓门，亲自指挥每一门炮，指定每一个炮手射击的目标。

隆美尔带着副官，从阵地这头跑到阵地那头，还不停地用那早已沙哑的喉咙，声嘶力竭地提醒炮手：“立即射击。别怕浪费弹药，无论战防炮、高射炮，甚至迫击炮，一律使用最高射速。”

88 毫米高射炮的表演时间开始了。隆美尔的那句“别怕浪费弹药”，被一丝不苟地执行了下来。现在，轮到英国人喊头痛了。由于 88 毫米高射炮采用的是当时世界上最为先进的自动供弹系统，可以让该炮的最高射速达到每 3 秒 1 发，那速度就跟打步枪差不多。这次依旧是德军阵地率先开火，他们那猛烈而密集的炮弹，纷纷在英军坦克的四周炸开了花。

与往常一样，英军坦克及时调整方向，用正面装甲直对德军阵地，继续前进。对英国人来说，他们就是在开拖拉机，碾到敌人阵地就是胜利。

在这边，德军的阵地上。德国步兵则死死地盯住英国坦克，祈祷着奇迹的发生。在数次齐射之后，奇迹真的发生了——一辆领头的英军坦克被 88 毫米高射炮直接命中。呼啸而出的炮弹不但击穿了马蒂尔达坦克的正面装甲，还震断了履带。一个英国上尉连滚带爬地从这辆即将爆炸的坦克里钻了出来，举着血肉模糊的双手，一步三回头地朝德军阵地走了过来。顿时，德军阵地上欢声雷动，就差载歌载舞了。天呀，英国人的坦克终于被击毁了！

英国人明白，“拖拉机战术”不能再继续下去。他们放慢前进速度，开始还击。这个做法虽然更便于德军炮手的瞄准，但英军仗着自己数量上的优势，仍不断地进逼上来。战斗进行到了白热化的程度，隆美尔临时召集起来的几门榴弹炮也加入到了混战。他们在后方一片凹下去的小森林中匆忙地构成了一个炮兵阵地，就开始用榴弹炮予以射击。榴弹炮是曲线弹道，他们所发射的曳光弹击中了好几辆马蒂尔达坦克的发动机机舱，致使其丧失了机动能力。

英国人依旧不甘心。随着战斗的继续，双方战线均被烟幕弹和发射炮弹时所产生的浓烟所笼罩，根本看不清对手，更别谈瞄准射击了。双方几乎都是凭感觉射击，朝着对方烟幕最为密集的地段猛烈开火。隆美尔在给他妻子的信中这样写道："虽然我们也一直受到敌方战车的猛烈火力攻击，但这些炮兵的作战精神很值得敬佩。他们中间没有一个人想到逃走、想到去躲避敌人的炮火，他们牢牢的坚守在裸露的阵地上，与敌人展开对射。"

战斗进行了大约 10 分钟，冲到德军阵地下方的英军坦克，均被 88 毫米高射炮所击毁。英军仍不肯放弃，他们稍稍后退，把坦克远远地停了下来当炮台使用。此时这场战斗似乎变成了意志力的较量，双方都企图用自己强大的火力压制住对手。双方指挥官都迫切地想得到一个结果——"击溃敌人的抵抗力，坚持到最后，就是胜利。"

就在双方打得难解难分的时候，最后一根救命稻草伸过来了——姗姗来迟的德国空军终于舍得跑来帮忙了。现在的德国空军可不像战争初期时那样活跃了，因为阿拉斯已经远离德国本土机场，再加上英国皇家空军的威力，这几架"斯图卡"俯冲轰炸机似乎显得有些力不从心。他们胡乱地丢下几枚炸弹，就算完成任务，并在空中盘旋了几圈，算是给陆军助阵。

参加过此次战役的英国将军道格拉斯普拉特准将后来回忆说，虽然德国空军数量很少，但确实让我们的士兵们感到有一丝的泄气。俯冲轰炸机投下的一枚炸弹在一辆马蒂尔达坦克旁边爆炸，将这辆坦克炸翻，并使车长受伤身亡。另有一枚炸弹在爆炸后，甚至将一辆法国的轻型坦克上抛到大约 5 米的空中。

把一辆数吨重的坦克炸上了天。这个……反正不管怎么说，一种被自己空军抛弃的感觉在盟军士兵的心里油然而生。估计是害怕德国空军再次袭击，盟军暂时停止了攻势。他们把坦克远远地停在了德军火炮的射程之外，重新集结，并计划在自己的炮兵赶到之后再发动进攻。

正面的敌人被击退之后，隆美尔立即命令炮手调转炮口，攻击右翼企图绕道的英军坦克。现在，好几辆英军坦克已经远远地驶上了阿拉斯——博梅特之间的铁路线。很明显，一旦这些坦克翻过了铁路筑起的小山坡，就没有武器再能阻挡它们了。

如果这些英军坦克真的绕道成功，那对德军来说无疑是一件很难缠的事情。说不准，整个盟军部队都会来一个浩浩荡荡的“武装大游行”，那德军的麻烦就更大了。就在这一危机时刻，一辆德国 3 号坦克突然出现在英军战车纵队的面前。这是一辆因机械故障而掉队的坦克，就横停在铁路线旁的一座小土丘上，看到英军的战车逼近，自己逃无可逃，它只有朝着那些逼近的英军战车猛烈开火。不过，回应它的却是比它猛烈十倍的炮火。转瞬之间，这辆德军坦克就被击中，成了一堆废铁。

不过，这辆德军坦克的出现使得英军的行动稍稍迟疑了一下。他们以为是德军的援兵到达了，所以就停了下来，仔细地观察四周的风吹草动。

实际上，这等于给了德军调转炮口瞄准目标的机会。在这里，我顺便谈一下 88 毫米火炮射速的问题。曾经我也很疑惑，为什么这种火炮要疯狂地追求炮速，而完全忽视掉精准性，15 ~ 20 发 / 分钟的射速，那会产生多大的后坐力啊。

直到有一天我无意之中在电视里看到了一则纪录片，我想，我知道原因了——88 毫米火炮是高射炮。

这个答案是不是很无聊，绕了大半天，又绕回了起点。

88 毫米火炮

但事实确实如此，因为88毫米火炮就是设计出来打飞机用的。随着科技的不断进步，飞机越飞越高，越飞越快，自然而然的，高射炮也要匹配更快的射速以及炮口的初速。假设一门高射炮只有6发/分的射速，那别说打飞机了，就是飞艇，也打不下来。

后来，当德军逐渐熟练地操作88毫米高射炮来攻击敌方坦克的时候，他们一般都会采用点射的方式。慢慢地点射，可以消除枪械的后坐力，提高精准度。特别是打伏击战的时候，德军往往把88毫米炮埋伏在路边，等对手进入1000米之内的距离才开火。这时，88毫米的穿甲弹从炮口飞至目标只需一秒的时间，对手坦克根本来不及反应，就成了“炮下鬼”。当然，也有例外。譬如，对手的坦克或者步兵太过密集，那就要不顾一切地全速射击了（这似乎是在东线才需要考虑的问题）。

所以当时那些英军坦克突然停下来的举动，简直就是给了德军天赐良机。由于英军坦克已经超出了37毫米反坦克炮的射程，那场战斗于是就变成了88毫米火炮的单独表演。德军反坦克炮手热心地提议：“采用点射的方式，瞄准了，再慢慢打”。

而英军在确定附近除了那辆掉队的坦克外再也没有德国坦克后便发动了引擎，准备继续前进。只不过，已经太晚了，88毫米火炮精准而猛烈的炮火纷纷落在英军坦克的周围，英军的偷袭行动就这样胎死腹中了——他们丢下几辆被击毁的坦克，无奈地撤了回去。他们万万也没有想到德国的反坦克炮居然会有这么大的威力以及这么远的射程。

据说，一名被俘虏的英国军官曾恳求说：“请允许我去看一看到底是什么新式武器击毁了我的战车”。德国人答应了他的请求，并把他引到了88毫米高射炮跟前。还没等德国人开口，这位英国绅士就狂怒地吼道：“这不公平，你们怎么能用高射炮打坦克呢！”

我想，这位绅士一定没有读过《孙子兵法》，战争，从来都没有规则！只有胜利是唯一的目标！

第六节
反败为胜

这是一场短促但激烈的遭遇战。

交火时间很短，但足够紧张和危急，其重要性也足够载入史册。

隆美尔一直站在前沿阵地上指挥。在激烈的交火中，弹片、子弹，在他身边飞舞，可他却奇迹般地毫发未损。当英军攻势退却、德国士兵刚刚松一口气的时候，隆美尔的副官——莫斯特中尉突然倒在隆美尔身旁不到一米远的一门20毫米高射炮的射击位上。他受了致命的重伤，鲜血从嘴巴里流了出来，还没等到军医赶到，就死在了隆美尔的怀里。

这个小伙子也许早就受了重伤。但是，他却不肯叫出声来，他一直坚持在自己的岗位上，直到生命的最后一刻。

莫斯特中尉在隆美尔担任第7装甲师师长以来，就一直是他的副官。在给妻子的信件中，隆美尔写道："这个年轻小伙子的死亡，真的使我悲痛到了极点。"

不过，现在的情形还容不得隆美尔去缅怀"故人"。这一场攻势，是盟军在被合围之前作的最后一搏。虽然他们损失了将近30辆各式的战车，但依旧士气高昂，还井井有条地计划着下一轮的进攻，他们似乎要与德国人拼个鱼死网破才肯罢休。

德国士兵这时才发现，英军是比法军更加难缠的对手。要是换作法国人，早就该全跑光了。隆美尔在他的望远镜中看到：英军正在迅速地重新集结部队，他们似乎是要等炮兵赶上来后再次发动攻势。

这下可糟糕了，隆美尔匆匆构建起来的临时阵地是承受不起新一轮炮袭的。事实上，盟军的炮袭以及空军的轰炸正是隆美尔眼下最担心的问题——如此裸露的阵地，简直就是活靶子。

隆美尔立即下令，让士兵们继续加深掩体和散兵坑。那些在战斗空隙抽空吃晚饭的士兵不得不放下还没吃完的面包和腊肠，参加到紧张的挖掩体的行动中去。德国人如此紧张地做着准备，而盟军那边却仍然一片静悄悄，这让隆美尔更加坚信了自己的判断——英军一定是在等待自己的炮兵部队。

实在是没有办法了，隆美尔只能使出最后的撒手锏——求救。

21 日晚上 8 点，天色已经暗了下来，双方都在积极地准备着下一次会战。在德军阵地上，铁锹撞击石头和泥土的声音就一直没有停止过，而盟军战线上，却是让人不安的宁静。

突然，盟军战线的后方传来了激烈的枪炮声。偶尔升空的照明弹，让整个阿拉斯城郊的夜空亮得如白昼一般。

隆美尔千呼万唤的援军终于赶到了。

上文曾提到第 25 战车团在北方援助第 5 装甲师作战，并不在隆美尔的控制范围之内。但随着德军后续步兵源源不断地赶到，第 5 装甲师的压力便逐渐减小了。所以，第 25 战车团就能被及时地抽调回来了。

第 25 战车团团长——隆森堡上校在返回的路上不停地询问师部的战斗情况。他很着急，因为如果没有战车团的支援，第 7 装甲师的实力连普通的步兵师都比不上。不过，隆美尔却很冷静。对于隆美尔来说，守住阵地只是下下策，他要反败为胜。

在来往的电报中，隆美尔命令："隆森堡上校的战车团，一定要静悄悄地从盟军的左翼，偷偷地绕到他们的侧面和后方，对当前的敌军予以夹击。"这就需要花一些时间，还要冒着被敌人发现的危险，但隆美尔还是决定赌上一把。

事实证明，隆美尔的赌徒式的战术获得了决定性的成功。盟军的指挥官毕竟是太死板了，他们难道不知道自己所面对的敌人是一个装甲师吗？既然这个装甲师的坦克一直都未曾现身，他们就不会用大脑去想一想，敌人的坦克到底躲哪去了？难道他们不懂得派出一支侦察部队到附近去侦查一番吗？他们自己都知道派坦克偷袭，为什么就不会想到对面的部队也许会偷袭自己呢？

不管怎样，可笑的是，盟军就是没有发现偷袭的部队。

这应该是一件很讽刺的事情，一开始，盟军就想绕到德军的后面去搞偷袭，结果到头来，却被德军包了饺子。当隆森堡上校的战车团突然出现在盟军背后的时候，盟军坦克正背对着战车团，整整齐齐地排成一排，像一块肥肉一样，等待着战车团的炮火。

法国人永远都是现实的，他们一看见德军出现在自己背后了，便纷纷丢下武器，抛弃了他们的英国朋友，四散逃命去了。英军则想继续坚持下去。这场战斗的细节，我不得而知，我也没有任何关于这场坦克会战的详细资料，但就隆美尔的记载来看，这是一场恶战，一场坦克与坦克互相厮杀的狠战。

虽然这场战役在大多数人看来是不值得一提的，因为，这场战役与后来东线的坦克大会战比起来，简直是小巫见大巫。但这是二战史上的第二次坦克大会战，并且对法兰西的灭亡起到了决定性的作用。最终，德军获得了胜利，但伤亡不轻，第 25 战车团几乎损失了自己全部最好的战车，即 3 号和 4 号坦克（损失了 6 辆 3 号坦克，3 辆 4 号坦克，以及一些轻型战车）；而盟军损失了 7 辆中型坦克和 6 门战防炮，以及大量的汽车和马匹。

战争进行到这个阶段，英军士兵的作战意志要远远地强于法国士兵。可能这也是法国最终灭亡的根本原因——军无斗志！在法国士兵溃散而自己又被德军偷袭的情况之下，英军还能予以德军如此沉重的打击，并能够全身而退，没有遭到全歼，由此可见英军士兵的顽强。德军因为损失惨重，被迫放弃了追击。

21 日晚上 9 点左右，战斗停止了。隆美尔应该是最激动的，他冲到双方阵地中间，借着并不算明亮的月光，在下午激战的战场上，认真巡视着被 88 毫米高射炮击毁的盟军坦克。

他到底看到了什么，我们不得而知，但我们知道，在一年之后的北非，隆美尔还要用这种火炮让英国人吃上更大的苦头。他的名字，也与这种火炮紧紧联系在了一起。

此时，阿拉斯的局势已经完全恢复了正常。虽然这次盟军反攻的规模不大，但却着实把德国人吓了一大跳。

希特勒得知骷髅师被击溃、第7装甲师遭到袭击之后，曾长时间地盯着阿拉斯周围的地图一言不发，直到传来消息称“盟军的攻势已被制止住了”，才恢复了正常。希特勒应该是很郁闷的，5月20日他刚刚宣布法国已被击败，21日，英国人就以这种方式，狠狠地给了他一记响亮的耳光。

而且，陆军统帅部也慌了神，A集团军群总司令隆德斯泰特上将后来回忆说：“当我们部队刚刚到达海峡地带的时候，突然发生了一个紧急的情况。英军在5月21日，从阿拉斯向南发动了一次反攻。在当时的情况下，我们很害怕，我们的装甲师在步兵师尚未能跟上之前，曾被敌人切断了联络。而法军的反攻则没有一个具有这样的严重性。当时在A集团军群司令部做客的一位上将曾惊慌失措地表示‘一定要等到情况完全弄清楚了之后，才能再次采取行动。’我们所熟悉的那位谨慎的克莱斯特上将，则不停地给古德里安施加压力，让他老实点儿，乖乖地待着别动。”

其实，当隆美尔遭到袭击之后，古德里安曾提出了一个大胆的军事计划，请大家注意这个具有远见性的军事计划。该计划原文是这样的：19装甲军转向北面，朝着布洛涅、加莱和敦刻尔克前进。

请大家格外关注一下提到的最后一个地点，那是第二次世界大战中最著名的地点之一——敦刻尔克。

有一位著名的军事家曾经说过：“战争中的胜利者，肯定是犯错误最少的那一方。”

最开始，我不理解这句话，也不理解这句话所要表达的涵义。在我印象中，胜利者总是高人一筹。就像诸葛亮，稳坐大帐中灵机一动，就能把敌人打得丢盔卸甲，狼狈逃命；或者就像拿破仑，只要他在战场上，敌人永远也不可能战胜他。胜利者，应该是不会犯错误的。

但是，当我了解了军事，了解了战争的性质之后，才逐渐发现，这句话是有道理的——“战争史”，其实就是一场“犯错史”。交战的双方一直都在不停地犯错。有的错误，也许是可以挽回的；而有的错误，是不可挽回的，甚至是致命的。因为，在晦暗不明的战局中，交战的双方并不像我们这样可以借助大量的书籍以及资料，把局势看得那样清晰、明朗。甚至有时候他们连敌人是谁、会在什么时间出现，都不知道。

比如，阿拉斯战役中，隆美尔就曾把他的敌人估计成了英军的5个师。在隆美尔的报告中，他惊呼道："强大的5个盟军师，正在向我们阵地发动猛烈的进攻。"

可笑吧，像隆美尔这样著名的将领，居然能把一支七拼八凑、不足2万人的盟军士兵，估计成了5个师、接近10万人的荒唐的数字。

可是，在瞬息万变的战斗进程中，这个数字一点也不荒唐，甚至合情合理。接到隆美尔报告的陆军总参谋部更是惊慌失措："对对对，盟军是5个师，说不定还有预备队呢。"

如果一个人具有未卜先知的能力，傻子都能当将军。

所以，在战争中，一位头脑清晰，意志坚定的指挥官，是多么难能可贵。隆美尔将军正是以他坚定的意志力，以不足1个师的兵力抵挡住了他想象中的"英军5个师"的进攻。如果换作别人，一听有"5个师"，早就吓得溜之大吉了。那样一来，战争局势又将变成什么样呢？就像法国第9集团军，眼看着德军渡河成功，便纷纷传言说"德军好几千辆坦克，已经突破了我们的防线"。于是军心涣散，战线也随之土崩瓦解。显然，这不是自己吓自己吗？

与此同时，德军也在不停地犯错。5月14日，古德里安装甲部队刚刚强渡马斯河成功，谨慎的克莱斯特上将就下达了"停止前进，掩护后续部队过河"的荒唐命令。如果不是古德里安亲自打电话给克莱斯特，并凭借自己那三寸不烂之舌软磨硬泡，最终使得克莱斯特上将改变了主意，勉强做出了"扩大桥头堡阵地，允许再进攻24小时"的决定，那么，战争局势又将是什么样呢？

而且，因为这个荒唐的命令，德军实际上已经延误了战机，许多德军部队接到命令之后，就停止了攻击。等到5月15日，攻击再次发起的时候，一天的时间已经被浪费掉了。

可是，盟军呢，他们不但没能抓住德军停止进攻的机会加固一下自己的防线，反而不断地用自己手中那本来就不宽裕的预备队，徒劳地发动一些规模很小的反击。这些小小的反击不但没能把德军赶过河去，反而搞得自己筋疲力尽，消耗了自己的作战能力。也就是说，德军的这个错误命令由于英军应对不当，反而变成了正确的命令，让盟军提前消耗掉了自己的力量，等到德军发动进攻的时候，筋疲力尽的盟军战线便一触即溃了。

这是不是就印证了那句话“战争中的胜利者，肯定是犯错误最少的那一方。”德军犯下的错误由于被盟军更大的错误所抵消，反而取得了胜利的结果。

德军的错误不只是这一次，接下来，他们再一次犯错了。5 月 17 日，希特勒和克莱斯特再次下令“停止进攻”。这个命令逼得古德里安差点辞职，幸亏老奸巨猾的隆德斯泰特上将从中作梗，想出了一个“侦查搜索”的新名词，瞒着希特勒，偷偷地继续进攻，丝毫未给盟军喘息的机会。

5 月 20 日，“侦查搜索”的古德里安便拿下了亚眠，切断了北部盟军的最后交通线。20 日夜，一支德军先头部队就已经冲到了海边，并特有诗意地向古德里安报告说：“我们已经听到了海水的涛声，闻到了海风中咸咸的味道。”（这个指挥官一定是个诗人）

这个时候，德国人完全可以高呼“胜利万岁”了。他们仅用了 10 天时间，就前进了 400 多公里，一口气从国境线打到了英吉利海峡。法国北部的 75 万盟军将士，已经全部落在了这个巨大的包围网中，这个“大网”已经合上了口子，接下来，就等着瓮中捉鳖了。

德国陆军总参谋部更是喜气洋洋，一片欢呼。他们仅用了 10 天时间，就取得了第一次世界大战中用了四年时间仍然无法取得的成就。

不过，在如此明朗的战局之下，德国人又开始犯错误了。而且，这个错误似乎是不可弥补的，而那个犯错误的人，似乎已经下定决心，要来个“一错到底”。

就在古德里安已经闻到了海水的味道，准备向那个名不见经传的法国港口城市——敦刻尔克进军的时候，德国人的错误又一次出现了！

·第六章·

魂系敦刻尔克

第一节
"发电机"计划（一）

作为后来人，我们可以纵观历史，所以，我们能够清楚地看到有些错误到底有多严重。

可是，作为"身在此山中"的当事者，又有谁能够明白自己在当时所做的决定到底是对是错，到底错得有多离谱呢？

希特勒现在就是处于一种"云深不知处"的局面之中。希特勒一直不希望与英国展开全面的大战：一是他忌惮英国的海军；另外，在希特勒眼里，欧洲大陆才是他的目标，至于作为岛国的大不列颠，却并不重要！

他明白，英国更重要的不是本土，而是那些布满了全世界的殖民地。如果英国灭亡的话，那受益者绝对不是自己，而是东方的布尔什维克政权——苏联，以及日本和美国这些有制海权的国家。

所以，在装甲师部队眼看就要全歼英、法联军的时候，希特勒又一次越过陆军总部对装甲师部队下达了一个命令！

其实也没什么，只不过是一个与往常一样的命令——停止进攻。（这个命令是 5 月 24 日由德国最高统帅部下达的）

这似乎是一件很烦人的事情，整个法兰西战役，在短短的十来天的时间里，在整个德军高层，讨论得最多的问题就是，"停止进攻、继续进攻、停止进攻、继续进攻……"简直没完没了，幸亏前线的古德里安和隆美尔这些将军们，能够根据战局自发行动，否则，法兰西战役的结局如何，还真是难以预料！

这次的"停止进攻"的命令，来得相当蹊跷。上两次，还可以理解为

“元首担心盟军的反击”。而现在呢？盟军早已在阿拉斯地区被隆美尔狠揍了一顿，狼狈地败了回去。北部盟军也因为交通线被切断而失去了补给来源。盟军的最终崩溃似乎只是时间的问题了。

虽然包围圈中的盟军在5月19日—22日曾不断发起进攻，企图冲破德军的战线，杀出一条血路，与南部的法国生力军会合，但是，由于缺少必要的配合，某些部队尚未发动进攻就被隆美尔右翼的第5装甲师一一击败。特别是随着德军后续部队的陆续赶到，这个包围网越缩越紧，越缩越小了。

最终，盟军被压制在敦刻尔克港周边的滨海地区，德军从四面八方围了上来。整整3个集团军，70万盟军士兵，在这个长30公里、宽20公里的狭小地带中苦苦挣扎。这些几近绝望的盟军将士已经丧失了继续战斗的勇气，却又不甘心做德国人的俘虏，他们背后就是大海，无路可退，只能像没头苍蝇一般到处乱窜，游荡在敦刻尔克市区内的大街小巷中。

在敦刻尔克会战的过程中，英国人还干了一件非常“伤天害理”的事情——擅自撤退。他们撇下那些尚在苦苦支撑的法国盟友和比利时盟军，单独从一些战线上撤了下来。最开始，法国人对英军的做法嗤之以鼻，“哼，背后就是大海，再怎么逃命也是死路一条”。

但是，憨厚的法国人万万没有想到的是，英国政府早已准备好了从大海逃离的船只，准备从海上把英军撤回英国本土。

英国把撤退行动命名为“发电机”计划。他们偷偷地背着法国盟友，在英国各大港口集结了英国东部海岸全部可用的船只，这样，一旦陆路突围无望，他们就可以随时从海上逃跑。就像中国的那句俗话，“贫道不死，死道友。”

可是，英国人仍然迟疑不决，他们依旧抱有从陆路突围的幻想。但，仅仅是德国的装甲师他们就已打不过，而现在，德国的步兵师也已经投入到战斗中，面对越来越强大的敌人，英国人还幻想着突围成功，这简直是天方夜谭。

但是，德国人给英国创造了条件。5 月 24 日，德国最高统帅部下达了那个“一错到底”的命令——停止进攻，A 集团军群各部队必须停在一条被称之为“阿河”的运河线上，禁止渡过这条河。

就像开头说的那样，这个命令来得相当蹊跷。德国最高统帅部连“停止进攻”的理由都没有宣布。古德里安后来曾幽怨地发牢骚说：“由于没有理由，我们连辩论的机会都没有”。也就是说，最高统帅部都不解释一下，部下当然连反驳的机会都没有。而且，最要命的是，这个命令最后的署名是——阿道夫·希特勒。

天不怕，地不怕的古德里安，唯独对希特勒敬畏有加。他不但乖乖地把部队停了下来，还专程跑到前线，视察自己的部队是否执行了命令。当他看到党卫军的某个师仍在拼命进攻的时候，他发火了，怒斥该师师长为什么不服从命令。

古德里安态度的转变，让人相当诧异。因为在一个星期之前，克莱斯特上将曾为了古德里安不服从命令一事，当场在飞机场出言不逊。可现在呢？古德里安好像突然从一个“问题男孩”变成了“三好学生”。

古德里安在他的回忆录中曾一再提到最高统帅部的两位头脑人物——凯特尔和约德尔将军。他惋惜地说，这两位将军实乃两位道德高尚的人，可惜的是，却受到了希特勒魔力的“催眠”，盲目地屈服于那位大独裁者的淫威之下，时间愈长，就愈不能自拔。

可惜的是古德里安自己也受到了希特勒不同程度的“催眠”，只不过他自己并未察觉罢了。

古德里安，这个几乎敢于违抗一切命令的军人，这一次，被彻底地招安了，屈服了——屈服于那个所谓的“元首命令”。19 装甲军奉命停在了敦刻尔克城外 15 公里远的“阿河”河畔边上，由于对岸没有炮火打来，他们甚至能看清敦刻尔克的塔楼——宁静的塔楼。战线的两端，是令人不安的平静。

各师的师长更是摸不着头脑。他们很清楚，盟军许多部队仍在撤退之中，并未完全抵达敦刻尔克港。也就是说，他们费不了多少手脚，便可趁着盟军立足未稳，将敦刻尔克拿下。为何不让他们将可供盟军逃往英国的最后一个港口攻下呢？

敦刻尔克

5 月 25 日，希特勒停止进攻的理由的小道消息传来了——要让装甲部队休整一番，以便更加协调地进攻。这简直是让人哭笑不得的理由，A 集团军群又不是来敦刻尔克搞阅兵的，进攻是否协调有那么重要吗？战争，胜利是唯一重要的事，至于形式是漂亮还是丑陋，那根本不重要。

这一次，希特勒也学聪明了，他生怕不听话的陆军又想出一个譬如“侦查搜索”那样的新名词。于是，希特勒派出了自己的心腹——凯尔特将军，乘飞机赶往勃劳希契元帅的指挥部，美其名曰“代理元首来视察”。实际上，凯尔特将军抵达伊始，就像门神般地立在陆军总司令的指挥室里，密切监视勃劳希契元帅的一举一动。

被逼无奈之下，勃劳希契元帅只得以陆军总司令的名义偷偷地下令，

“继续进攻，拿下敦刻尔克港。”这个性格有些软弱的总司令似乎是铁了心要与希特勒那发神经的命令抗争到底。

可是，A 集团军群总司令隆德施泰特上将私自把这条命令扣了下来。请大家注意这条关键的线索，因为隆德施泰特上将这个小小的举动将对德军今后的行动起到不可估量的影响。这个命令没有被执行，德国装甲部队仍旧处于瘫痪状态，停在那条后来被称为“坟墓线”的地方。

不过盟军并未抓住这个良好的时机。实际上，丘吉尔的“发电机”行动仍在准备之中。这很符合英国人的性格——他们连撤退都是不慌不忙的，简直就是不见棺材不掉泪的典型。幸亏德国人发了神经，不然，他们将是全军覆没的结局。

奉命撤退到敦刻尔克的盟军将士也是一脸茫然。按理说，到了这步田地，只能立即动用海军，从这个港口撤往英国本土。可是呢，海面上空空如也，连一片木板都没有。

丘吉尔后来的解释是，我们还没有做好准备。

实际上，5 月 20 日“发电机”行动就已经被提上日程，英国东部各港口的船只已经开始集结，虽然数量不多（83 艘）。但是，这个数字每一小时，甚至每一分钟，都在增加。英国人似乎非得等到计划中的全部船只到齐之后，才肯展开救援行动。

于是，战场上就出现了令人惊奇的一幕——德国人放弃了进攻，英国人也不知所措地待在海边，不知如何是好。在 5 月 24 ~ 26 日，整整两天的时间里，双方就这样茫然地僵持着。

这个僵局，将由我们熟悉的“喜剧演员”戈林元帅打破。

那天早上，陆军停止进攻的命令很快就传到了戈林元帅的耳朵里，戈林将大手往桌上一拍，“这是空军的特殊任务！”他高喊道。“我必须立刻给元首说说。给我挂电话！”片刻后，他便向元首无条件地保证，光凭空军的力量，便能将受困的盟军残余部队消灭。他还添油加醋地说道，他那遮天蔽日的空军，会把盟军的任何救援行动击得粉碎，前提条件是，陆军的坦克和步兵必须后撤，以免被自己的炸弹炸中。

看来，戈林元帅挺有“爱心”，他的空军扔的莫非是原子弹？（能把相距 15 公里远的友军炸中，不是原子弹是什么。）

戈林的建议却让希特勒相当动心。对于这个独裁者说来，陆军的迅速行动几乎变成了不祥的事情，因为他缺乏军事训练，一点也不了解这一行动究竟有多大的危险性。他常常处于忧虑当中，他害怕盟军会出其不意地从南方发动一个“大反击”，就像阿拉斯战役一样。

戈林很了解他的元首。这个好大喜功，想把最终的胜利果实收入囊中的空军元帅，就利用了希特勒的这种忧虑情绪，向希特勒建议单独用他的空军来收拾这个大包围战的残局。他提出这个建议，有一个理由，这个理由说明了野心勃勃、不择手段的戈林的特性。陆军作战一帆风顺，全世界媒体的目光都聚集在“战无不胜”的德国陆军的身上。在德国陆军后面，疯狂地跟着上百家世界各大媒体。而戈林的空军呢，一点荣誉都没获得，沦落成陆军的陪练。所以，他要抓住这个机会，让自己的空军，在整个世界面前，获得成功的荣誉。

戈林对希特勒强调说：“快要到手的伟大胜利，如果被陆军将领把功劳抢去的话，那么，元首在国内的威望就会遭到无法弥补的损失。只有一个方法可以防止这一情况，”他提高嗓门，“那就是由空军，而不是由陆军来完成决战。”挂断电话之后，戈林还不忘记对身边的参谋人员继续吹嘘道：“陆军历来想当君子。他们把英国人包围起来，又想尽量少伤害他们。”

反正不管怎么说，希特勒完全同意了戈林的请求，批准由空军来消灭残敌。接到这个命令后，约德尔讽刺地说，“戈林又在那里夸海口了！”然后，他便与戈林的参谋长通话，为此事做出必要的安排。

为了此次“伟大”空战的成功，戈林准备了将近 3000 架各式战机，开始持续不断地对敦刻尔克港发动空袭。不过，戈林吹嘘的所谓“遮天蔽日的空军”取得的战果实在有限。因为，空军丢下的炸弹往往会钻进沙子里，在地下很深的地方才会爆炸，而炸弹的杀伤力是取决于爆炸时所产生的破片的多少。可是，这些破片被沙层阻挡，根本炸不开，完全发挥不了杀伤力，除了在沙滩上到处打洞之外，简直毫无战果可言。

发展到后来，海滩上的盟军士兵也学会了一招——每当德国空军来袭之时，他们就平躺在沙滩上。这样，德军投下的炸弹除非在身边爆炸，不然，根本无法击伤哪怕一名士兵。与此同时，英国本土空军也全体出动，有力地抗击了德军的空袭。

而且，由于敦刻尔克靠近英国本土，英国战机能够以最快的速度赶到港口上空，并能够长时间地盘旋在空中，为陆军提供掩护。德国空军却做不到这一点，短腿的“斯图卡”更是做不到这一点，“斯图卡”的最大航程拼了老命也只能提升到1000公里，而德国边境到达敦刻尔克港的距离就有400多公里。德国空军基地也不是全部修在边境上，算上返航的汽油，德国本土机场起飞的“斯图卡”能在敦刻尔克上空盘旋十分钟就算很不错了。出现的情况往往是这样的——德国轰炸机刚投完炸弹，在返航的途中，英国空军就来了，而斯图卡呢，由于急着返航，早就不见了踪影。

我们再来看看丘吉尔老先生对于空战的描述，原文如下：

> 英国和德国的空军水平在这里直接受到了考验。英国的战斗机队尽最大的努力在战场上空不断巡逻，与敌人殊死战斗。它们一次又一次地冲入德国战斗机队和轰炸机队，予敌机以重创，把它们打得七零八散，（将它们）逐出（敦刻尔克港）上空。天天都是这样战斗，一直到皇家空军获得光荣的胜利为止。无论在哪里遇着德国飞机（有时德机一来就是四五十架），都立刻向它们展开攻击，往往我们的一个中队或者不足一个中队的飞机，便打下几十架敌机，敌机的损失不久就达到几百架之多。我们最后的神圣的后备军——首都空军部队也全体出动，投入到战斗中。战斗机的飞行员有时一天出击四次，战果很显著。
>
> 有趣的是，在海滩上的盟军部队很少见到空战场面。因为，战斗时常是在几里以外或云层上空进行的，他们一点也不知道空军使德国人遭受到了重创。他们能感觉到的，只是敌机不停地向

海滩投下的炸弹。

德国空军的投入与战果不成正比，但丝毫也未影响到戈林元帅热情高涨的情绪——他乐颠颠地跑到希特勒的指挥部吹嘘说："空军已摧毁了敦刻尔克港，只有鱼儿才能游抵彼岸"。接着，他还不忘调侃英国人一番，他说道："我希望英国士兵个个都是游泳能手。"

不仅是戈林在吹牛，丘吉尔的牛皮也吹开了。他宣称，英国皇家空军每天都能打下 100 多架德国战机，而双方的损失比是 1：4，甚至 1：5。也就是说，1 架英国飞机平均能打下 4—5 架德国战机。可我总觉得丘吉尔的牛皮吹得太大，德国空军又不是纸糊的，每天打 100 架？估计要不了几天工夫，戈林这位空军司令就该成光杆司令了。

不过，德国空军的实际损失也着实不轻。在"大空战"的前两天，他们就损失了 110 架各式战机（由于资料的互相冲突，这个数字是我推算出来的，只供参考）。德国人还惊奇地发现，他们一直都引以为傲的"斯图卡"，根本就不是英国空军的一款新型"喷火式"战机的对手。并且，这款新型战机的飞行速度之快，几乎是"斯图卡"的一倍。（喷火式最高飞行速度为 657 千米 / 小时，斯图卡则为 383 千米 / 小时）

这些小小的"喷火式"飞机时常采取的战术是——在密集的德国机群中来回穿梭，专门追着飞得慢的德国轰炸机一阵猛攻。而"斯图卡"呢，只能老牛拉破车似的，跟在英国战机后面徒劳地追逐。并且，这样的追逐战斗持续不了几分钟，"斯图卡"就会因为油料告竭而被迫返航。

更倒霉的是在返航途中——英国战机会在很短的时间之内集成战斗编队，对德国轰炸机群发动第二轮攻势。由于油料的关系，"斯图卡"无法回航与英国战机做更多的纠缠。德国空军将士的郁闷程度可想而知，简直无法用语言来形容——他们只能眼睁睁地看着自己所要护航的轰炸机，拖着一股浓浓黑烟，直直地向下方坠去。

空军的巨大损失让戈林元帅坐不住了。他本想吹吹牛，风光风光，结果却是这样一个结局。可是，他又是一个爱惜面子的人。他总不可能跑去对希特勒说，“老大，我不行了，我先闪了啊。”于是，这位“天才喜剧演员”那高达138的智商（爱因斯坦智商146），充分发挥了作用。他灵机一动，立即宣布说：“由于大部分德国本土机场以及敦刻尔克港遭受了罕见的大雾天气，德国空军被迫停飞3天。”这简直是在胡说八道，谁见过3天都不散的大雾？再说了，伦敦是著名的雾都，那里的英国皇家空军都在坚持作战，你戈林还好意思说雾大？

不过，希特勒依旧盲目地相信他的空军元帅。他对空军停飞一事并未发表任何意见。可是，戈林的笑柄很快就在陆军之中传为“美谈”。对于大多数陆军军官来说，前几天还在希特勒指挥部里趾高气扬的戈林元帅，早就神奇般地消失得无影无踪了。

空军溜了，陆军的问题又接踵而来。

实际上，自从希特勒发布那个命令开始，陆军总司令勃劳希契元帅就怨气冲天。他始终没搞明白，元首为什么会在如此关键的时刻，突然下令停止进攻呢？

而且，“让部队休整再战”的理由也太不靠谱了。再说了，他乃堂堂陆军总司令，他的陆军是否应该休息，也轮不上你个小下士来操心吧？据哈尔德事后回忆，5月25日，“勃劳希契和元首之间，在包围战的下一步行动的实施方案上，就发生了令人痛心的争吵”。哈尔德早已对这种争吵习以为常，他一边听，还一边偷偷地写日记，并对每小时所发生的变化，做出简短的记录与评述。

希特勒继而又抛出了一个新的论调，一个足以让在场所有人都吐血的论调。希特勒宣称，他下令停止进攻的原因之一是：“他特别想让一个党卫军精锐旅，参加在敦刻尔克的这个具有历史意义的行动。他要向世界表明，他拥有一支精良的，靠纳粹思想武装起来的，可以跟英国这样优秀的种族决一雌雄的军队。”（这个党卫军旅叫作阿道夫·希特勒元首警卫队。在希特勒看来，以他名字命名的军队，如果能在战场上获得荣耀，毫无疑问，对于他的虚荣心来说，是一种彻底的满足。因此，他愿意等下去。）

第二节
“发电机”计划（二）

5月25日夜（也就是希特勒与他的陆军总司令争吵不休的当天晚上），在法国南部，继阿拉斯反击战之后，盟军又集结了一只七拼八凑的部队，发动了一次救援行动。他们沿着松姆河北上，与外围的德军展开激战。而包围圈中的盟军，也以英国的两个师作为先锋，从敦刻尔克向南进攻。

看来，盟军指挥官们依旧还抱有从陆路突围的幻想，他们期望通过内外夹击的方式，打开一条突围通道。

可是，他们的装甲部队实在太少了。特别是包围圈里的英军，虽然他们还剩下大量的坦克，但他们没有汽油。在反攻之时，他们只能用步兵发起冲锋——就像第一次世界大战那样，在吹着口哨的指挥官带领下，端着步枪的英国士兵，盲目地撞向德军阵地——迎接他们的是坦克和大炮。在反攻不到一小时之后，英国人就放弃了这次毫无意义的突围。在这样恶劣的局势之下，若不是德军停止进攻，他们连防守都成问题，更不用说进攻了。可是，法国人却丝毫不考虑这一点，他们固执地要求英国人继续进攻，以便配合他们在外围展开的攻势。

就在双方为这个很无聊的问题争得面红耳赤的时候新的危机又出现了——比利时军队的防线崩溃了（应了那句话——祸不单行）。

准确地说，比利时军队的总崩溃是在25日夜。最初，比利时防线是和英军共同防守的。前文曾提到，22日，英国人忙着从海上撤退，便丢下了比利时盟军，全部退到了敦刻尔克，防线全部都交给比利时军队驻守。

在 25 日晚上，德国第 6 集团军失控了，他们在没接到进攻命令的情况下，就朝着比利时军队的战线猛冲而去。他们的指挥官——冯·莱希瑙将军实际上是想夺取一个叫作维茨沙特的小镇，拉长自己的战线，为以后的进攻创造条件。可是，比军哪里知道德军的意图呢？他们还以为是德军的总攻开始了。霎时间，比利时军队斗志全无，他们纷纷丢下武器，潮水般地朝着海边涌去。

当那些惊慌失措的比利时军队大批大批地出现在海边的时候，倒惹得站在海边等船的英国士兵大为惊讶，他们好奇地问道："你们怎么也来了？"

比利时人冷冷地回答说："不是我来了，是德国人来了"。

比军的"不抵抗政策"让"贫道不死、死道友"的英国人彻底无助了。因为，如果德军乘着比军防线的崩溃乘虚而入的话，别说道友了，就是贫道也跟着一起玩完了。虽然英国人一向不厚道，但是，在自己的生死面前，那是绝不含糊的。丘吉尔决定，死守敦刻尔克，比利时人跑了没关系，英国军队补上去就是了。

可是，一根筋的法国人仍旧叫嚷着让英军突围。法国人的意思很明确，老子拼了命帮助你们突围，结果呢，你们反倒不热心，进攻了一个小时就停了下来。

丘吉尔也顾不得搭理法国人的白痴要求了，他权衡了一下：突围，不一定就能获得成功，但如果不去堵塞这个缺口的话，后果将不堪设想。

既然如此，突围的事情，以后再说吧。

当即，丘吉尔就命令英国的 2 个师和 1 个军，放弃原来与法国商定好的突围计划，转身跑去堵上比军战线的缺口。

这个缺口到底有多长呢？有的说是 60 公里长，有的说是 40 公里长，说法不一。但有一点是可以肯定的，这个缺口确实很长、很宽。

可以想象一下当时的局势是多么危险：这等于只有巴掌大的敦刻尔克港外围，一条长达数十公里的战线无人防守。比利时人一点也不觉得愧疚，我们是跑了，怎么着，还不是跟你们英国人学的。

可是，丘吉尔依旧不肯认输，就像我说的那样，在自己的生死面前，英国人是绝不含糊的。于是乎，两个不满员的英国步兵师和一个被打残的英国步兵军，立即从敦刻尔克战线的另一端被抽调出来，风驰电掣地赶往这个敞开的缺口（步行军）去拯救这个危局。

其中，转移速度最快的，是一位叫作蒙哥马利的“小师长”，他在接到命令之后，就火速赶往预定阵地，准备好与德国佬死磕。在多数人看来，这些七拼八凑、少得可怜的部队冲上去也是死路一条，但垂死挣扎的丘吉尔决意孤注一掷，把一切都豁出去了！

拼了吧，不是你死，就是我亡！

蒙哥马利

此时，德国第 6 集团军的运气也好得出奇，他们的擅自进攻不但没有挨骂，反而搭上了顺风车——也就是在 5 月 26 日，希特勒最终收回了那个错误之极的命令，同意继续进攻。但有一个附带条件——不允许以敦刻尔克为主要攻击目标，并且，朝哪个方向进攻，也没有明确的指示。希特勒的意思似乎是任凭前线指挥官们自由发挥，只要不打敦刻尔克港就是了。

更可笑的是，希特勒是极不情愿的，他是在勃劳希契元帅不断催促之下才勉强答应了这次进攻。因为，前线的军官向勃劳希契元帅报告说，“在英吉利海峡，英国船只来往频繁，敌人似乎打算从海上撤退了。”并且，希特勒所苦苦期盼的党卫军——“阿道夫·希特勒元首警卫队”也抵达了前线。在这样的情况之下，希特勒已丧失了一切拖延下去的理由，只能勉强同意勃劳希契元帅的进攻计划。

可以想象，一旦接到可以继续进攻的命令，德国陆军的激动劲儿那就甭提了，他们把希特勒的指示远远地抛在脑后，倾巢出动，拼命地向敦刻尔克港挺进。古德里安更是一马当先，只用了半天的时间，就率领他的部队一口气冲到了一个叫作加莱的古城墙下面（熟悉诺曼底登陆战的朋友应该对这个港口城市不陌生吧）。大量的盟军士兵就盘踞在这个港口内，准备与德军拼死一战。

虽然，加莱距离盟军的核心防线较远，不利于防守，盟军也曾计划放弃这座城市，但丘吉尔却清楚地意识到了这座城市的重要性。他决定把这座城市当成一个堡垒，因为，这座城市的地理位置虽然看上去像是一座孤城，但却是一条通往敦刻尔克的要道。如果加莱失守，敦刻尔克港将会受到直接威胁。所以，丘吉尔命令“必须死守加莱，不准守军从海路或者陆路撤退。”也就是说，他准备要牺牲掉这些部队，来为敦刻尔克的总撤退赢取时间。

英国陆军大臣和帝国参谋总长，在接到如此疯狂的命令之后，震惊得说不出话来。但他们也清晰地认识到，这个看似疯狂的决定，却是避免覆没或投降的唯一希望，他们毫不犹豫地就同意了这一令人痛心的决定，当时几乎是闭着眼睛在决议书上签上了自己的名字。丘吉尔后来激动地写道：为了争取两天或三天的时间，竟要牺牲这些经过训练的优良部队，实在令人痛心；这样优秀的部队我们是很少的……

为了稳定军心，丘吉尔信誓旦旦地向这里的守军保证说，等到敦刻尔克的部队安全撤离之后，就会立即派遣船只，接送你们回国。而事实上呢，丘吉尔在发给尼科尔森准将（加莱城最高指挥官）的秘密电报中，他是这样说的：

“你们继续坚持战斗的每一个小时，都对英国远征军有着莫大的帮助。因此，政府决定，你们必须战斗下去，直至最后一人。对你们坚守阵地取得的辉煌战绩，表示最大的赞扬。原计划撤退之用的舰船将全部返航，前往敦刻尔克。”

“帝国瞩目加莱的保卫战，以英王陛下为首的政府深信，你和你英勇的将士将完成一项无愧英国名声的重任。”

在丘吉尔看来，在他的祖国陷入绝境的时刻，以牺牲掉几万士兵的生命为代价，来拯救几十万士兵的生命，甚至一个国家的命运，是值得的。

并且，他将来也会这样做的！

毫无疑问，丘吉尔首相是做好与德国人玩命的准备了。按理说，留下来当替死鬼的部队，自然是越少越好。试问，谁愿意眼睁睁地看着自己的子弟兵白白送命呢？

可是，丘吉尔却不这样认为，他担心加莱的部队太过于薄弱，无法抵挡德军的攻势。他甚至决定，只要加莱——敦刻尔克交通线还未被完全切断，就得不停地把部队源源不断地运进去。对丘吉尔来说，加莱城是一座堡垒，大堡垒。

经过丘吉尔的不懈努力，5 月 26 日古德里安兵临城下的时候，盟军就已经在加莱城内集结了一支 2 万多人的部队。其中，英国士兵 3000 余人，剩下的是仍然被蒙在鼓里的法、比联军。很明显，英国人打算把这些盟友拖来当垫背的。另外，他们还有接近 50 辆坦克和近百门大炮。英国海军部还计划：一旦加莱城的陆路被切断，英国海军就可以通过鱼雷艇来运送物质——反正制海权在自己手上。

丘吉尔思路很明确，他说，“你们的食物装备、武器弹药，统统管够，只要能守住 2 ~ 3 天，就算功德圆满。”

盟军大规模的调兵行动自然逃不过德国人的眼睛。对于古德里安来说，攻坚战太没品，太残忍，也不符合自己的战争艺术！最终的结果只会是两败俱伤。而且，盟军现在已经丧失了一切胜利的希望，刀光剑影、血流成河的僵持，有什么意义呢。

于是，“本着人道主义精神”的古德里安在攻城之前，给尼科尔森准将写了封信，要求谈判。请注意这个词——谈判。

可是，当尼科尔森准将拿到这封信的时候，他的鼻子差点没气歪了。因为在这封中，通篇都未见“谈判”字样，它的主题只有 6 个字——要求英军投降。

这叫谈判吗？分明就是劝降嘛。德国人太不厚道了，敢这样忽悠我们。

气急败坏的尼科尔森给出的回信很简短，观点很明确——不，英国陆

军的责任是要打得和德国陆军一样好！（事实证明，这是一句相当无厘头的话）

谈不拢，那就只能开战了。

加莱战役具体过程如下：

> 5月26日正午，德军开始攻城，历经3小时，战斗结束。19装甲军下辖第10装甲师攻占加莱，英军投降。
>
> 很简单，结束了。具体的战斗过程就是这么简单。口口声声要与德军表现同样优秀的英军，抵抗了这么短的时间，就投降了。着实让所有人大跌眼镜。而德国人呢，仅仅付出了伤亡不到100人的轻微的代价，就抓获了2万多名俘虏，真是赚大发了。

我们来看看受了委屈的英国人为自己的辩护，因为，他们的理由是很充分的——手上没兵。

唉，不是有2万士兵吗？怎么能说手上没兵呢？

这就得从丘吉尔的那封秘密电报说起了。这封电报的内容，上文已经提到。我对这封电报的评价是——厚黑学的典型案例。

可是，偏偏如此隐讳的电报，不知什么原因，居然被盟军士兵们所知晓。这下，问题可就闹大了。试问，精明的法国人能答应这样的条件吗？

法国兵虽然打仗的功夫一塌糊涂，但闹事的功夫，那却是世界一流的，颇有些兵匪的味道。他们抗议说，凭什么让我们留下来当挡箭牌，为别人送命。而且，你们英国人也太不厚道了，居然欺骗盟友。于是，愤怒的法国官兵私底下一合计，还是投降吧，跟着英国人混没前途，被卖了还帮着数钱。比利时士兵自然不是省油的灯，也跟着起哄，他们强烈要求给个说法，不然就跟着法国人一块儿去投降。（用这种条件威胁自己的盟友，真可谓中外战史第一例啊）

尼科尔森准将给这些兵匪的答复是相当干脆的——缴下他们的武器，

全部都绑起来！

出人意料的是，法国人不但不反抗，反而相当高兴。他们还强烈要求，最好把自己关起来，以免闹事。英国人想了一下，觉得很有道理。于是，他们就把这些士兵锁进监狱以及地下室里，来个眼不见为净。法国人也没觉得有什么不妥，心安理得地在地下室里等待战斗的结束。

他们心安理得是有道理的。因为，这样一来他们的小命就可以保住了。

法国兵这样一闹，剩下的3000来名英国士兵连给德军塞牙缝都不够。接下来的战斗自然毫无悬念。

我想，面对如此惨痛的战况，丘吉尔首相应该是很伤心吧。他费尽心机防守两三天的“加莱堡垒”，居然以如此戏剧性的方式，轻而易举地被德国人占领了。

现在，不见棺材不落泪的英国人总算是彻底醒了（可喜可贺）。完了，一切都完了，再不快逃，陪葬的就不仅仅是2万名士兵的问题了，而是2万的20倍。

5月26日下午6时57分（相当精准），也就是加莱失守3个小时之后，磨磨蹭蹭的英国海军部队士兵终于爆发了。他们大手一挥，兄弟们，跟我撤啊！

就这样，著名的“发电机”行动开始了。英国东部海岸数个港口的500艘大型船只，在同一时刻，扬帆起航，朝着海峡对岸不远的敦刻尔克港驶去。

但不幸的是，其中的243艘船，领取的却是单程票。

当发电机计划开始“发电”的时候，敦刻尔克的局势实际上已经尘埃落定。面容憔悴的丘吉尔曾在5月27日找到他的海军大臣，忧心忡忡地问道：“我们能从那个地方（指敦刻尔克）运回多少士兵？”

海军司令回答说：“我们最多只有两天时间，救出大约45000人；而且，这还是乐观的数字，保守数字应该是3万……”

听到这番话的丘吉尔张口结舌，目瞪口呆地盯着他的海军司令——如果说之前的他还抱有一丝侥幸的心理的话，如今，当他得知如此残忍的数字之后，无疑是失望了。可是，他又不得不承认摆在眼前的残酷事实——加莱失陷之后，只有敦刻尔克港和连接比利时边境的开阔海滩还在自己手里。这么狭窄的区域，按照德军的前进速度，是无论如何也坚持不了两天以上的。

除非出现奇迹。

5月28日一大清早，丘吉尔便前往下议院发表演说——他所要说的不仅是急事，而且，还是一个大大的坏消息。“下院”，丘吉尔低沉地说道（原文），“我只补充这么一点，在这次战争中，无论发生什么事情，都不能使我们放弃誓死保卫世界正义事业的职责，什么也不能摧毁我们勇往直前的信心，正如我们在历史上的许多关键时刻一样，我们有勇气冲破重重困难，直到最后打败我们的敌人。”

说到这里，丘吉尔顿了顿。突然，他举起右手，做拳头状，神情肃穆地继续大声说道：“无论在敦刻尔克发生了什么事情，我们都要继续战斗下去。”（省略了丘吉尔对敦刻尔克局势的阐述，只引用了最主要的地方）

丘吉尔是铁了心与德国拼到底了。他这篇演说的主旨很明确，他无疑是以一种最为高调的手段，来试探英国政府以及全国人民的抗战决心。因为，现在整个英国都在急切地关注着深陷在敦刻尔克港的英国远征军的最终命运。在这样的关键时刻，丘吉尔突然跳出来告诉他们说：你们不用再观望了，英国远征军完蛋了，毫无保留地、彻彻底底地完蛋了。因此呢，你们是打算与德国求和、赶我下台？还是陪我继续坚持打下去？

很高明，这个手法太高明了，精明的丘吉尔抓住了一个民族的尊严，来作为自己的后盾。而且，他的演说内容是如此具有爆炸性，现在敦刻尔克战役不是还没有结束吗？就说出“无论发生什么事”的悲观论调。所以，丘吉尔的演说完毕之后，整个下议院鸦雀无声，议员们都以非常诧异的眼光看着他，而丘吉尔却用一种非常坚定的眼神环视四周。

接下来的一幕，就该轮到丘吉尔惊喜了。他后来回忆说：这时，内阁成员的表现使我感到惊奇，因为，就这次聚会的人物来说，都是有经验的政治家和议员，对战争的看法，不论正确与否，观点都很鲜明。而他们却不约而同地一下从座位上跳起来，跑到我的椅子旁边，一面兴奋地高声喊叫，一面拍着我的背；尽管，这里面有许多人我都不认识……

是的，议员们都沸腾了，他们被丘吉尔那斗士般的精神所感染——大英帝国必须坚持下去，直至最后胜利。

第三节
敦刻尔克奇迹

如果您能有机会遇到一位深谙历史的法国人，或者有机会去法国旅行的话，您可以试着这样问法国人："敦刻尔克大撤退是胜利，还是失败？"

法国人肯定会这样回答你："不，这是奇迹。"

也许这就是所谓的东、西方思维差异吧。看看我们东方人的思维，大家肯定没听说过什么"平型关奇迹""台儿庄奇迹"。

而西方人呢，他们总喜欢把琢磨不透的战役说成是"奇迹"。譬如第一次世界大战的"马恩河战役"。在此次战役中，势如破竹的德军打到离巴黎仅 14 公里之遥的马恩河畔，在遭到法军的迎头痛击之后，被迫撤退。对于这次战役的过程，我前文也曾分析过，归根究底，德军的失败，是那位志大才疏的小毛奇同志篡改"施利芬计划"的结果。

但是，就当时法国人而言，他们却有足够的理由相信这是一场奇迹，是上帝在关照他们。同理，敦刻尔克大撤退在他们的眼中，也是一场"奇迹"。

当然了，敦刻尔克大撤退的成功，自然不是因为法国人比德国人更信奉上帝，更虔诚。在这场奇迹的背后，是交战双方都未曾预料到的结局。我记得，一位军事家曾这样说过：战争的最终结局，是交战双方共同缔造出来的。

如果说敦刻尔克大撤退是一场战争史上的奇迹的话，那这个奇迹的锻造者不是上帝，他的名字叫作——希特勒！

正是希特勒的"停止进攻"的命令，让敦刻尔克大撤退从一个不可能完成的任务变成了一个奇迹！

5 月 26 日，古德里安攻下了加莱，在 27 ~ 29 日两天之内，19 装甲军继续前进，并在 29 日这天的下午，占领了克洛奇高地。在这里，古德里安小心翼翼地爬上这个高地，用望远镜观察不远处敦刻尔克港的情况。

当古德里安举起望远镜的时候，这位身经百战的将领倒吸了一口凉气。他看到：数百艘英国船只密密麻麻地挤在敦刻尔克那狭窄的海面上，其中有战列舰、驱逐舰、鱼雷艇、货轮，甚至还有空油船。而盟军士兵则排成一条条长龙，开始登船撤离。

古德里安自然不肯放过这个良机。现在，他离敦刻尔克仅有一步之遥。他打算以一个装甲军的兵力，拿下这个港口。

当他跃跃欲试地准备下达攻击命令的时候，德国最高统帅部突然传来了一道令他大惑不解的命令——19 装甲军停止进攻，所有部队立即撤回，其攻势由 14 步兵军来完成。（这实在是一道奇怪的命令）

古德里安后来曾抱怨说：假使当初最高统帅部没有突然制止 19 装甲军的前进，那么敦刻尔克早就已经攻克，而胜利的成果也非现在所可比拟；假使当时我们能俘获到英国远征军的全部兵员，那么未来的战局发展恐怕也就很难预料了。无论如何，像那样一个大规模的军事胜利，足可以使外交家多了一个讨价还价的机会，不幸的是，这个大好机会却被希特勒个人的神经质弄丢了。他后来给出的理由，说因为看到佛兰德地区河流纵横，所以才命令我的装甲军不要冒险前进——这实在不是一个好的理由……

上文是古德里安回忆录中的一段叙述，可以看出，在 10 年之后，古德里安还是相当郁闷——希特勒的这个错误决定，最终导致德军错失良机。

其实，郁闷的人不仅仅是古德里安一个人，隆美尔应该比他还要郁闷。而且，隆美尔所遭遇的一切，更让人摸不着头脑。

经历阿拉斯血战之后，隆美尔的第 7 装甲师曾作了短暂的休整。由于第 7 装甲师在一系列战斗中的良好表现，一批威力巨大的 3 号、4 号坦克被补充进来，这些坦克刚从工厂里生产出来，就优先供应给了第 7 装甲师，新装备的补充使得隆美尔信心大增——第 7 装甲师的实力比开战之前还要强大。

5 月 26 日，希特勒撤销了他那道犯了重大错误的命令后，隆美尔立即挥师北进，并在当天成功强渡拉巴希运河。5 月 28 日，在第 5 装甲师的配合下，隆美尔又攻占了法国最大的工业城市——里昂。

随后，隆美尔继续前进，朝着敦刻尔克进军。就在这个时候，他收到了一道莫名其妙的命令——希特勒要求他立即回最高统帅部一趟。

希特勒的命令让隆美尔相当惊讶。是呀，谁见过战斗打到一半，突然召回前线指挥官的事情呢？而且，希特勒也没有让任何一位将军来暂时指挥第 7 装甲师。也就是说，隆美尔走后，第 7 装甲师连个指挥官都没有。

完全是群龙无首。

6 月 2 日，带着满脑子疑问的隆美尔回到了最高统帅部、希特勒的大本营——位于阿登山区的夏尔维尔。然而，希特勒见到他后问的第一句话却是“将军阁下，在你发起进攻的日子里，我们都非常担心你的安全……”

“能不这么无厘头吗？现在战斗还没结束呢，你找我回来就为了说这个？”——当时隆美尔心里一定在这么想。

更让隆美尔摸不着头脑的事情还在后头呢——在当天举行的一场军事会议上，希特勒和他的高级指挥官们开始讨论消灭法国的最后行动以及夺取巴黎的军事计划。由于隆美尔是会议中军衔最低的军官，他压根就插不上话，只能在旁边一言不发地听着——根本就没他什么事儿。

与此同时，盟军的撤退行动已经进入高潮。而隆美尔与古德里安，这两个前进速度最快的指挥官只能站在一旁，眼看成千上万的敌人从他们的鼻子底下逃回英国。

这时，德国第 6 集团军也碰上了麻烦，他们在突破比利时军队的防线之后，就遭到了英军的阻击。（正是前文提到的英军的 2 个师和 1 个军）

对于此次战斗，蒙哥马利在他的回忆录中只是轻描淡写地用了一句话作为交代：

我们顶住了敌人的进攻。

真是惜墨如金啊。

但实际上，此次战役打得相当惨烈——当蒙哥马利带领着他的第5步兵师彻夜行军，风驰电掣般地赶到预定阵地的时候，德国第6集团军实际上已经率先占领了这里。当然了，用一个师去打一个集团军的傻事，蒙哥马利将军是不会做的。于是，他命令士兵占据德军突破口的侧翼地带，用小股部队在敌人的左翼发动反击，不断延缓德军的前进速度，并致使德军无法扩大突破口。在附近露营的英国第50师的两个营也同时在德军右翼进行了反攻。

所以，尽管德军越冲越远，但他们的两翼却遭到了来自四方八面的袭击。英国军队甚至找到了比军逃跑时未来得及带走的重炮阵地，并利用那些完好无损的巨炮，拼命地向这个口袋内的德军倾泻炮弹。

就这样，德军的攻势逐渐趋于衰竭，人员的伤亡也异常惨重。27日拂晓，随后赶到的英军主力部队接防了位于正面的伊普尔——科明运河防线，堵住了这个缺口。

与此同时，在敦刻尔克周围桥头阵地的战斗也在激烈进行之中，各种各样不同的部队在这道防线里浴血拼杀。盟军甚至把那些汽油耗尽的坦克当成固定炮台，把卡车推到道路中间筑成路障。英国海军也开始发炮助威，它们在侦察机的指引之下，对着德军战线一顿猛攻。

到了现在，德国人终于才清醒地认识到，想要“继续进攻”下去实际上已经很困难了。特别是当古德里安和隆美尔的装甲部队被一纸莫名其妙的命令叫停进攻之后，德军战线根本无法连成一片，更谈不上配合进攻了。而盟军呢，他们已经构成了一条很仓促、但相当完整的环形防线。

毋庸置疑的是，英国政府将会抓住这个千载难逢的有利时机，进行更大规模的撤退行动。到那时，可以逃出生天的士兵就不仅仅只是45000人了，而是……

面对盟军大规模的撤退行动和德军的裹足不前，希特勒却一点儿都不着急，整天怡然自得，似乎这些问题与他无关一样。当勃劳希契和哈尔德拼命阻止像流水似的撤回英国的英军的时候，希特勒的反应是优柔寡断的。在这些日子里，在会议上挥舞拳头的是勃劳希契元帅，而不是他。与纳尔维克危机形成鲜明对比的是，元首没有拍着桌子大声尖叫，没有威胁恫吓，也未采取疯狂的举动去阻止英军蜂拥逃回英国，他竟破天荒地让下级去担这份重担。

希特勒现在关心的就只有一个问题，那就是——在接下来的军事行动中彻底击垮法国。他整天待在指挥部里和凯特尔商议战役第二阶段的行动纲领，代号是“红色方案”。在这个方案里，德军将从安纳河朝塞纳河下游和瑞士边境迅猛南进，目的是占领法国全境。他还当着许多人的面，大力赞扬法国士兵英勇善战。“可惜的是，”希特勒略带惋惜地说道：“法国军官团太软弱，如果法国士兵配备了德国军官，便将成为一只非常出色的军队。”

最初希特勒急切地希望意大利的几个师加入莱茵河上游6月中旬的攻势（代号“棕色方案”）。但现在这种愿望已经消失，他频繁地给墨索里尼写信，向他报告最新的胜利消息。可墨索里尼的回答只是一些礼貌性的称赞，对于将来具体参战时间，仅做有限度的许诺。

面对希特勒种种不可思议的举动，A集团军群总司令隆德施泰特上将的一位作战处长的回忆是非常有参考价值的，他曾追述说：

希特勒当时的心情很好，并且告诉我们，他认为战争在6个星期之后就可以结束。

希特勒希望战事结束后能和法国缔结一个“合理”的条约，这样和英国达成协议的道路就打开了。后来，使大家觉得惊异的是，希特勒竟用钦佩的口吻谈到大英帝国，谈到它存在的必要性，谈到英国给世界带来的文明……他说，他所要求英国的，不过是它应当承认德国在欧洲大陆的地位。德国如果能够重新获得它在一战后失去的殖民地，那当然最好不过了，但希特勒顿了顿，估计是考虑到丘吉尔强硬的态度，沉默了好一会儿才继续说道：如果英国不肯归还海外殖民地也无所谓了，他的目的是能在英国政府认为可以接受的前提下，不失尊严地与其媾和。

希特勒在接下来的几个星期中常常向他的将领们以及齐亚诺（墨索里尼女婿）和墨索里尼本人表示这种想法，并且最后公开声明了。齐亚诺在一个月以后发现，这个纳粹独裁者当时正处在成功的顶点，却反反复复地提到保持大英帝国作为“世界均势的一个因素”的重要意义，这让他不禁感到惊异。

我们再来看一看 7 月 13 日哈尔德日记中的记载，他写道：

> 元首对于英国没有接受和平感到非常迷惑不解。那一天，他对他的将领们说：“大英帝国的崩溃，对德国没有什么好处……只对日本、美国和别的国家有好处”。原因很简单，英国一旦完蛋，它的海外殖民地，肯定会被贪得无厌的日本人所占据——譬如香港、印度；美国呢，则会继承英国剩下的遗产。可是，我们德国，却什么也得不到！

因此，在希特勒的潜意识中，他早已把英国当成了自己未来的盟友，他认为英国人的血统是高贵的，换句话说，是优等民族。而希特勒最喜欢做的事情，就是给世界上每一个民族评分，并乐此不疲。一次，希特勒观看一部叫作《一个孟加拉枪骑兵的生活》的低劣英国电影，这部影片讲的是英国人在南亚次大陆称王称霸的故事。看完这部电影之后，这位纳粹独裁者激动万分，他惊喜地对身边所有人大声嚷道：“高等民族应当如此——统治劣等民族”。

对于这个半瓶子醋理论家的思维，我们还有什么可说的呢？也许，我只能说：此人已疯，鉴定完毕。

因此，有可能是希特勒把他的装甲部队遏止在敦刻尔克前面，其目的在于使英国避免一场奇耻大辱，从而促进和平解决。希特勒变态的行为，让人无从猜测。一方面，他批准戈林去轰炸被围的敌军；另一方面，他却又不采取强有力的行动，这是为什么呢？他自己的解释令人越听越糊涂。他对海军副官说，他原以为英国远征军会像在历史中所表现的那样，打到最后一兵一卒；他希望将他们团团围困，待他们弹尽粮绝时，大批俘虏他们，供和谈时使用。

但是，当英国人全部从海上逃脱，几乎没有什么英军被俘获时，他并未发怒，甚至都未发急，更没对那位夸夸其谈的戈林元帅大发雷霆。而他的和平计划，照他的说法，必须是这样的：英国让德国放心地重新掉头向东——这一次是进攻俄国。他还说，伦敦必须承认第三帝国独霸大陆的地位。在以后两个月时间内，希特勒深信，这种和平已在他的股掌之中。他坚信，在法国投降之后，英国政府就会屈服，战争贩子丘吉尔政府将会垮台，英国人将会重新恢复理性。他抱怨说："丘吉尔这个酒鬼并不理解我的积极精神，我有意在英国和我们之间制造一条可以修复的鸿沟。"

所以，他极不愿意看到自己精锐的坦克部队为这些毫无意义的战斗去做出更大的牺牲。希特勒甚至嘲笑他的将军们把在接下来的对法作战中将起到极为重要作用的装甲部队调到河流纵横的敦刻尔克是战术上的蛮干。这一点，他显然是受到了凯特尔的影响，凯特尔原来是一个炮兵连长，曾在第一次世界大战中，在敦刻尔克附近的佛兰德地区与盟军做过长期的交战。这位善于逢迎拍马的将军已经摸透了希特勒的全部心思，他不止一次地在希特勒面前大肆渲染说，"佛兰德地区河流纵横，不利于装甲部队作战"。

因此，当我们照这样的思维去理解希特勒为什么会突然下令停止进攻，并要求古德里安的19装甲军撤回，让步兵接替其战线，以及突然召回前线指挥官隆美尔将军的种种举动，就不难解释了。

就像有人说的那样：希特勒现在和过去一样，他不了解英国民族的特性，不了解它的领袖和它的人民要不惜牺牲保卫这个世界的决心。希特勒将会在自己那不可理喻的世界观面前，碰一鼻子的灰。并且，英国人也不会领他的情。

现在，是英国人的表演时间。在裹足不前的德国人面前，英国政府将会完成整个战争史上最伟大的撤退！

正如丘吉尔首相在下议院发表的演说那样：

我们绝不投降，绝不屈服。欧洲大片的土地和许多古老的国家，即使已经陷入或可能陷入秘密警察和纳粹统治的种种罪恶机关的魔掌，我们也毫不动摇，毫不气馁。我们将战斗到底。我们将在法国作战，我们将在海上和大洋中作战，我们将具有愈来愈大的信心和愈来愈强的力量在空中作战；我们将不惜任何代价保卫我们的岛屿。我们将在海滩上作战；我们将在敌人登陆地点作战；我们将在田野和街头作战；我们将在山区作战；我们决不投降。即使这个岛屿或它的大部分被征服并陷入饥饿之中，这是我一分钟也没有相信过的，我们在海外的帝国臣民仍要在英国舰队的武装保护之下，继续战斗，直到新世界在上帝认为适当的时候用它全部的力量和能力，来拯救和解放这个旧世界！

在想入非非的希特勒面前，丘吉尔那掷地有声的演说，已经明确地表明了英国人的决心。也许，我们应该去摇一摇那位进入梦乡的希特勒先生：“醒醒吧，太阳已经日上三竿了。”

有人曾讽刺说，英国人最拿手的就是撤退。在第二次世界大战中，英国人的确是做了多次“成功”的撤退。譬如，挪威战役的特隆赫姆和纳尔维克。

这一次，在法国的敦刻尔克，也不例外。

可是，敦刻尔克撤退行动并不是一帆风顺的。同盟国从一开始就陷入了一种困惑——救援速度实在是太慢了。

慢到什么程度呢？

引用丘吉尔自己的话说：5月26—27日，拥有500多艘大型船只所组成的舰队一共只从敦刻尔克救出了7669人。

多佛港

我们需要知道的是，敦刻尔克港离英国本土最近的港口城市（多佛港）距离仅为35海里（约65公里）。按照当时平均航速，一艘靠螺旋桨行驶的船只需要航行3个小时。

当然了，这个算法肯定不严谨。但大家可以想象一下，500多艘大型船只，辛辛苦苦忙活了24个小时，才救出7669人，这个效率是不是也太低了点儿吧。

因此，当英国海军部向丘吉尔报告救援进展的时候，丘老先生差点没被气晕过去。

可是，海军部的各位将军们也拿不出更好的办法来，他们抱怨说：从敦刻尔克到拉潘尼的整个海滩是渐次倾斜的，即使海水涨潮的时候，大船也难以靠岸，为了避免搁浅，只能远远地停靠在深海区。而且，大船转舵不灵，经常出现拥挤堵塞；更何况敦刻尔克港的码头早已被德国空军炸成了废墟。

换句话说：我们已经尽力了……

就在这些海军部的老学究们一筹莫展的时候，丘吉尔突然说出了一个大胆的想法，即：向全国民众公布英国远征军在敦刻尔克遭遇的严重危机以及“发电机行动”的具体执行方案。

这无疑是一个很大胆的想法。因为，军事方案一旦向全国民众公布，德国电台自然也会一字不差地听到同样的内容。

俗话说得好，非常时期就要用非常手段。为了救出更多士兵，丘吉尔也顾不上这些了，说干就干吧。

5 月 27 日，海军部根据丘吉尔的指示，采取紧急措施，目的是搜集更多的小型船只，以应付“特殊需要”。英国广播电台则呼吁：“南方和东南沿海一带民众自发行动起来，拯救深陷敦刻尔克港的子弟兵们……”

媒体一向都是报喜不报忧的。普通英国民众仅仅知道军队在法国打了败仗，正准备撤回本土。因此，当广播电台公布英国远征军在敦刻尔克的真实处境之后，英国人民大惊失色了。但是，他们并未陷入恐慌，而是迅速地自发组织起来，凡是有船的民众，无论是汽船或帆船，都无一例外地驶往指定港口进行集结。只要是可以下海的运输工具，海军部一律照单全收。

与此同时，无数业余水手和私人船主也应召而来。在很短的时间内，这支由驳船、汽艇、拖船、渔船，甚至花花绿绿的游艇组成的“舰队”就已经准备就绪。27 日夜间，伴随着希尔内斯港外一艘巨大邮轮所发出的悠长的汽笛声，这支集结完毕的“舰队”便像潮水般地涌向大海。

他们没有武装，没有护航，只有一腔热血。

第四节
拯救敦刻尔克

就最后的结果而言，丘吉尔这个果敢的决定挽救了数以十万计盟军士兵的性命。

英国海运部曾做过统计，参加“敦刻尔克大拯救”的各种小船共有491艘。但他们同时也承认，这并不是一个十分精准的数字。因为，有许多的私人小船毫无记录可查，许多英国市民往往不去海运部登记，就果断地带领着自己一家老小，迎着枪林弹雨和硝烟烈火，去拯救深陷敦刻尔克的同胞。

而且，这种救援行动不仅仅限于普通老百姓，甚至现役的高级军官也参加了这场史诗般的大营救。

一次，丘吉尔为了查询海军的军用地图，亲自跑去海军部的地图室。这位前海军大臣熟门熟路的，去海军部也从来不打声招呼，带着自己的司机就去了。可当他来到地图室的时候，偌大的地图室里却空无一人。丘吉尔当时就纳闷了：现在都什么时候了，这些人还整天不务正业地东游西逛?

一直到很久之后，丘吉尔才知道——原来，在救援行动的第一天，海军地图室主任就带领他的副官，驾驶一艘荷兰小船，赶到了敦刻尔克。并且，取得的成绩惊人——在4天之内，这位热心的主任一共运回了800多名士兵。

就这样，在无数英国军民的共同协助之下，盟军救援速度不断加快。5月28日，17804名士兵被成功撤回英国本土；29日，他们又运回了

47310 名士兵。并且，这个数字还在不断增加……

可由于当时局势紧张，英国人最初拒绝法军登船。属于法国的船只又少得可怜，并且还都是附近渔民自发组织起来的小船，这就等于把法国人丢那里不管了。

其实，我还是挺理解英国人的心情。敦刻尔克外围防线的崩溃只在朝夕之间，自己同胞都救不过来，哪还有工夫管别人呢。

法国人可不管这些，他们丢下所有的物件，拼了老命地往英国船上挤，英国船员则手提棍棒，把这些发疯的法国兵往海里面推——那场景活像中国古代的攻城战一般。有些急疯了的法军士兵为了逃命，甚至打起了死人的主意——他们剥掉死去的英国士兵的军装，给自己穿上。有些人还为了抢一套军装而大打出手，场面极度混乱。

当这个令人不愉快的情况反映到雷诺总理那里之后，他甚感不安。在巴黎召开的同盟国军事会议上，雷诺坚决主张英、法联军共同撤退。他怒气冲冲地对着前来参加会议的英国人说道："22 万名英国士兵已经运走了 15 万，而 20 万名法国士兵只运走了 1.5 万。"说到这里，他双手一摊，继续厉声威胁说："如果这种不公正的待遇得不到纠正的话，那将对我们产生严重的政治后果！"

雷诺总理说得没错，英国人自私自利的做法已经深深地刺痛了盟友的心。"消息灵通"的戈培尔博士（德国宣传部部长）更是利用这次事件来大做文章——在德国战俘营里，法国战俘毫不掩饰他们对英国人的看法，这些打仗不在行打架却很擅长的法国人遇到英国人时，不是殴打他们就是辱骂他们是胆小鬼、自私自利者和叛徒。最后，德国人被迫把法国和英国战俘分开关押，才平息了这场混乱。

英国人未曾料到，自己的做法实际上已经为将来与法国政府的决裂埋下了伏笔。表面上，双方还是一对客客气气的盟友，但内心里，法国人已经不再信任他的盟友——导火索已经装上，就等那一束火花来点燃！

丘吉尔首相是个聪明人，他当然知道，如果再放任手下这样肆意妄为做下去，后果会怎样。他当即向雷诺总理表示歉意，并承诺今后不会再有这种事情发生。他说："英法乃世交，我们绝对不会丢下自己盟友不管的。"他还挺慷慨地表示，将留下英军的 3 个师，同法国人并肩作战，坚持到最后一刻。（实际上丘吉尔撒了谎，这 3 个师最终还是偷偷地溜掉了，坚持到最后的依旧是法国人）

当这场政治纠纷平息之后，敦刻尔克港混乱的局势得到恢复。在环绕敦刻尔克的海岸上，盟军对周围地区的军事部署有条不紊、甚为严密。那些从前线撤下来的队伍并不混乱，而是井然有序地进行整顿。

并且，盟军还采用了一种轮番作战的方法，他们把整顿好的队伍调去驻守防线。当有限的弹药快要耗尽之时，就由其余部队进行接替，而这些撤下来的部队，又作为预备队留在海滩上休整，然后，尽早登船撤离。当然了，如果局势恶化的话，又会再次投入战斗。

最初，英军在前线阵地上有三个军，但到 29 日，法军又接过了更多的防线。德军拼命追击盟军后撤的部队，激烈的战斗从来没有停止过，尤其在靠近尼乌波特和伯格的两翼更是激战不已。随着撤退的进行，英国和法国军队的数目都在不断减少，为了让更多的士兵能够安全撤退，他们也相应地缩短了防线。

在这里，英国人玩了一个可爱的小花招。他们以损失过大为由，不断地把防线上的英军撤下来，让法军去接替。出人意料的是，法国人并无怨言，尽管他们谁都清楚，就算把战线压缩到最短，最终还是得有一支负责殿后的部队被德军消灭。可法军依旧一丝不苟地执行了英国人安排的接防任务，并在战斗中爆发出了超人的战斗力。以至于有人调侃说："如果法国人早 10 天能如此勇敢的话，第二次世界大战将会改写。"

5 月 29 日夜，那位勇敢的蒙哥马利将军所率领的第 5 师也成功撤退到了海边，在三天的战斗中，他率领着那支不满员的部队顽强地顶住了数量和装备均占优势的敌军的进攻，并成功坚持到了法军接管防线的那一刻。

当这位乐观的将军正准备登船撤离的时候，一颗流弹砸了过来，在他身边爆炸，这位为了风度而从来不戴钢盔的将军顿时被爆炸所产生的气浪震飞了老远。他的下级都打算跑过去为他们师长收尸，蒙哥马利却一下子从沙滩上“蹭”地站起身来，并且奇迹般地毫发无损。而他所做的第一件事情就是——对着身旁血流不止的副官大声呵斥说：“我千叮万嘱过多少次了，一定要戴头盔，现在你满意了吧。”

这位副官反唇相讥道：“将军阁下，你不是也没戴吗？”

蒙哥马利：……

5 月 30 日，蒙哥马利登上一艘小船，撤回了英国。在上船之前，他还不忘记挖苦戈特勋爵一番（英国远征军总司令）。他当着许多人的面大骂戈特勋爵“是个完全不懂军事作战的废物，并深感为这样的蠢材工作是多么耻辱。”有趣的是，戈特勋爵也在同李德·哈特的一次谈话中说：“蒙哥马利只擅长于小战术”！

一直绅士范的英国人的这种在人前互相对喷的情景，想想都觉得充满了喜剧色彩。

可怜的蒙哥马利将军在法国的这片领土上实在是因为没有机会发挥自己的才华，才会怒发冲冠地说出这样的话来。他也许不知道，由于自己在敦刻尔克的优秀表现，丘吉尔首相在心里已经牢牢地记住了这个名字——伯纳德·劳·蒙哥马利。

但是现在，蒙哥马利先生，你可以提前回家休息了。不用着急，在两年之后的北非，终归有你一展身手的机会。

面对盟军越来越猖狂的撤退行动，德国统帅部似乎已经明白了敦刻尔克发生了什么事情。勃劳希契元帅气急败坏地命令加强攻势，希特勒却依旧优哉游哉——真可谓皇帝不急，太监急。

可是，自从德国的装甲部队被调到后方修整之后，步兵的进攻速度怎么也跟不上节奏。甚至在某些地段热热闹闹地打上了好几天，德国人也无法前进一步。盟军把没有汽油的坦克当炮台使的做法尤其让人头痛，盟军舰炮那铺天盖地的火力齐射更使得德军伤亡惨重。

在勃劳希契元帅强烈要求之下，5 月 29 日下午，消停了 3 天的德国空军再次出动，他们纠集了几乎所有能飞上天的战机，加强对盟军的轰炸。

现在，敦刻尔克战役正式进入高潮。德国人也学乖了，他们不再去轰炸岸上的目标，而是专门袭击盟军舰队，那些缺少掩护的舰队简直是他们眼中的金疙瘩，盟军平均每天损失的船只都在 30 艘以上。德国空军取得的最大的战果是一艘名为“兰开斯特里亚”的豪华邮轮，这艘邮轮的甲板上挤了至少 3500 名英军士兵。

由于目标过大，一支德国轰炸机编队几乎把所有的炸弹都倾泻在这艘船上。在瞬间沉没的过程中，拥挤的盟军将士根本还来不及游开，就被船体下沉所产生的漩涡给吸了进去，最终“兰开斯特里亚”号上的乘员无一人生还，随后赶来救援的官兵甚至围着这片空荡荡的海域号啕大哭。这次海难事故比“泰坦尼克号”的死亡人数还多 1000 人。（为了避免影响士气，“兰开斯特里亚”号沉没事件一直被英国政府封锁，直到近年才得以解密）

“兰开斯特里亚”号

6 月 1 日，尝到甜头的德国空军再次全体出动，尽管英国空军顽强拦截，但每当英国的战斗机必须飞回加油时，它们便乘隙而来，总出动架次是英军 3 倍以上。这些狂热的德国飞行员俯冲到海面进行轰炸，在炸弹用完之后，他们还要用机载机枪对海面上排成长龙的盟军士兵进行扫射，直到打空最后一发弹药才肯罢休。这一天，盟军就损失了 42 艘舰船，其中有 2 艘载着 2700 名法国士兵的英国运输船被击沉……

也许，这是敦刻尔克战役最为血腥的一天。在这场大空战结束之后，滞留在海滩上的盟军士兵就发现了惊人的一幕——敦刻尔克港口及其海口的通道上，到处漂浮着船体的残骸，海面上尽是恶心的油污和碎木片，以及半沉的小艇、浮动的救生圈、浸透了海水的衣服以及旋转翻滚的尸体，前来营救的船只不得不从中费劲地挤出一条路来……

德国人以为这样就能消灭盟军将士的意志，那就大错特错了。在海面上，盟军的救援行动从来就没有停止过。在漂浮着沉船的海面，他们灵活地向前行驶着，在炮弹的呼啸声中颠簸地前进着。为了避免撞击沉船，盟军士兵甚至开始把那些完好无损的卡车沉入海中，构成延伸入海的登船栈桥。

在与死神相伴的日子里，滞留在海滩上的英、法士兵表现得很乐观，他们在空袭间隔里玩起了足球，还举行了英、法足球比赛（难怪欧洲人踢足球这么好，这种时候还不忘踢球，我们的国足应该多学习点）。在敦刻尔克城区里，盟军士兵更是把这里的酒窖洗劫一空，有些士兵甚至喝得酩酊大醉，才肯乐颠颠地登船撤退。这时，盟军的粮食已经断绝，在外围防线作战的盟军将士不得不去“征用”法国农民的耕牛来渡过难关。蒙哥马利在他的回忆录中写道，在与德军作战的日子，他不得不派出一部分士兵到处去抢劫法国农民的耕牛作为食物，英国将士更是笑称法国牛为“移动牛排”。

面对后来法国舆论铺天盖地的指责，蒙哥马利漫不经心地说：“不是这些耕牛的话，我们早就饿死了。”

德国空军的大规模袭击并未打消盟军的撤退行动。具有讽刺意味的是，6 月 1 日这天，盟军撤走的士兵总数反而达到了单日撤退士兵的最高数字，总计——64429 人。

可是，随着战斗的加剧，包围圈中的盟军由于长时间得不到补给，弹药已经逐渐消耗殆尽，战线也已摇摇欲坠——到了山穷水尽的地步。

最终，敦刻尔克包围圈里只剩下 4000 名英国士兵还留在阵地上，他们全部的重型武器为 7 门高射炮和 12 门反坦克炮。而当时扼守防线的法军却高达 10 万人，手里还有一些装甲车。

我们到底应不应该怪英国人？这个问题恐怕永远都没有办法回答。

当我们面临生死抉择的时候，我们不也一样会选择先救自己、后救朋友吗？

就算是以“仁义”为中心思想的儒家，也一样会说出“达则兼济天下，穷则独善其身”这样的话来。

所在，在敦刻尔克变成了一个炼狱的时候，英国人选择先救自己的士兵渡过海峡，似乎也无可厚非。

可是，法国人肯定不这么想。

由于担心德军随时有可能冲到海滩上来，当天晚上，丘吉尔违心地向雷诺总理建议，“于今天夜里停止撤退”，并先斩后奏地撤回了海面上所有的救援船队。

雷诺接到该电报后大为火光——你们开始不准法国军队登船的事儿就甭提了，现在你们已经救出了自己的大部分部队，就又打算抛弃法国军队了？

新上任的盟军总司令魏刚将军（这位一战时期的英雄接替了甘默林将军的陆军总司令一职）更是措辞严厉地要求英国部队必须留下来与法军并肩作战，坚守敦刻尔克城内最后一条环形防线，直至更多的法国军队安全撤离为止。

魏刚将军人如其名，其性格相当刚毅。他甚至威胁说，如果你们不这样做的话，大不了我们只能自己管自己了！

丘吉尔被这个不通情理的家伙给镇住了（他即将碰到的戴高乐将军也不是省油的灯）。6 月 2 日夜晚，丘吉尔下令，“发电机行动延长至 6 月 4 日，44 艘舰艇于今晚从英国港口出发，再次前往敦刻尔克。”与此同时，40 艘法国和比利时船只也参加了进来。

不得不承认，由于不间断的救援工作，英国船员已经好几天没休息过了，早已疲惫不堪。但他们还是响应了号召，有些刚睡下的船员在听到这样的命令之后，又一下子跳了起来，再次驾船出海，驶往敦刻尔克。

他们必须再作一次努力，救出更多的士兵！

在敦刻尔克陷落前夕，希特勒离开了位于阿登山区的大本营，前往敦刻尔克。在离开前，他指示要将这里完整保存，作为“具有纪念意义的圣地”。大本营里的每间房子、每块地板，都得按原样加以保存。希特勒得意地吹嘘说他要让千秋万代的德国人民看到他们的领袖是在怎样艰苦的条件之下最终打败敌人，并创造了这一具有历史意义的时刻。

在驱车前往敦刻尔克途中，一群群认出元首的士兵簇拥着他的汽车，爆发出雷鸣般的欢呼声。每当这种时候，元首卫队的成员都相当担心他的安全。希特勒却假装没注意到这一点——无疑地，他认为这是他个人威望的证明。此时，得意得忘乎所以的希特勒，笔直地站在车上，用标准的“元首手势”，向欢呼的人群招手致意。

希特勒——胜利的统帅。

当元首抵达敦刻尔克港的时候，战役已经结束。他仔细视察了这片斑斑驳驳的战场。沙滩上到处都是被扔下的书籍、头盔、破鞋、枪支、自行车以及其他物品。海面上，德国工兵驾着小船正在打捞尸体和残骸。

曾在前线当了 4 年下士的希特勒从未见过如此狼藉的战场，他有些吃惊且得意地对副官说：“让败军回家，给英国老百姓看看他们挨了多重的一顿打，这主意还是不错的。”

希特勒有理由如此得意。现在，3 个同盟国集团军（30 个法军师，9 个英军师）已经遭到了毁灭性的打击。这些撤回英国本土的部队，只剩几千把步枪和数百挺机枪。他们把重型武器全部都丢在海滩上了。据统计：英、法联军共丢弃了 1200 门大炮、750 门高射炮、500 门反坦克炮，6.3 万辆汽车、7.5 万辆摩托车、700 辆坦克，2.1 万挺机枪、6400 支反坦克枪，以及 50 万吨军需物资。

这是多么庞大的数字啊——如果我们把这些东西平铺在地上，足足可以填满 3 个首都机场。德国工兵直接转行，改行收起了破烂。甚至于他们打扫战场的工作一直持续到法国投降也未能完成……

但是在英国国内，没有人认为这是一场挫败。毕竟，他们救出了338226名士兵。尽管损失惨重，但能把33.8万大军从死亡陷阱中拯救出来，不得不承认这是一个奇迹。就像挂在他们嘴边的口头禅一样：武器丢了可以再造，但士兵是不能复制的。不是吗?

参加救援船只统计：发电机行动中，同盟国动员了861艘各式舰艇，损失243艘，损失率达到1/3。

第五节

缔造“魏刚防线”

当敦刻尔克局势无法挽回的时候，同盟国就已经开始为第二阶段的作战做准备了。5 月 31 日，丘吉尔前往巴黎参加同盟国最高军事会议。

在会议上，他们除了谈到敦刻尔克的撤退行动之外，讨论最多的话题就是——战争，该如何继续下去？

鉴于陆军的权威，法国人自然是这场会议的主角。他们总是滔滔不绝地说个不停，激动不已。一位参加会议的法国青年上尉甚至激动地说：“就算法国全境沦陷，也要在非洲接着打下去。”

看来，法国人已经做了最坏的打算了。

轮到丘吉尔讲话的时候，这位首相的一席话却让会场阴郁的气氛一扫而空。但他说的绝不是好话，而是胡话。

丘吉尔是这样说的：“同盟国必须以毫不退缩的态度来对付一切敌人，美国已被最近的事态激怒了，即使他们没有参战，但很快就会大力援助我们。如果敌人入侵英国，那时美国发生的影响就更为深远了。英国不怕入侵，每一个大小村落都将进行激烈的抵抗。英国军队只要满足了本国的基本需要，余下的就可交给法国使用……”

一听此话，法国总理雷诺先生的情绪开始亢奋起来。美国即将参战的信号更是让他兴奋不已。他恭维道：“如果法国在英国的援助下能够守住松姆河，再如果美国工业能补充我们军火的不足，我们获得最后胜利就有了保证……”

雷诺总理乐观的发言就像兴奋剂一般，感染了在场所有人，他们的情绪顿时高涨起来，之前阴郁的气氛一扫而光——雷诺总理甚至谈起了胜利之道——好像胜利就在眼前一般。（看来，“意淫强国”的说法并不是没有道理的）

可是，丘吉尔那句“美国已被激怒”的言论完全是在信口胡诌。实际上，除了美国的报纸杂志盯着欧洲局势大呼小叫之外，美国政府压根就没想过要卷入到这场“欧洲大战”之中。（美国实在找不出任何参战的理由，甚至于国内反英势力不占少数，反对的原因是英国封锁了大西洋，使美国无法与德国进行贸易往来）

尽管丘吉尔首相隔三岔五地就写信给罗斯福总统，“汇报”欧洲局势、目前的困境，但得到的回信总是让他失望——罗斯福总统除了恭维几句之外，便打起了太极拳。比如，大谈自己喜欢何人的小说，英国球队如何如何出色，等等。

据一份最近解密的英国国家档案证实，为了让罗斯福总统回心转意，丘吉尔甚至铤而走险，开始伪造情报——他让英国情报人员炮制出一份“希特勒计划”，并寄给了罗斯福。在该计划里，希特勒被描绘成一个最终要“统治全世界”的人物，甚至要支持墨西哥政府侵占美国南部大片领土（即：新墨西哥州、得克萨斯州和亚利桑那州）。并且，精明的丘吉尔不忘提醒罗斯福说，这封“可靠情报”是打入德国内部的间谍获取的，总统阁下您自己知道就行了，千万别张扬出去。

罗斯福

罗斯福总统拿到这封“可靠情报”之后的心情，我自然不得而知。但可以肯定的是——在1940年之后，罗斯福总统的态度发生了转变，开始无条件地支持同盟国的事业，并提供同盟国所需要的物质援助。

但罗斯福总统所做的也只有这些了。因为，美国并不是一个总统说了算的国家。没有国会、人民、议员的同意，你罗斯福再怎么吆喝也没用。因此，罗斯福只能在各种公众场合发表同情盟国事业的演说，并在私底下给民主党各界人士做思想工作，试图改变国民对这场战争的态度。

因此，丘吉尔那句激发雷诺总理肾上腺素的言论完全是站不住脚的——就算美国参战，也无疑需要大量时间。而现在问题的关键是，德军的 137 个师正虎视眈眈地盯着法国剩下的领土。可是，雷诺总理显然没有考虑到这一点，他依旧滔滔不绝地高谈阔论，自我陶醉。丘吉尔也同样沉醉在自己构思的幻境之中，开始随声附和。

最后，这场会议就在乐观的气氛下结束了。双方似乎什么问题都谈了，但实际什么问题都未能解决。英法两国首脑完全把胜利的希望寄托在那个虚无缥缈的美国身上，以至于一星期后雷诺总理下台之时，还惦记着这事，他最后呼吁道：让罗斯福派“足以遮天蔽日的机群来吧”。

但是，并不是所有人都像雷诺老先生这般糊涂。在会议的现场，有两个人的头脑还是清晰的。他们分别是——马克西姆·魏刚将军和亨利·菲利普·贝当元帅。

贝当元帅也许要算这次军事会议中最德高望重的一位了。在法兰西，能被授予元帅头衔的将军，扳着手指都能数过来。而贝当呢，他早在 1918 年就被授予了这个光荣的头衔。由于在第一次世界大战的“凡尔登战役”中出色的表现，贝当元帅一度被视为“法兰西的救星”、“民族英雄”。

但是，在政治上，贝当元帅却相当不招那些政客的喜爱。因为他在 1936 年的大选中曾公开表示出对公民政治的不满，以及对独裁政治的欣赏。

当贝当大选失败后，新一届的法国政府为了惩戒他，便把他赶到了西班牙出任驻西班牙大使，这几乎等于流放。当时，贝当元帅已经 83 岁高龄了。

没有想到的是，贝当元帅在西班牙还没待上一年，同盟国就因为敦刻尔克的失败，面临亡国危险，法国政府急需一位德高望重的人物出来压压场面。于是，贝当元帅被紧急召回，并在 1940 年 5 月 25 日被任命为内阁副总理。

贝当元帅也许真的老了，这个曾经的战争英雄，却看不到任何胜利的希望。他现在所考虑的问题是——如何结束战争。

在同盟国最高军事会议上，丘吉尔便注意到，这位老元帅一言不发，只是和身边几位法国官员窃窃私语。丘吉尔觉得很奇怪，有什么事儿不能当着大家的面说呢？于是，会议结束之后，丘吉尔径直走到贝当元帅面前，亲切地与他打招呼。可是这位老元帅的态度却不冷不热，表情相当阴沉。丘吉尔当时就敏锐地感觉到——贝当元帅有单独与德国媾和的可能。

丘吉尔事后回忆说："以贝当元帅的人品和威望，他若组织一个亲德政府，那将对英国造成灾难性的后果。"丘吉尔自然不愿意看到这样的事情发生，他试图说服贝当元帅。可是，一位法国官员委婉地对着英国人说道："军事上连续不断的失利很有可能在某个时候迫使法国修改它的外交政策。"听到这里，一位叫作斯皮尔斯的英国将军马上站出来，冲着贝当元帅用很地道的法语说道："元帅先生，我想让你明白，如果法兰西试图倒向德国，皇家海军将会封锁所有法国港口。大英帝国不允许让贵国的港口成为进攻我国的基地。"

法国人倒是能够坦然接受，那位法国官员抢先回答道："那也许是不可避免的。"一听此话，斯皮尔斯将军火气就更大了，他冲着贝当嚷道："那不仅意味着封锁，而是轰炸德国人占领的所有港口！"

就在双方剑拔弩张、火药味十足的时候，丘吉尔低声哼起了一首军队里传唱的老歌，歌词是这样的：不管前途如何，不管发生什么事情，都不要失去希望；不管发生了什么事，不论什么人掉了队，我们都要继续战斗下去……

唱完，丘吉尔便抛下那群站在原地发呆的法国人，跨步走出了会议室。事后，丘吉尔并未批评斯皮尔斯将军太过直接的言语，反而用钦佩的口吻说道："我非常高兴，你能把这点说出来。"

有时候，说话直接一点是有好处的。和法国的关系，不是盟友就是敌人，就这么简单！

与一心投降的贝当元帅持不同政见的是魏刚将军。这位稳健的同盟国陆军总司令是一位态度坚决的主战派。他同样在会议上一声不吭，呆呆地坐在角落里，听着丘吉尔和雷诺先生在那边一唱一和地闲聊。

其实，他也没有什么可谈的话题。丘吉尔和雷诺也许算得上一对伟大的政治家，但绝对是军事上的演说家。而贝当元帅又是个彻彻底底的失败主义者。因此，法国未来作战的重任，就全部压在了他的肩上。

此时，法国的处境确实不容乐观，甚至已经毫无希望——5 月 28 日，比利时向德国提交投降书，比军 24 个师放下了武器。与此同时，在敦刻尔克大溃败之后，法军 30 个师、英军 9 个师也损失惨重。同盟国军队在数量上的优势，在短短 20 天之内，便不复存在。

现在，盟军手里的总兵力仅为 68 个师。魏刚将军把这些仅存的部队编成 3 个集团军 (第 6、第 7、第 10 集团军)，在索姆河和埃纳河口之间仓促构筑了一条以巴黎为轴心的临时防线。同时，他还必须分出 17 个师守卫意大利——瑞士——莱茵河边境的马其诺防线。因此，索姆河和埃纳河口防线只剩下 51 个师，却要防守长达 500 公里的战线，其脆弱程度可想而知。这条防线缘于统帅是魏刚，所以被直接命名为“魏刚防线”。

与之相对应的，德国 137 个师也在迅速进行改编。他们同样编成 3 个集团军群，即博克指挥的 B 集团军群、龙德施泰特指挥的 A 集团军群、勒布指挥的 C 集团军群。从师的番号来看，德军是盟军的 2 倍；从兵力来看，德军也占有 1.7 : 1 的优势（盟军 150 万、德军 260 万）。所以，德军根本不把他们的对手放在眼里，这 3 个集团军群分散在 500 公里的战线上，其进攻矛头直指法国全境，并期待以最快的速度，彻底击败法国。

现在的局势相当明朗了，德军是占有绝对优势的。那么，到底是什么信念支撑着魏刚将军继续抵抗下去呢？是美国的态度。

6 月 1 日，美国总统罗斯福为了回答雷诺近乎可怜的乞求，命令陆军部和海军部向他报告有什么武器可以立即拨给英国和法国。

居于美国陆军首脑地位的是马歇尔将军，他同样也是一位亲英分子，马歇尔将军以极快的速度检查了美国军火储备的全部清单。6 月 3 日，马歇尔便发出了第一批援助物资，其中包括：50 万支 0.3 寸口径的步枪，这是 1917 年和 1918 年制造、用油脂封藏了 20 多年的老式步枪。每支枪附子弹 250 发（偏偏是这个不吉利的数字）；900 门 75 毫米野战炮（也是第一次世界大战留下来的旧货），附带有 100 万发炮弹；8 万挺机枪（同上）；此外还有各种各样的其他军火。然后，美国政府为了掩人耳目，便将这些军火以 3700 万美元的价格卖给一家公司，再由该公司立即转卖给英国和法国。（不得不说美国人太黑，居然把这些破铜烂铁卖出了 3700 万美元的天价）

不过，同盟国并不在乎美国人有多黑，而是在乎美国政府的态度。丘吉尔更是把美国政府的积极支援当成了一个善意的信号，他后来回忆说："这件事在现在来说当然算不了什么，但是在当时却是一个了不起的行为，表明了美国的信义和领袖气概。美国能从自己的军火中，拿出那么多的武器来帮助一个在许多人看来已被打败的国家。他们永远不会对这件事感到后悔！"

马歇尔

美国政府的有偿支援，等于是给同盟国打了一针强心剂。只要这些军火抵达英国，再加上英国军工业已经爆发出的强劲生产力（英国工人已经放弃了休假和一部分特有权利，实行三班倒的工作方式），同盟国就能在极短的时间内，把那些从敦刻尔克撤下来的士兵重新武装起来，继续投入到战斗中去。换句话说，同盟国现在的战略就是拖延时间，毕竟他们的工业资源比德国强大许多。因此，在 6 月 4 日，即敦刻尔克陷落的当天，魏刚将军向法军发布命令："固守索姆河防线、固守我们伟大首都巴黎直至 6 月 15 日，届时我的预备队即可进入阵地！”

但是，德国人不会再给他们这个时间了。6月5日，希特勒发表了告军人书，他煽动部属加紧侵占巴黎，狂吹这是“历史上一次最伟大的战役。”

6月5日，天刚亮，德国庞大的轰炸机群就出现在法国腹地的领空，在云层掩护之下，这支庞大的空军力量直到飞临巴黎近郊才被盟军发现——已经太迟了。随着一阵阵惊天动地的爆炸声，巴黎周围的空军基地淹没在一片火海之中，400架作战飞机还未起飞就变成了一堆废铜烂铁。更让盟军将士丧气不已的是，他们的飞机跑道被严重炸毁，剩下的作战飞机根本无法起飞迎敌。就这样，在战役爆发的第一时间，盟军便再一次无奈地丧失了制空权。

下午4点，博克上将指挥的B集团军群率先发起进攻，他的坦克军深深地突入了敌军阵地。同样是在这一天，隆美尔佩戴着一枚希特勒颁发给他的骑士级铁十字勋章，满怀着喜悦的心情返回了战场。隆美尔甚至连第7装甲师的作战计划都懒得去参详，便登上一辆坦克，他高高举起右手，用力一挥，“加足马力，前进!

实际上，德军进攻方案（即“红色计划”）依旧脱胎于“曼施坦因计划”，但比曼施坦因将军原先所构想的要低劣许多。曼施坦因最早的构想是：在法国北部的战役尚未结束之际，A集团军群一部分兵力就要同时为第二阶段建立一个进攻的起点，一劳永逸地打破敌人在索姆河和埃纳河口构建新防线的企图。如果这个计划得以实现，法兰西战役将会缩短两个星期以上的时间。但谨慎的希特勒并未采纳这个意见，这就使得盟军有了建立起那条“魏刚防线”的时间。

有一位德国将军曾说：“曼施坦因将军不苟言笑，喜欢带一副单框眼镜，表情木讷。但恰恰就是这位看似痴呆的将军，却绝对算得上德国总参谋部里头脑最聪明的人。”

我想，这也许要算是对曼施坦因将军最中肯的评价。虽然随着法国的迅速崩溃，在这里讲这个小插曲似乎有一丝多余，但让我醉心不已的是，德国陆军将领中人才辈出，他们足以作为后世各国陆军的典范。就像那句广告词说的："没有最好，只有更好"。正因为希特勒拥有这样一批优秀的将领，才能在战争中屡战屡胜。

不过，德军在6月5日的攻势也着实出乎同盟国的预料。按原来的作战计划，一场大的战役打下来，双方怎么也要停下来喘口气吧。远的例子就不说了，就谈谈不久之后的苏联战役，那时苏军反攻阶段采取的进攻方式就是这样的：全线进攻200～300公里，停下来休息几个月，等待后勤补给到位之后，接着再前进几百公里，然后停下来继续休息，如此反复，一路推进到最终的目的地，属于典型的流氓打法。

而德军的进攻就不同了。6月4日，敦刻尔克战役刚刚结束；6月5日，第二阶段的攻势就迅速开始了。不得不承认，德国人太果断了，不给盟军一丝喘息的时间。如果非得要去归类的话，这种战术应该属于典型的乱拳打死老师傅型。也就是后世书籍经常提到的打法——"闪击战。"

由于集团军群的改编，隆美尔第7装甲师现在属于B集团军群管辖。下午4点，他便开始了法兰西战役上最富戏剧性的进攻。此时，"魏刚防线"上的盟军部队也是刚刚进入阵地不久，有些部队甚至连散兵坑都未来得及挖好，隆美尔的部队就已经冲过了索姆河边。按理说，这条河流属于盟军防线上最为天然的屏障，应该派遣重兵防守才对，但当德军先头部队抵达的时候，他们惊讶地发现，盟军居然连河上的两座铁路大桥都未破坏……

后来，法国人曾对如此尴尬的疏忽做出了一个令人啼笑皆非的解释，他们狡辩道："这两条桥梁是我们故意留下来的，作为反攻时的桥头堡！"

这并不是一个好的理由，因为德国士兵在桥边瞪大眼睛研究了老半天，也没有发现一个法国士兵的踪影。他们甚至认为盟军在桥墩下方安装了炸药，只要他们的坦克一开上大桥，就会引爆。所以，德军装甲部队也是迟迟不敢开过河去。

下午5点，在确定桥下没有炸弹之后，第7装甲师便驶上了这两座法国人留下来的桥。德国步兵团的士兵们则全身赤裸地跳入河中，他们把衣服枪支全部顶在头上——6月份的索姆河水几乎已经干枯，对岸只有零星的炮火在闪烁，他们没费什么劲儿便取得了决定性的胜利。

接着，隆美尔又想出了一个新的办法，就像科学家一样突发奇想——他把整个坦克团编成一个巨大的像盒子似的队形，以一个坦克营担任先锋，一个侦察营殿后，盒子的中心由步兵团构成，轻型运输车紧跟着坦克，在齐腰深的玉米地里前进。然后再采用蛙跳的推进方式，凡经过的地方都由步兵加以占领，而炮兵、战防炮和高射炮等则在整个地区中作纵深配置，这样就可以获得最大的炮兵支援，盟军从西面、南面或东面发动的所有的袭击，都在他们炮火的射程之内。隆美尔在他的日记中轻松地写道："各兵种配合得非常完美，像平时的演习一般。"

隆美尔敢情是把打仗当成演练部队了。

这只巨大的钢铁洪流就这样喷射着火焰，一路挺进。法国南部的地形属于平原地带，这让隆美尔的战术有巨大的施展空间。他们绕过村庄，穿过灌木丛，浩浩荡荡，在身后留下一道道烟柱，不管是对方的防御工事还是逆袭部队，在他们迎面冲过去之后，都变成了一片狼藉。

晚上 7 点 25 分，隆美尔突破了盟军的第一道防线，开始向蒙特格尼（法国南部城市）挺进。隆美尔在战事日记中记载：当战车团再向前进攻的时候，他们用火力打垮了在莱考特附近的大量敌军兵力。在我们的左前方，有一个巨型的烟柱向天空升起，那是敌人的一个油库起火了在燃烧；在平原上，可以看见许多备着马鞍的战马独自乱跑。西南面的敌人打过来的重炮弹虽然落在本师的上方，却并不能阻止我们前进。在一个宽广的正面和一个纵深的地区中，战车、战防炮、野战炮上面都载满了步兵，从道路的东面作越野式的赛跑。在这个平坦的平原上面，烟尘四起，落日照耀下的场景令人惊心动魄。

这样的场景甚至让一位德国将军大发感慨，他想起了当年法国骑兵追过耶拿、横扫德国北部平原的情景。他写道：我们的坦克部队前进的模式，就像 1806 年 11 月莫莱特给拿破仑的信中描绘的那样："陛下，战斗已经停止，这里已是片甲无存。"

第六节
梦断法兰西

在法国人和英国人的记忆中，还不曾有过任何一个德国装甲师行动如此神速。特别是隆美尔那彪悍的战术，硬是将"魏刚防线"在很短时间之内就撕成了两半。

在隆美尔的左侧，法国第 9 军，包括苏格兰高地师、两个法国步兵师和两个骑兵师，已经与其余部队失去了联系，乱成一团。当时，由 30 辆英国坦克支援的"波曼部队"企图反攻，堵住缺口。但当他们抵达前线的时候，就立刻放弃了这个企图。因为，他们发现公路上到处挤满了德军的装甲部队，总数是他们的十倍以上。6 月 8 日，这支英国部队很自觉地退回到塞纳河一线——他们应该是很自卑。

6 月 9 日，法国南部重镇——鲁昂陷落，德军离巴黎仅剩 140 公里的路程。

为了扩大战果，德军 20 个总预备队师也在该天投入了战斗，在海峡——鲁昂之间展开全线攻势。同时，德军在香槟省（法国的一个省）境内空降大批伞兵，骚扰法军后方。

在完成突破之后，德军便采用两支部队同时进攻的方式。首先隆美尔将法军被切断的左翼部队紧逼到海边，而霍特的两个装甲师则直指巴黎方向，迫使法军右翼向塞纳河一带撤退。这两只装甲部队就像一双大手，把法军一整条战线撕开了一道大口子。

对于德军这一进攻方式，英、法盟军毫无准备。在休尔洛，隆美尔甚至追上一支英国卡车护送队，将其抢劫一空。车上装着香烟、巧克力、沙丁鱼罐头和利比亚的水果罐头，还有网球拍和高尔夫球棍——隆美尔对此哈哈大笑，说，“英国人显然没有料到我们会进展得如此之快。”

第 7 装甲师的逼近还引起了法军防御战线的骚乱，军队的频繁调动已使法国人分不清哪一支坦克部队是哪里的。当隆美尔的战车开到埃尔伯夫的时候，一位法国农妇冲上来抓住他的手臂问道：“你是英国人吗？”隆美尔故作神秘地摇摇头说：“呵，我们可是异族人！”那妇女顿时尖叫着消失在她的房屋后面。

隆美尔甚至冲过了埃尔伯夫的塞拉桥。在隆美尔到达之前，有一批法国居民曾坚决主张把这座桥梁炸掉，不过却又遭到另一批民众的激烈反对。就在双方争执不下的时候，德军却大摇大摆地跨上了这座大桥，那些激烈争执的法国民众则瞬间便跑得无影无踪。

从中我可以得出这样一个道理：做决断时千万不要犹豫，机会稍纵即逝。

此时，被隆美尔追得到处乱窜的盟军部队已经退到了圣瓦勒雷港的外围，他们的想法很明确——做一次像敦刻尔克那样的伟大撤退。这个小港内聚集着法国第 9 军以及英国第 51 师和苏格兰高地师的残部。不过这一次，上帝照顾了德国人。11 日至 12 日夜间，大雾弥漫，盟军大型舰队只能极度缓慢地进入圣瓦勒雷港水路，救援工作开始缓慢下来。

12 日早晨，进展神速的第 7 装甲师进抵该城南面的海崖，这样海滩就直接处于德军炮火之下了。隆美尔亲自率领第 25 坦克团，展开对圣瓦勒雷港的进攻。可是，盟军的炮火却越来越猛烈，就连海防重炮也参战了，这些大口径重炮使得德军战车损失惨重，步兵团的攻势也被其强大的火力给压制住了。

不过，隆美尔很快就发现了盟军的漏洞，因为海防重炮威力虽然巨大，但射速很慢，第 25 战车团就趁着盟军火力空隙，一米米地向前挪动，从一个树丛冲入另一个树丛，从一堆废墟钻入另一堆废墟。第 25 战车团冒着猛烈的炮火，逐渐迫近盟军。

在托特附近，英军也建了一道坚固防线，盟军抵抗颇为激烈，甚至在许多地点发生了肉搏战。这时，第 25 战车团冲上了圣瓦勒雷港西北面的邻近高地，用他们所有的炮火，阻止盟军上船撤退。隆美尔的指挥车一直跟着战车团前进，以便对周围情况作一个鸟瞰式的观察。他甚至可以看见英国部队在港口不停地忙着搬运各种准备带回英国的装备，其中包括无数大炮和车辆。

现在，德军居于高处，离某些盟军部队仅有几百米的距离，隆美尔除了让士兵不停地向他们喊话招降之外，还命令士兵往悬崖下方疯狂地投掷手榴弹，这种战术让盟军士兵连还手的机会都没有——映入他们眼帘的，仅有像雨点般密集而下的手榴弹。

很快隆美尔的大棍加胡萝卜战术就让至少 1000 名盟军将士放下了武器。隆美尔在他的日记中写道：在投降的人中，有许多是军官。多数都是法国人，英国人比较少。在英国人当中，有一个海军军官在不断地大声疾呼，呼吁那些英国士兵赶快回来，不要去投降，还真的把许多人劝了回去。最后我们只好用机枪向这个军官扫射，他倒在一堆乱石后面。最初，我们都以为他死了，没想到他只是躺在那儿装死，过了半个钟头，他见无法逃走，只好站出来投降。他的德语说得很流利，希拉普内少校指责他不应如此坚决抵抗，害得那么多人死伤，他却回答说："假使你今天处于我的位置，你的做法难道会与我不同吗？"

那一天，黄昏的时候，隆美尔甚至把一大批会说德语的战俘放回了圣瓦勒雷港，并指示他们去做点比较煽情的劝降工作。可没过多久，盟军居然把这些士兵都放回来了。他们还捎上一句话："决不投降！"

既然宁死不降，那就接着打吧。

12 日晚上 9 点，隆美尔下令集中全师火力，包括战车团和侦察营在内，开始向城内轰击。居于高地的德军占据有利地形，炮兵观察员手持观察仪不断修正弹道，他们那密集的炮弹纷纷精准地砸进了这个小海港，港口一片火光。一刻钟之后，隆美尔又命令把炮火集中向该城北部轰击，结果非常惨烈。可是，顽强的英军还是不肯投降，尽管损失惨重，但他们的撤退行动却一直都未曾间断。

隆美尔应该属于那类比较彪悍的将领，他眼见坦克的火炮无法阻止盟军的撤退，便调来了 88 毫米高射炮营，同敌舰作激烈的互相射击。这是他的制胜法宝，看来，88 毫米高射炮除了打飞机、坦克之外，还能打军舰。与此同时，隆美尔用无线电招来俯冲轰炸机配合作战。

眼见圣瓦勒雷港就要变成一片废墟，隆美尔便带着他的指挥车辆，经过圣瓦勒雷港西北面的森林，偷偷地驶进了城边的第一栋房子里。第 25 战车团也沿着谷地的道路，逐渐逼近市区。整座城市燃起了冲天大火，整条街道都在燃烧，到处都是碎瓦颓垣，在夜晚的衬托下，这种气氛显得格外诡异。

出人意料的是城里面只有稀稀落落的枪炮声，当战车绕过港口的南面向该城的东部驶去的时候，一位士兵跑来向隆美尔报告说："有一位法军高级将官在该城的东部被俘，他要求同你谈一谈。"

隆美尔事后写道：几分钟之后，法国的伊纳尔将军穿着一件普通的军用大衣走来见我。当他走来的时候，他的随从却落后了很远。我问这位将军是哪一个师的师长，他却用蹩脚的德国话回答我说："不是师长，我是第 9 军的军长。"接下来，我要求他的部下立即投降，这位将军马上宣布他愿意接受我的要求。不过，他又补充一句说："假使我们手里还有剩余的弹药，我们是绝不肯投降的……"

对于如此勇敢的法国将军，隆美尔也不好意思再说什么。他还答应了这位将军的一些要求——准许他保留自己的车辆和一切生活用品；停止向城区轰击，改为射击海上的船只。

伊纳尔将军对德军继续攻击英国舰队的做法并未提出抗议。也许他觉得自己已经投降了，剩下的事情与他无关了吧！

此时英国部队和法国部队在是否投降的问题上发生了严重的分歧。因为，英国海军拼死也要救出自己的士兵。他们要求法军必须要坚持到他们撤退结束之后才能投降。

可惜的是，他们不再会有这个机会了——次日清晨，圣瓦勒雷港再次出现了罕见的大雾天气，一艘不辨方向的英国巡洋舰为了躲避德军的炮火，而搁浅在了海滩上。

为了避免海军遭受更严重的损失，英国舰队被迫放弃救援，载着 2280 名官兵（1350 名英国兵、930 名法国兵）悻悻而归。

上午 10 点 30 分，突围无望的英军只好步了法军的后尘，同意向德军投降。

第二天清晨，志得意满的隆美尔驱车入城。他看到，狭窄的街道两旁挤满了盟军准备带回英国的卡车、坦克和各种装备；城中心周围的地方，军用品堆积如山。法国第 9 军指挥官在广场上向隆美尔正式投降，他身后跟着 11 名英国和法国将军（全是师长级别）。德国的新闻记者用摄影机拍下了这组使"国人亢奋"的镜头，照片上，隆美尔身着笔挺的军装，站在镜头前得意地笑着。

这时，一位足以做隆美尔父亲的白发将军走近隆美尔身旁，就像长辈教导小孩似的拍着隆美尔肩膀说："你的行动太快，年轻人"。另一名法国人则满怀好奇地问隆美尔指挥的是哪一个师。隆美尔告诉了他："第 7 装甲师"。"天呀！"这位激动的法国人像发现外星人似的惊呼道："魔鬼之师！最先是比利时，接着是阿拉斯，然后是索姆河，现在又到了这里"。

正是这位法国人口中的"魔鬼师"，在 5 天的追击战中，前进了 200 公里，并最终俘虏了 4.6 万名盟军士兵，其中有 8000 名英国人。

就在隆美尔肆意扩展战果的同时，隆德斯泰特的 A 集团军群也于 6 月 9 日，在战线东端距苏瓦松——阿登山区 150 公里处从正面发起总攻。古德里安此时已被提升为坦克集团军总司令，德国人一般习惯用指挥官的名字给其部队命名，所以，这个坦克集团军被命名为——古德里安装甲兵团，下辖 4 个装甲师。他们沿着"马其诺防线"的侧后一路南下，直指瑞士边境。这种几近卑鄙的路线让法军苦不堪言。因为，马其诺防线上的碉堡、战壕都是面朝德国国境方向，它们对出现在后方的敌人简直毫无作用。德军一路长驱直入，似入无人之境。成群结队的法军俘虏失魂落魄地把枪支扔给德军，眼看着德军把它们放在坦克下面压毁。魏刚后来心情沉重地写道："使我感到触目惊心的，就是德军的坦克和飞机，它们已使法军士兵产生了恐惧的心理。这要算是德军的一个最大的成功。"

现在，这位态度坚决的"主战派"也彻底绝望了。他对来访的丘吉尔悲愤地说道："法兰西，被打败了。"

梦断法兰西，这个民族的魂已经被打散了。法兰西，真的被打败了。

·第七章·

越过马其诺

第一节 意大利参战

第二次世界大战中的意大利应该属于那种比较搞笑的国家。他们的大独裁者——墨索里尼先生，更是一位标准的无赖。意大利是最早建立法西斯政权的国家，所以，它虽然本事没有多少，却总喜欢以老大自居。墨索里尼也的确把希特勒当作徒弟看待，时常用老师的口吻教训他。

墨索里尼

一次墨索里尼在写给希特勒的信中说："任何人都不会比我懂得更多，因为我已有 40 多年的政治经验。"言下之意就是，你希特勒算个什么，我在搞政治的时候，你还提着瓷盆在维也纳要饭呢！

虽然墨索里尼先生牛皮吹得震天响，但遇上具体的事情，就开始耍滑头——在英、法两国向德宣战的时候，希特勒是急切希望意大利帮忙的。因为德、意两国签署的《钢铁条约》规定："一旦一方卷入战争之中，另一方就自动参战。"这是一个非常牛的协议，也证明了柏林——罗马轴心正式捆绑在一起。

可是，墨索里尼死不认账。他的理由是："意大利要在 1942 年才能准备完毕，现在肯 定不行。因为我们国家缺粮食、缺木材、缺钢铁……（反正什么都缺）如果真的打起来，英国海军一旦封锁了地中海，我们就完蛋了。所以，军事上的援助是不可能的，但我们会在精神上支持你们。"墨索里尼承诺："意大利的报纸和广播，会全力支持德国。"

此时的墨索里尼应该是很狼狈（如果他有廉耻心的话）。他一方面想废弃《钢铁条约》，和希特勒翻脸，以免被拖下水；另一方面，他又认为民主国家可能重演"慕尼黑条约"，德国又可以再度获得一次廉价的胜利，而他又不希望丧失分赃的机会。在这种患得患失的心理之下，墨索里尼左右为难。

但是，希特勒是个较真的人。他厚着脸皮写了封回信，反问意大利军队到底需要什么东西才能完成准备，并希望墨索里尼能开出一份清单，看看德国能否提供帮助。

这个问题自然难不倒墨索里尼。他妙笔生花，把所开列的项目数字稍做改动，就发给了希特勒。

由于这份清单实在太过拉风，所以，我不得不把它打出来，让大家目睹一下。用参加拟制清单的齐亚诺的话来说，这份清单"足能气死一头牛，如果牛认得字的话"。

这份漫天叫价的清单是：

石油 700 万吨（我怀疑德国战略石油储配也就刚刚是这个数）、煤 600 万吨、钢铁 200 万吨、木材 100 万吨、辉钼矿 600 吨、钛 400 吨、锆 20 吨，这还仅仅只是军事上的资源，食物和医疗上的物资太过繁琐，就不列举了。除此之外，墨索里尼还需要 150 门高射炮来保护意大利北部的安全。

事实已经很明显，这封信开列的不仅仅是一长串所需要的物资，而是那位临阵退缩的法西斯领袖要摆脱他对第三帝国所承担的义务的决心。在信的最后，墨索里尼还无耻地写道："除非我能得到这些物资供应，否则我要求意大利人民做出牺牲……就可能成为徒劳，并可能损害你我之间的事业。"

这封没有原则的信把希特勒气得够呛。从此之后，他再也不敢提起意大利参战之事。

但是，事情总归会发生变化的。1940 年 6 月，声称 1942 年才能准备充分的意大利，吵着要参战了。

而且，还有一些迫不及待。

德军在法国的胜利让墨索里尼坐立不安。他感觉到，此时再不参战，就会丧失分享胜利果实的机会了。当英军残部在敦刻尔克开始登船的时候，墨索里尼一咬牙，一跺脚：

参战!

因此，他在 5 月 30 日写给希特勒的信中说，“参战的日期将是 6 月 5 日。”

希特勒立即回答：“深受感动”。

希特勒私下对将军们说：“这封信证明，在政治问题上，我将必须对意大利人多加小心。很明显，墨索里尼把此事看作是在罗马大街上散步一般。开始时，他们胆小如鼠，不敢参战；现在呢，他们却迫不及待，想分享战利品来了。”

6 月 5 日恰好是德军发动第二阶段攻势的日子。如果意大利当天宣战的话，很可能世界舆论会认为是意大利的“第二战线”最终打垮了法国，而不是“红色计划。”因此，希特勒期盼墨索里尼把日期推迟 3 天。他说：“等把残余的法国空军击溃，你们的战斗就会更容易些。”

墨索里尼毫不客气——他推迟了 5 天。

对于这个蠢蠢欲动的意大利，同盟国方面又是什么反应呢?

自然，意大利倒向德国是一件顺理成章的事情。不过，丘吉尔与墨索里尼私交甚密，他也曾规劝过墨索里尼不要轻举妄动。因为丘吉尔坚信，希特勒只不过是小人得志罢了，一旦美国参战，局势将会发生翻天覆地的变化。同时，他也毫不掩饰这种想法。在一封写给墨索里尼的信中，丘吉尔就用威胁加劝告的方式来试探意大利的态度。这封信也曾在欧洲的报刊上发表过，这也算是同盟国对意大利的最后的公开呼吁。

信的全文如下：

英国首相致墨索里尼先生：

现在我已出任首相并兼任国防大臣，回顾我们在罗马的会晤，我甘愿越过这似乎在迅速扩大的鸿沟，对你这位意大利民族领袖表达我的友好之意。制止在英、意两国人民之间，造成血流成河的局面，是否为时已晚呢？我们两国之间的不和，无疑将使我们互相残杀、两败俱伤，并使地中海上空密布乌云。如果你硬要这样做，其结果必然如此；但是我声明，我从来不是伟大的意大利人民的敌人，也从来没有想过要和意大利的立法者作对。目前在欧洲进行着激烈的大战，其趋势如何，尚难预言，但是我确信，无论大陆上发生什么事情，英国一定要像过去那样坚持到底，即便是单独作战，也要坚持。我有几分把握，相信我们将获得美国、甚至美洲所有各国日益增加的援助。

请你相信，我之所以发出这种庄严的呼吁，并不是因为我们力量软弱或心中恐惧，这一点将来会载诸史册的。请倾听这一点，在可怕的信号发出以前，我以一切荣誉和尊敬恳求你。我们绝不要发出这样的信号。

墨索里尼的回信很冷淡。唯一的优点是，他把话说得很直接。

墨索里尼致英国首相：

我之所以回答你的来信，是为了告诉你，你一定知道，使我们两国处于敌对阵营的历史和重大原因。不用追溯得太远，我想提醒你的是，贵国政府1935年在日内瓦率先提出要对意大利进行制裁，当时意大利不过是为了要在非洲的阳光下获得一小块空间（埃塞俄比亚），它丝毫未损害贵国或其他国家的利益和领土。我再提醒你看看意大利在它自己的领土里受人奴役的真实情况。

如果贵国政府对德宣战是为了给你的签字增添荣誉，那么，你就应当明白，无论发生任何事情，我们对意、德条约的荣誉感和尊严感也将指导意大利今天和明天的政策。

接到这封回信之后，丘吉尔明白，意大利的参战已经不可避免。他后来写道：·个新的敌人将像饿狼似的从南方扑来。用什么办法来促使墨索里尼改变主意呢？

而且，丘吉尔特别担心法国政府的处境。在他看来，由于德军不断取得胜利，以雷诺总理为首的主战派已经岌岌可危。在一次谈话中，雷诺总理就曾悲凉地对丘吉尔说道："法国有退出战争的可能。我本人是想打下去的，但是，我这个位置也许不久之后就会被另外一个性格不同的人所代替。"他口中的另外一个性格不同的人，自然指的是贝当。

所以，意大利参战，无论是在军事还是政治上，对同盟国都是一个严重打击。于是，这两个老家伙私下一合计，便想出了一个主意——割地求和。

对丘吉尔来说，这应该是一个非常屈辱的决定。希特勒无论如何狂踩自己，丘吉尔也从没想过割地求和，但在意大利问题上，他不得不让步了。

丘吉尔开出的条件很宽大，他甚至说：只要意大利的要求不算太过分，我们英国政府都可以接受——一副闭目待宰的表情。同时，法国政府也愿意在突尼斯问题上做出让步。

根据雷诺的建议，丘吉尔还特地找来了罗斯福总统从中调解。

可是，墨索里尼根本不理他们。甚至连罗斯福总统的访意之行，也被这位意大利独裁者极端粗暴地拒绝了。

这应该是墨索里尼最风光的日子，3 个世界大国越是跪倒在他脚下苦苦哀求，他越是不可一世。很明显，根据同盟国当前的处境来看，任何墨索里尼想要的东西，他都可以亲自去拿，或者由希特勒送给他。在快要死亡的人面前，还有谈判的必要吗？换句话说，能轻易抢来的东西，何必再经过谈判呢？

6月9日，法国大使馆门口迎来了意大利人送来的礼物——最后通牒。当那位趾高气扬的意大利外交官将要跨进法国使馆的时候，法国人却把他赶了出去。一位法国官员悲愤交加地对他说道："从今天开始，你们将发现德国人是很难伺候的主子！"

6月10日，墨索里尼宣布，意大利正式向法国宣战。

迎接他的，是雷鸣般的欢呼声。

当天晚上，罗斯福总统发表了一篇演说。丘吉尔后来回忆：

约在午夜时分，我和一部分军官在海军部作战室收听这篇演说。他强烈地谴责意大利，说："1940年6月10日这一天，手持匕首的人将匕首刺进了他的邻人的后背，"这时室内发出了一阵满意的叫声。我不知道在即将来到的总统选举中，美籍意大利人将选择把票投给谁，但是我知道，罗斯福是一位很有经验的美国政治家，为了实现他的决心，他是从来不怕风险的。这是一篇很漂亮的演说，它充满了情感，并给我们带来了希望的讯息。

此时，意大利已经在法国边境集结了一个集团军，共22个师，32.5万人，约3000门火炮和3000门迫击炮。而法国早已把边境上的精锐部队撤走，投入到索姆河防线去了，仅留下6个装备极差的要塞师。

面对如此羸弱的敌人，意大利军队却迟迟不肯发动进攻。德国人急了，他们搞不明白意大利人为何如此消极。约德尔甚至亲自跑去意大利使馆过问此事。这位将军说话一项都是直来直去的。他直接问："为什么意大利人老不行动，你能向我解释此事吗？"

驻柏林大使阿尔菲利的回答掷地有声。

他振振有词地说道："因为前线下着大雨！"

哎，可爱的意大利人。

意大利参战前，德军中有个流传很广的笑话：在战争中，意大利最好能持守中立。这样，它也许可以牵制盟军10个师；假使它加入同盟国，则德国只要用5个师就可以将其击败；但假如加入德国方面作战的话，德国反而要用20个师去保护它。

最让人啼笑皆非的是，这个笑话居然成真了——意大利军队无论在北非还是本土，均无法自保。1943年意大利战役爆发时，德国果真投入了21个师去保护意大利。

难怪有人曾调侃说："意大利为世界反法西斯的伟大事业做出了巨大贡献……"

不管怎么样，1940年6月11日，意大利军队的表演开始了。

首先，是铺天盖地的炮火射击，6000门意大利火炮开始向法军阵地倾泻炮弹。不过，这些大炮全是上次世界大战留下来的旧货，射程只有10公里远，威力也小得可怜。隐藏在马其诺防线内的法军几乎毫发无损。

随后，意大利军队便开始沿着阿尔卑斯山——意大利沿海一带，开始进攻。他们的军队刚刚跨过边境上的铁丝网，就立即遭到法军的迎头痛击。法军占据着有利地形，而意大利各师则拥挤在狭窄的山谷小道中，对碉堡内的法军据点束手无策。

这样的战斗一直持续了好几天，意大利军队丝毫没有迫使力量单薄的6个法军的师后退半步。大家想想，阿尔卑斯山区别说打仗，就是登山也是一件非常困难的事情，意军必须仰攻法军阵地，自然捞不着好果子吃。

齐亚诺

墨索里尼的女婿齐亚诺在他的日记中写道：墨索里尼已经十分丢脸了，因为我们的部队还没有前进一步。甚至直到今天他们也没有能够向前推进一步，还停在进行抵抗的法军的第一道防御工事的阵地前。

对于这样的战果，墨索里尼无动于衷，甚至干脆放弃了军事上的努力。他厚颜无耻地说："我只需要付出几千条生命的代价，即可成为战争的胜利者，坐在和会的桌旁"。

说到要无赖，墨索里尼应该是属于最高境界。

尽管意军在战场上没有取得任何战果，但德军的战车依旧滚滚向前。6月10日，法国政府仓皇逃出巴黎，迁往图尔。他们一行不断地就巴黎城进行抵抗的问题争论。与此同时，希特勒继续大玩他的阴谋诡计——他破天荒地接受了一家美国媒体的采访，并与赫斯特报记者卡尔·冯·维冈会见，还向西方发表了声明。

他宣称，只要巴黎敞开大门，他无心攻打"美丽的法国首都"。接着，他一再强调说，他无意消灭大英帝国。他对美国的要求不外乎是局部的"门罗主义"（这是美国第5届总统的一项对外政策，即：你们别插手），美洲归美洲人管辖，欧洲归欧洲人管辖。

接着，他突然话锋一转，说出了一些完全相反的论调，他说：由于英国一再打败仗，"它的当权者眼睛都哭肿了，来哀求美国援助他们。是的，德国的确在威胁大英帝国，并打算消灭它。可以肯定的是，在这次战争中，有一样东西将被消灭——一个为着自己卑鄙目的而任意消灭千百万人民的资本主义集团。"他吁请法国为了英国流更多的血，这在盟国听来简直就是冷嘲热讽，比被扇了一耳光还难受。

6月11日，雷诺总理再次发给丘吉尔一封电报，希望丘吉尔前来商讨战争局势。实际上，雷诺已经面临着倒台的危险。现在的法国政府内部已经分成了3个集团，主战派自然以雷诺为首，主和派是贝当元帅。

在他们的背后，还蜷伏着一个叫作赖伐尔的阴险政客，这个家伙已经在他的周围聚集了一部分参议员和众议员。这位赖伐尔先生的政策相当直接，他声称，法国不但应当立即与德国媾和，而且必须倒戈，应当和征服者结成同盟，老老实实地渡过海峡去打击英国。

这个家伙从来都不是什么善类，属于典型的"墙头草派"，他甚至愿意把法国海军——这个世界排名第4、而且是世界上最现代化的海军，提供给德国作为入侵工具，并用这个功劳来保全法国利益和各个行省，以胜利者的身份来结束战争。

对于这样一个恶心的家伙，我无从评价。

法国这些卑鄙的政客让丘吉尔极其担心。他也明白，如果法国庞大的舰队落入希特勒手中，将会是怎样一个严重的后果。对于雷诺总理的邀请，他欣然接受。当天中午 12 点，丘吉尔在 12 架“喷火式”战斗机掩护下从伦敦起飞，几小时后，他的飞机安稳地降落在图尔附近的一个临时跑道上。

这是丘吉尔在出任首相的一个月之内第 3 次飞赴法国。丘吉尔刚一走下飞机，就发现气氛与以往大不相同，到场的法国人并不多，甚至来接他的汽车也姗姗来迟——仅有一位表情冷淡的上校和一辆汽车，丘吉尔一行就挤进这辆小车，来到了法国政府临时驻地——一栋破落不堪的乡村别墅。

丘吉尔后来回忆道：

我们在那里见到了雷诺先生、贝当元帅、魏刚将军，还有其他一些人，其中包括级别较低的戴高乐将军，他刚被任命为国防部副部长。紧靠旁边的铁路上，有一列总司令部的列车车厢，我们一行人中有些人准备在这列车上安歇。别墅中只有一个电话，安放在洗手间内。电话很忙，打一个电话要等很久，电话里叫喊的声音从来就没有停止过。

克雷孟梭

开会的时候，丘吉尔前脚刚一踏进会议室便开始大声谴责起来，他问道：“为什么不在巴黎进行顽强的保卫战呢？在城市内特别是在大城市内进行逐屋抵抗，对入侵的军队是有巨大的销蚀力量的。据我所知，德军在接触点上并不像人们想象的那样强，如果所有的法国军队，每个师、每个旅，在他们的战线上都不遗余力地作战，就可以使敌军的作战陷入停顿。”

接着，丘吉尔向贝当元帅追忆起 1918 年英国第 5 集团军惨败后，在博韦的列车中他们一起度过的那些夜晚。丘吉尔提醒他克雷孟梭（一战时期法国总理）曾经说过的话：“我决定在巴黎的前面作战，在巴黎的城里作战，在巴黎的后面作战。”

丘吉尔在那边慷慨激昂地说了一大堆，可贝当元帅依旧无动于衷，他平静且略带讽刺地回答：“在那个时候我可以调动法国 60 个以上的师、英国 60 个师，可是现在一个师也没有。在现在的情况下，就是把巴黎化为灰烬，也不会影响最后的结局。”

丘吉尔碰了个钉子，但他毫不灰心，转而询问魏刚将军在法国境内进行游击战的可能性。

但魏刚却回答说：公路上的状况十分可怕，难民拥挤在一起，遭到无法抵御的机枪扫射，大量居民成批逃窜，政府机构和军事机关也在继续崩溃。说到这里，魏刚停顿了一下，低声地提议道：“法国政府将不得不要求停战。”雷诺立刻喝阻他：“将军阁下，这是政治问题！”

丘吉尔不为所动。继而他提议说：“如果法国政府能继续打下去，就可以牵制或消耗德军 100 个师，我希望法国政府能这样做。”魏刚将军反问道：“即便是那样，他们也可拿出另外的 100 个师来征服你们。到那时，你们又怎么办呢？”

虽然丘吉尔首相一贯喜欢没事吹吹牛，但他不是一位军事专家，魏刚的问题让他张口结舌。最终，英国的技术顾问给丘吉尔解了围，他们强调说：“应付德军入侵大不列颠的最好的方法，就是在半路上尽量淹死他们，对余下的人，他们一爬上岸，就敲他们的脑袋。”

魏刚苦笑着回答道：“无论如何，我必须承认，你们有一道很好的反坦克障碍（指英吉利海峡）。”

眼见贝当之流投降的决心已定，丘吉尔的内心悲愤到了极点，他不断地反问自己，同盟国的事业真的就这样失败了吗？他对着贝当元帅大声说道："好吧，如果法国政府认为最好的办法是让它的陆军投降，那就不必为我们而有所犹豫，因为不管你们怎样做，我们将永远、永远、永远地打下去。"

此乃丘吉尔原话，他用了 3 个永远，可见他的内心是多么悲愤。特别是在会议进行到一半的时候，法国方面又提出了一个要求，他们希望英国空军不要轰炸意大利。因为按原计划，同盟国将在意大利宣战的第一时间，出动空军袭击意大利北部两个最为重要的工业基地——米兰和都灵。尽管开战 9 个月以来同盟国从来都不敢轰炸德国的任何一座城市，但意大利就另当别论了，他们还是敢去试一试的。

现在，英国重型轰炸机已经全部集结在马赛附近的法国机场，一切都准备就绪，只等进攻。法国人的建议无疑是给丘吉尔当头泼了一盆冷水。法国地方当局的理由更为可笑，他们声称，轰炸意大利必然带来对法国南部的报复，而这种报复则非英国空军所能抵抗或阻止的。法国人的思路很明确，你们英国人投了炸弹就拍拍屁股走人了，遭殃的还不是我们法国人！

并且，在当天夜里，那些打算不顾法国政府的反对而强行起飞的英国空军又碰上了新的麻烦——负责此次行动的巴拉特空军中将向丘吉尔报告说：机场附近的法国居民拖来各式各样的车辆堆放在机场，以致轰炸机无法起飞……

看来跟法国人没有什么可谈的了。鉴于这种情况，丘吉尔退出了会议。他在车厢里草草地休息了一个晚上，便准备乘飞机离开法国。在起飞前，丘吉尔把刚到此地的法国海军上将达尔朗拉到一旁，单独对他说："达尔朗，你千万别让德国人拿到法国的舰队啊。"

达尔朗上将认真地承诺道："我绝对不会那样做，法国政府和陆军也许可以投降，但我们的海军绝不屈服。我宁愿把海军全部开到加拿大去，也不会投降德国人！"

两年之后，达尔朗上将最终完成了他的承诺。不过，法国海军的结局要比他所预料的惨烈得多。

第二节
巴黎不设防

在得到达尔朗上将的承诺之后，丘吉尔乘坐飞机离开了法国。在他离开后不久，贝当元帅就匆忙宣布巴黎为“不设防城市。”

此刻，德军早已抵进巴黎近郊。从某种意义上说，希特勒也不想破坏这座璀璨的世界名都。早年希特勒流落街头的时候，巴黎就是他心目中的艺术圣地。因此，这位穷其一生都梦想成为“伟大画家”的独裁者，下达了一个让所有部下都大惑不解的命令——停止进攻巴黎。

既然不打巴黎，巴黎附近的法国军队便遭了殃——他们瞬间成了德军的出气筒。冯·博克将军指挥的 B 集团军群，下辖 2 个装甲师，浩浩荡荡地围着这座城市进行武装大游行。6 月 12 日，在巴黎西南近郊，德军强渡塞纳河，彻底击溃了首都卫戍部队，即所谓的“巴黎兵团”。在东面，德军沿着马恩河旧战场一路大摇大摆地画圈圈，并轻松地占领了离巴黎将近 100 公里的蒙米赖。

因此，法国政府于 6 月 13 日宣布巴黎为不设防城市的时候，巴黎实际已处于德军东西两面的夹击之中。14 日，博克将军乘坐一架小型联络机在巴黎上空视察，当他听闻巴黎为不设防城市的消息之后，便毫不犹豫地命令飞行员降落在凯旋门对面的香榭丽舍大道上，刚好赶上首批入城的德军第 87 步兵师。在现代战争史上，战役总指挥赶在部队前头先行抵达目的地的情况，恐怕也仅此一例了。

这位个头矮小、其貌不扬的将军进入巴黎后的行程就更有创意了。阅兵结束之后，博克将军所做的第一件事居然是跑去拜谒拿破仑墓，然后闲步走进著名的里茨饭店饱餐了一顿，他还顺便去附近商店买了点东西——就像来巴黎旅游一般。

这座美丽的法国首都就这样沦陷了。具体的时间是：1940 年 6 月 14 日清晨。在埃菲尔铁塔、凯旋门、市政厅，令人生畏的“卐”字旗取代了法国三色旗。德国人就像贴狐臭粉广告似的，在这些标志性建筑物上贴起了新的标语——“德军无往而不胜。”

一位紧随德军前锋进入巴黎的美国记者，记录下了巴黎沦陷、法国人民国破家亡的凄惨情景。他写道：在 6 月 14 日进入法国举世无双的首都时，没有比此时对我的冲击更大的场景了，这将成为让我难以磨灭的经历。这样一座名城竟落入德军手里，真是难以想象……

协和广场前再也没有了车水马龙按着喇叭的汽车，没有了尖声叫喊的卖报人，没有了一本正经的警察，没有了愉快的行人。这些，原是这个壮丽广场特有的景色，现在都没有了。只有一片沮丧的沉寂，不时被德国军官行驶的车的声音所打破，他们正驶向克里隆旅馆——德军匆匆设立的总部。这家旅馆的旗杆上，德国国旗在风中招展。

对法国人来说，这就是耻辱，对德国人来说，这是自《凡尔赛合约》以来，每一个德国民族主义分子美梦的实现……

巴黎沦陷的消息让世界一片哗然。这天，雷诺总理又突然宣布放弃图尔，继续南迁。为了一次性解决问题，他一口气跑了 900 公里，把政府迁往濒临西班牙边境的波尔多，并将该城设为临时首都。在短短 4 天之内，法国首都就换了 3 个地儿，难以想象！

抱着最后一丝希望的雷诺，在当天还给罗斯福总统发去了一封电报，他说：最后的时刻已经到来，盟国事业的命运掌握在美国之手。他呼吁美国政府全力援助法国，至少让美国的舰队和空军参战。他在给罗斯福的电文中直言不讳地说道：“唯有美国政府改变主意、法国才能继续战斗下去”。

现在，同盟国内部来自四方八面、口诛笔伐的声讨，比德军的攻势还要吓人。魏刚将军为了维护自己的声誉，把责任一股脑都推给文官政府，毕竟他与丘吉尔一样，属于新官上任，大众舆论对“新人”一向比较宽容。而对那位白发苍苍的雷诺总理就不同了，那些别有用心的投降派冷嘲热讽，让他寝食难安。好像纯军事上的失败完全应该由这位连枪都没使过的总理来负责。

雷诺此时的心情应该很沮丧。因为，连他一向都很看好的魏刚将军也突然跑出来宣布：“法国军方要求政府立即停战，法国的陆军已经筋疲力尽，应当趁着现在还有足够的军队维护秩序时保存实力，一直等到和平到来的那一刻。”

几天以来，魏刚将军的态度发生了巨大改变，他开始倾向于求和。因此，他打算，在法国军队还保持着相当的纪律和实力足以维持战败之后的国内秩序时，强迫法国政府要求停战。长期以来他对第三共和国的议会制度恨之入骨。作为一个虔诚的天主教徒，他把他的国家所遭受的，看作是上帝因为人们背弃基督的教义而给予的惩罚。因此，他便远远超出他的职责范围地去使用他的最高军事权力；他和法国总理唱反调，宣称法国军队不能再战斗下去了，应当趁着全国还没有陷于无政府状态以前，停止这场令人恐怖和徒劳无益的大屠杀。

可是，雷诺先生是个老好人。他一直对3个月前签署的《联盟宣言》念念不忘，这份同盟国双方共同签字画押的协议上，最为关键的一条就是——任何一个同盟国都不能单独媾和。意思就是说，法国政府如果想要与德国单方面停火，必须要经过英国政府的同意，才能生效。

当然了，这种协议如果摆放在希特勒或斯大林案前的话，也许就是一张该被扔进垃圾堆里的废纸。但是，雷诺先生心不黑、脸不厚，他自己深深地知道这是一个庄严的誓约，所以愿意完成这一庄严的誓约。丘吉尔更是抓住这条协议死不放手，他甚至在一次会议上，当着许多法国官员的面，说：“同盟国的共同事业是要彻底击败希特勒主义，而法国政府也必须承担自己应尽的义务。因此，无论发生什么情况，我们都不能赞同解除法国的义务。”

关键词——义务！

丘吉尔果然不愧是一位精明的政治家，这个词语所表达的涵义不言而喻。诚然，我们可以赞美英国政府抗击德国法西斯的伟大决心，赞美丘吉尔首相的不屈不挠的精神……

但是，如果我们站在法国人的立场上，会怎么理解这个问题呢——拥有 4800 万人口的英国在对德作战中，仅派出 2 个师在法国境内作战，空军还不肯出全力。并且让 90% 的损失都落在法国身上，落在法国一个国家的身上。

就像魏刚将军所说的那样："法国已经为共同的事业牺牲了一切。它现在已经一无所有；不过，它也成功地大大削弱了我们的共同敌人。在这样的情况下，如果英国不承认法国在力量上已无法继续作战，如果还希望它打下去，从而使法国人民听凭那些玩弄手法的无情专家们的摆布（我觉着他是暗讽丘吉尔），陷入必然的堕落和恶化的境地，那将是让人感到震惊的。"

现在，由于军事上的彻底溃败，同盟国高层再也不愿谈及战斗方面的事了，魏刚将军从来不待在自己的指挥部，整天往雷诺总理那里跑，他们一直围绕着法国是否应当单方面退出战争的问题争论不休。

6 月 15 日，雷诺总理最后的希望也随之破灭——这天，雷诺接到了罗斯福的回电。在回电中，罗斯福对出兵问题避而不谈，仅承诺美国政府将竭力在物质上援助同盟国。

此时此刻，雷诺总理终于绝望了，他悲哀地说道："我们再也不能指望美国的援助了，在隧道的尽头还是看不到光明。我不能抛弃我们的人民，让他们永远受德国人的统治。我们必须妥协，别无他法……"

他决定求和。

但是，考虑到自己与丘吉尔友好的关系，雷诺极不情愿地签署了这份在英国人看来是"背信弃义"的停战协议，但他不愿意承担这个足以背上千古骂名的罪名，于是自以为聪明地做出了一个决定——辞职!

就在德军占领巴黎的当天，德国 A 集团军群的左翼已进至马其诺防线的侧后。这条"无用"的防线，还"保卫"着数十万没有投降的法国军队。希特勒是个比较变态的家伙，他做事的原则就是：要么不做，要做就做绝。尽管法国政府投降的日子指日可待，但希特勒依旧指示隆德施泰特与C集团军群合作，彻底消灭那里的法国军队。

C集团军群应该是所有德国陆军中参战最少的部队。这支部队从1939年9月1日开始就在德国边境上待命，与马其诺防线隔网相望。根据希特勒下达的15号“元首指令”，这支静坐了大半年的部队立即选择马其诺防线的薄弱处即阿尔萨斯和洛林两个筑垒地域的接合部发起进攻。

6月14日，在重炮和俯冲轰炸机的掩护下，德军开始正面强攻马其诺防线——这条被法国人称之为顶呱呱的防线。法军坚固的堡垒最终还是经受住了德军俯冲轰炸机的考验——在德军猛烈袭击之下，他们的防御工事上的每一个据点依然完好无损。

德国人可不这么想。轰炸机轰炸的场面拍出来很是令人激动，照片上，法军阵地就像被炮火耕犁过一般，森林里燃起了冲天大火。

C集团军群的广大官兵得意了、亢奋了，在萨尔布吕肯，C集团军群开始强渡湖沼地区。他们的橡皮小艇刚刚行驶到湖中央，就遭到看似已经损坏的法军碉堡的猛烈袭击。德军渡河部队几乎全军覆灭——不是被打死，便是掉进湖沼内被活活溺死。

这次失败让德国人意识到了马其诺防线的厉害。次日，德军发起了更加猛烈的进攻。这一次，他们改变了战术，开始狂丢烟幕弹，并用重炮火力压制法军的火力。

入夜，德军的攻势取得了战术上的成功。烟雾弥漫的战场使得法国士兵无法找到准确的目标，而德军却能轻松接近碉堡，然后再塞进致命的炸药包。

不过法军在马其诺防线上的纵深防御使得C集团军群无法完成真正意义上的突破。在两天的战斗中，德军仅能小股地渗透到马其诺防线后方去搞偷袭。C集团军群没有装甲部队，只能和法军打拉锯战，双方常常为一个高地的得失而拼得你死我活。那场面，就跟回到了第一次世界大战一般。

至此，C集团军群的攻势在6月15日陷入了停顿，围歼法军的重任又回到了我们熟悉的古德里安将军身上。

第三节
突破马其诺防线

6月9日A集团军群发起总攻伊始，“古德里安装甲兵团”就迅速地移动到马其诺防线侧后，这就好比劈竹子，古德里安将军只要顺着这条直线一路顺劈下去就行了。

说起来容易做起来难，法国人自然不会眼睁睁地看着自己的防线被如此凌辱。随着古德里安不断地挺进，他的侧翼越拉越长，完全暴露了出来。

无奈之下，古德里安只好派出部分装甲部队掩护自己那狭长而薄弱的侧翼。从这里可以看出古德里安与隆美尔这两位名将在装甲部队使用方式上的不同之处：隆美尔的侧翼一般会让步兵团携带反坦克炮进行掩护，而古德里安则完全不用步兵，对他而言，步兵师就是打杂的伙计，最好的用处就是保护补给车队以及收容战俘。

以至于后来，跟着古德里安混了1个多月的步兵师长提出了抗议，他们抱怨说：怎么也要让我们的步兵和敌军碰碰面吧（原话）！看来，他们跟着古德里安混了这么久，连场像样的战斗都没打过，每天跟在装甲师屁股后面乱转，的确有些委屈，俨然就是尾随装甲师绕着法国旅游了一圈。

可是，古德里安非但不同情他们，反而听取了一位装甲指挥官的意见。这位指挥官说：“步兵们忙于抢功，各师的界限也没有划分清楚，他们的马车队把交通都堵塞了，致使装甲部队的前进速度严重受阻！”于是，古德里安严令禁止步兵师再踏上公路一步，还命令他们只能在田野里越野行军。甚至，古德里安还把手伸向了步兵团。当时德国步兵团的编制是4辆卡车——古德里安把这些卡车都召集起来运汽油。

这是什么领导？步兵师师长们一致认定，跟着这样的领导混太没前途。苏联战役爆发时，除装甲师外，古德里安下辖的步兵师几乎都换了个遍，估计和他对待步兵的态度有很大的关系。

当然了，自从甩掉步兵这个累赘之后，古德里安的推进速度就越来越快，侧翼的威胁也越来越大。法军不间断地投入部队进行反击，企图切断德军交通线。这样的反击每天都在进行，但法军往往是气势汹汹而来，狼狈逃窜而去。

最初，古德里安将军一度对侧翼的安全非常担心。但总是有惊无险，法军始终未能切断其交通线。古德里安事后哀叹道："法国陆军打得很勇敢，但他们对机械化部队的使用总是不得要领。他们的头脑还停留在1918年的水准，法国指挥官依旧习惯把坦克分开使用，当成支援步兵的工具。"

而且，法国指挥官丝毫不吸取教训，"分散使用"的理论根深蒂固了。他们的反击从6月10日持续至6月16日才最终消停。这天，"古德里安装甲兵团"挺进至瑞士边境，即将与正面的C集团军群会师。法国西南战区的指挥官急了，他亲自率领所有部队，进行了一次排山倒海般的反击，铁了心要与德国人对抗到底。

结果，这位先生把进攻方向搞错了，不知是看错地图还是怎么着，他居然一头引着部队朝格赖地区猛冲而去，而格赖城恰恰是古德里安的主攻方向。双方主力部队便在该地爆发激战，战斗从中午打到黄昏。最终，这位搞错方向的指挥官中弹身亡，法军的反攻彻底全线崩溃。

6月16日入夜，德军挺进至贝耳福，其左翼一部与C集团军群胜利会师。"古德里安装甲兵团"顺利地自西南、西北面绕至马其诺防线背后，把40万法军包围在马其诺防线的铁网之内。紧接着，马其诺防线中第二个最强大的防区——阿尔萨斯堤坝地带也被包围。

有趣的是，戈林的空军再一次很合时宜地跑出来帮倒忙了——就在古德里安发起总攻、准备彻底围歼法军之际，戈林的空军把一座正在架设的浮桥当成敌对目标，稀里糊涂地俯冲下来投弹。深远里，黑灯瞎火的也分不清敌我，这支德国空军炸了一次还来第二次，直至桥梁完全被炸毁为止。这次可笑的误袭致使古德里安延误了大半天时间，多亏他们在索恩河上又发现了一座没有破坏的桥梁——但为时已晚，有大约 15 万的法军顺着德军包围圈的缺口，利用这半天的时间蜂拥而出，逃往了法国南部，有部分溃兵居然还跑进了瑞士境内。到战役结束时，古德里安一共抓获了 25 万名俘虏，并推进至孚日山脉，马其诺防线彻底崩溃。

最后顺便再提提那些进入瑞士国境的法国溃兵。瑞士这个滋润的小国果然名不虚传，连法国溃兵入境了都不知道，不知瑞士人是喝酒去了还是泡妞去了。直到第二天清晨，瑞士各大报刊的头条爆出了猛料："大批法国军队入侵我国边境"——这在法国人看来简直哭笑不得。

就在德军全线猛攻的同时，那位绝望的雷诺总理正式向勒布伦总统提交了辞职。6 月 16 日晚，贝当元帅接任内阁总理一职。

雷诺把问题想得太简单了，他自以为拍拍屁股撒手不管就能逃避一切责任。实际上，丘吉尔正在策划一个"惊天"的大计划，雷诺的匆忙辞职让丘吉尔猝不及防，并最终导致"丘吉尔计划"全面破产。

该行动计划是这样的：在雷诺总理辞职前几个小时，丘吉尔与雷诺的全权代表戴高乐将军举行了一次秘密会晤。虽然这次会晤在场的法国高级官员不多，但他们探讨的问题极其重大，并最终起草了一份堪称神奇的"新《联盟宣言》"。

这份看似有些冒失的宣言里的协约引人注目：

两国政府宣布，英国和法国今后不再是两个国家，而是一个英法联盟。

英法联盟宪法将双方的国防、外交、财政和经济政策进行联合。

每一个法国公民将立即享有大不列颠的公民身份，每一个英国臣民也将成为法国的公民。

这是一份不太引起后世注意、同时又被许多人嘲笑的宣言，他们一致认为丘吉尔太过无聊，在这种情况之下，居然还逼着法国人签署这份看似无用的条约。

不，丘吉尔的计划周密得很。因为他知道，雷诺总理一旦倒台，英国将会失去对法国政局的控制，以贝当为首的投降派就会得势。所以，当务之急就是稳住法国政局，并在主战派首脑——雷诺总理的带领下，把抗战继续下去。

顺着一条很明显的线索，就能理清丘吉尔的全部想法——在该条约签署后不久，丘吉尔便和雷诺通了电话，他希望雷诺尽量携带剩余的法国军队以及法国政府迁往北非，并要求法国海军开往当前德国不能控制的港口。

可是雷诺总理的突然辞职让这份协议从真正意义上变成了废纸。新总理贝当元帅拒绝承认这份协议，他们提出了种种异议，说它是“到最后一分钟才拿出来的计划”，是“突然袭击”，是一个把法国沦为保护国或者夺取它的殖民地的计划书。他们还说，这会把法国的地位贬为英国的一个自治领土。还有些人埋怨说，连平等的身份也没给予法国人，因为法国人只能取得英国殖民领地身份，而不是英国本土的公民，但是英国人却可以做地地道道的法国公民。

但那些仍然茫然无助的法国民众如果知道这事，或许会很高兴。

照贝当看来，同英国联盟无异“同死尸结成一体”。他们大叫大嚷地说：“不知道你们怎么想的，反正我认为还是作纳粹的一个行省好些，我们至少明了那是怎么一回事儿。”魏刚将军的一个亲密朋友、参议员雷贝尔宣称，这个计划意味着法国的彻底灭亡，分明是让法国隶属于英国！

总之，他们一致认定，丘吉尔太狡猾了，对法国实在是不公平。

丘吉尔确实很狡猾，但他仅仅是想让法国继续在北非战斗下去。现在，雷诺总理为了逃避责任，撒手不管了。负责签署这份条约的戴高乐将军又毫无威望可言。并且，海军上将达尔朗也拒绝把法国舰队开往英国港口，而一部分率先搭乘“马西里亚”号军舰前往北非的主战派官员抵达卡萨布兰卡之后不久就遭到了当地行政官员的严密监控，其中包括 24 名众议员和 1 名参议员以及一些主战派领袖。法国前总理达拉第草拟的一篇建立北非抗战政府的宣言，也被一位摇摆不定的官员扣押了下来，不把它公布于世，而是提前发给了达尔朗和贝当。

现在，这两个人已经下定决心，决不容许在自己控制范围之外建立另外一个英国控制下的敌对政府。最后，贝当元帅下令把这些官员全部抓回法国，并投入监狱，罪名是——叛国罪。

就这样，丘吉尔既没有争取到法国舰队，也没有在法属北非建立一个新的抗战政府，反而助长了贝当之流的嚣张气焰，使得法国在全世界的殖民领土居于贝当政府的全面控制之下。

让我们设想一下，如果这个计划取得了成功，又将出现什么样的局面呢？法国政局的沦陷是 6 月 16 日偶然发生的事所铸成的，而每一件事的成败，往往取决于细微之处。如果保罗·雷诺挺过了 16 日的难关，如果雷诺总理不提出辞职，那么，就像丘吉尔事后所说的那样，到了 17 日中午，他就会和雷诺会面，并让雷诺以法国总理的身份，直截了当地向贝当元帅提出："除非法国舰队开往英国港口，否则决不容许法国解除《联盟宣言》中所承担的义务。"并提议成立永久的英法联盟，到非洲去，继续与英国并肩作战。他们还可以获得共和国总统的支持，获得法国两院议长和所有主战派官员们的支持。

最关键的是，能获得英国政府双手加双脚的支持。

不过，雷诺没有坚持到这一天，他选择了逃避，逃避他的责任，逃避他对丘吉尔的承诺。我甚至认为，雷诺总理是不敢承担这份艰巨的责任的。因为，到北非去组织新政府的计划太过于冒险，甚至有爆发内战的可能。说不定哪天，英国和德国倒是和和气气地坐下来谈判了，自己内部反而因为政见不同乱打一通，这自然不是善良的雷诺愿意看到的结果。

一直到很久之后，丘吉尔依旧在因这个失败的计划而耿耿于怀。他甚至设想，假如当时法国政府能退到北非，强大的法国舰队不仅能迅速控制地中海局面，还能在 1941 年的北非战役中完全肃清沿岸所有的意大利军队，同盟国也会拥有多出百万的法国陆军，根本不会出现隆美尔远征北非的局面。

可惜的是，这一切全部变成了镜中月、水中花。胆小怕事的雷诺突然辞职，导致丘吉尔计划全面破产。这位天真的前总理似乎仍旧希望能够于 17 日中午和丘吉尔会晤，并且把这个意愿告诉英方代表——斯皮尔斯将军。斯皮尔斯拒绝了雷诺总理的请求，他冷冷地答复："明天就是另一个政府了，你已经不能代表任何人说话了。"

第四节

贡比涅森林的轮回

法国新总理贝当上台伊始，就迫不及待地展开了他的“和平运动”。6月16日晚，贝当在第一次新内阁会议上宣布：“政府已经组成，它的首要任务是毫不犹豫地请求德国政府停止敌对行动。”

他强调说：“既然法、德兵力对比悬殊，英国政府又不愿意付出代价，从这一前提出发，法国已无所作为，只有向它不幸的命运屈服。”

现在，认为大势已去的魏刚将军继续当他的陆军总司令，摇摆不定的达尔朗上将被海军总司令一职收买，一个叫作博杜安的德国通接任外交部部长。

内阁会议一结束，博杜安就立即于17日凌晨1点紧急召见西班牙驻法大使，请求西班牙政府充当德、法双方的中间人。随后，神通广大的博杜安居然还找到了深居梵蒂冈的罗马教皇，请求罗马教皇出面调停，以便与意大利政府谈判，“探讨两国建立永久和平的条件。”

6月17日清晨，希特勒收到了德国驻西班牙大使馆传来的贝当政府希望停战的消息。希特勒的一个女秘书后来写道：“希特勒听到这个消息时，高兴得跳了起来，并用巴掌重重地拍打自己的臀部，我从未见过他如此开心放纵。”在随后举办的庆祝酒会上凯特尔将军发表讲话，他还邀请大本营所有的工作人员喝酒——甚至连做保洁的阿姨也没落下。当然，凯特尔将军也没忘记其逢迎拍马的本色，他动情地提议道：为有史以来最伟大的征服者的健康干杯……

面对法国政府的苦苦哀求，希特勒并没有立即回复，他决定先会见墨索里尼，讨论停战条件。与此同时，德军奉命对战败的敌人继续施加压力。

6月18日希特勒召唤他的部下到慕尼黑来讨论与法国停战问题的时候，意大利的32个师已进行了一周的战斗，但却没有丝毫的进展。墨索里尼曾大吹大擂自己的军事力量，但其真实的实力从参战一开始就暴露了出来。

据说，在德国一家电影院，电影放映过程中穿插了一则广告，当广告中“意大利军队胜利进军”的字样出现在屏幕上时，整个电影院里的观众哄堂大笑——就连德国普通民众都知道意大利军队是什么德行。

因此，当这位泄了气的意大利独裁者和他的女婿齐亚诺在6月17日晚上乘火车去同希特勒见面的时候，他的心情是沮丧的。不过，这丝毫不影响墨索里尼那贪得无厌的野心。他对希特勒说：“我们应该占领整个法国领土，并要求法国舰队投降。”同时，意大利还要求割去法国一大片的领土，就连拿破仑出生地科西嘉岛也不放过。

可是，墨索里尼底气不足。战争是希特勒赢得的，而不是他。他的意见只有参考的价值。意大利最大的贡献也许就是牵制了6个不满员的法国师，这说出去是可笑的。因此，有最后决定权的只有希特勒一人，这当然会使墨索里尼感到忧郁不安。希特勒认定，最重要的问题是不让法国舰队落到英国的手里。他还担心法国政府逃到北非或伦敦去继续战斗。由于这个理由，停战条件一定得温和，要能保持“一个法国政府”，并且使“法国舰队中立化”。

这一次，意大利独裁者明显地屈服了，他想要夺取法国舰队的美梦成了泡影。墨索里尼和齐亚诺两人还发现，希特勒居然想宽宏大量地寻求和平，这让他们大吃一惊。希特勒“对消灭大英帝国，作了许多保留。他认为，即使在今天，英国对保持世界均势仍是个重要因素。”

齐亚诺在日记中写道：从希特勒所说的一切来看，他显然是想早日结束战争。希特勒现在是一个赢得了一大笔钱的赌徒，他想从桌边站起来，不再冒险了。在获得如此大的胜利之后能够这样，这实在是令人惊异。我个人对他没有好感，但在今天，我确实佩服他！

会议结束时，这两个独裁者还在明信片上签名，作为此次会晤的留念。在一张明信片上，墨索里尼以刚劲的笔触写道："英雄造时势。"下边，是希特勒秀气的题词："时势造英雄。"随后，希特勒就送墨索里尼前往车站——墨索里尼垂头丧气地离开了慕尼黑。

雷德尔

墨索里尼前脚刚走，德国海军总司令雷德尔后脚就到。这位元帅听到法国要求投降的消息之后，就兴高采烈地从柏林赶了过来，他红光满面，笑脸如花。用脚趾头都能想到，这位先生是为了法国舰队而来的。拥有 100 多艘各式舰艇的法国海军，对于只有几艘战舰的德国海军而言，其诱惑力之大，不言而喻。特别是在与英国海军的挪威之战中，德国海军损失惨重，雷德尔拟用法国海军进行弥补。希特勒直截了当地拒绝了这一建议。雷德尔与希特勒攀谈了仅仅几分钟，就拉起一张黑脸，灰溜溜地走了——因为希特勒说："法国舰队没有参加战斗，所以德国海军没有这个权力。"

在把需要安慰的人全部安抚完之后，希特勒认为可以答复贝当了。6 月 19 日清晨，德国通知法国："准备一份谈判代表团员名单，然后宣布停止敌对行动。"

贝当政府立即做出回应。但是，这毕竟不是什么美差事，没人愿意去签署这个停战条约，吵得很热闹的贝当内阁成员都在推卸责任。无奈之下，贝当找到了 4 个职位很低的官员去办这个苦差事，他们中为首的是一位名不见经传的集团军司令——查理 · 亨茨格将军，其余成员还包括 1 名海军将领、1 名空军将领和 1 名文职官员，分别代表法国三军以及法国政府。

签署停战条约的地点，德国人没有通知。因为，希特勒选择的地点太有创意。他要保守这个秘密，目的是把法国人带到这个神秘的地点来羞辱一番。

这个地点是——贡比涅森林。

签署停战协议的地点，有两个选择：一个是巴黎凡尔赛宫的镜厅，也就是本文最开始记述的《凡尔赛合约》签署的地方；另一个就是贡比涅森林。这个地点属于法国人心目中的圣地，是 1918 年 11 月 11 日德意志帝国向法国提出投降的地点。

最终，希特勒选择了贡比涅森林，他决定在这儿报仇雪耻。毕竟这个地方本身，也会增加他报仇雪耻的快感。

6 月 19 日，一队德国工兵便耀武扬威地开进了贡比涅森林。他们在一名军官的带领下，开始大搞破坏活动。首先，他们敲碎了贡比涅森林博物馆的游览窗，把福煦元帅的旧卧车从博物馆里拖了出来。然后，他们还像模像样地装上了 1918 年的旧卧车铁轨，德国工兵用风镐把墙壁推倒，把车子推到空地中间的轨道上。一名德国军官手拿着旧照片仔细核对之后，得意扬扬地向围观的世界新闻界和摄影记者宣称：这就是 1918 年 11 月上午 5 时德国使节在停战协定上签字时车子停放的准确地点——一丝一厘都不差的地点。他们还扯掉了车厢上的法国三色旗，悬挂上德国国旗。

6 月 21 日中午，希特勒驱车通过法国北部云遮雾罩的公路，前往贡比涅。《第三帝国兴亡》的作者威廉·夏伊勒曾是这次事件的当事者，他后来写道："这是我所能记得的法国最美丽的一个夏日。6 月的阳光，暖洋洋地照着壮丽的树木——榆树、橡树、丝柏和松树——把一片令人神爽的阴影，投在通往小小的圆形空地的林荫道上。下午 3 点 15 分，希特勒乘着他的曼赛德斯牌汽车来了。同行的有戈林、勃劳希契、凯特尔、雷德尔、里宾特洛甫和赫斯，他们身穿着各种各样的制服。"

就连一项喜欢标新立异的帝国元帅戈林也没敢乱穿衣服，他手里庄重地拿着陆军元帅节杖。他们在离空地将近 200 米的阿尔萨斯—洛林的雕像前走下汽车。雕像用德国军旗覆盖着，为的是不让希特勒看到那把大剑。那是一把1918年获得胜利的盟国大剑，插在一只死去的老鹰身上，这鹰代表着德意志帝国。希特勒向纪念碑看了一眼，继续大踏步地向里面走去。

威廉·夏伊勒继续用双筒望远镜注视着希特勒的表情。他写道：

“在他生平的许多重大的时刻，我都看到过那张面孔。那张脸严肃、庄重而充满了复仇的神情。从他的轻快的步伐里可以看出一副胜利的征服者、世界的挑战者的神气。还有……一种傲然的内心快乐，这是因为他目睹命运发生了地覆天翻的变化——而这种变化又是他亲手创造出来的。”

希特勒的私人保镖回忆说，当时，希特勒口中念念有词，听来像是“我们必将把能引起人们回忆起1918年那个耻辱的日子的一切东西全部毁灭。”

当他们一行走到这块小小的林间空地，希特勒的注意力被离地约将近1米高的一大块花岗石吸引住了。他慢步走上前去，读着石头上刻着的大字碑文[法文]：

“1918年11月11日，德意志帝国在此屈膝投降——被它企图奴役的自由人民所击败。”

希特勒读着，戈林也读着。大家站在6月的阳光中和一片沉静中读着。希特勒的脸上展现的是蔑视、愤怒、报复和胜利。他离开了纪念碑，极力使他的表情能表示出他的蔑视。他回头看了一下，从他的表情来看——人们几乎可以感觉到这种愤怒，因为他不能在如此众目睽睽之下，用他的普鲁士高筒靴一脚踏去这些可恶的、挑衅的字句。

戈　林

突然，好像是觉得自己的脸部

表情还没有完全表达出他的情感，只见他迅速地用两手搭在臀部，两肩耸起，两脚分得很开。这种姿势就像是粗鲁地对着碑文撒尿一般——这是一种不可一世的挑衅的姿势。这种姿势是对现在这个地方的极端蔑视，以及对这个地方 22 年来使德意志帝国遭受的所有的耻辱的极端蔑视。

表演完毕的希特勒彻底满足了。那辆破旧的餐车里早已摆好了一张长台，两边各放了五六把椅子，供双方代表团就座。希特勒大跨步走进谈判的车厢，一屁股坐在 1918 年福煦元帅坐过的那把椅子上——就像理应如此一般。

5 分钟后，查理·亨茨格将军带领法国代表团也进来了。他们的脸上还挂着听到谈判将在何处举行时出现的惊愕的样子。他们事先并不知道德国人会把他们带到法国人引以为傲的“圣地”来羞辱他们。他们震惊的表情让希特勒心理大为满足——这正是他所期望的。

看到法国代表入场之后，希特勒和他的同僚们起立，一句话也未说，双方相对鞠躬后，便各自坐下。他们就像蜡人一样，面无表情，互相对视。首先，由凯特尔宣读停战协定的前言。

凯特尔说：德国无意用和平的条件，去毁谤一个如此英勇的对手。“德国的目的是要阻止敌对行动的重新发生，避免德国继续与英国进行战争，并且要为新的和平创造条件，使强加在日耳曼帝国头上的不公正待遇，得到纠正。”

从当时情形看，凯特尔似乎是在对英国而不是对法国讲话。他继续宣布：“德国不会将法国海军舰只拿来供战争使用，也不会使用法国的海军装备……”

凯特尔读完这 12 分钟的序言后，希特勒站起身来和随行人员退场。凯特尔则继续向法国代表口授停战条约。

希特勒刚一走出车厢，便回过头来对众人说道：“福煦车厢将被运往柏林当作纪念战争胜利的展品，而贡比涅的法国纪念碑要用炸药炸毁”——只留下孤零零的福煦元帅雕像。

希特勒走后，谈判工作交由凯特尔继续进行。他把附有法文的停战条件读完以后，亨茨格将军马上对德国人说，条件太“冷酷无情”了，比1918年法国在这里向德国提出的条件还要苛刻。而且，“如果阿尔卑斯山那一边的那个没有打败法国的国家（亨茨格很看不起意大利，甚至不愿提它的名字）也提出类似的要求，法国决不投降。它将战斗到底！”

此话一出，会场的气氛顿时尴尬起来，让坐在一旁的约德尔将军感到非常吃惊，他没有料到一个被打得走投无路的对手竟会说出这样有骨气的话来。最让德国人感到烦恼的是，亨茨格将军必须要把停战条件报告给贝当政府，才能做进一步的交涉。

几分钟后，亨茨格便与法军总司令魏刚将军交谈上了：

“我是在车厢里给你打的电话。”

“哪个车厢？”

“嗯……你能猜到是哪个车厢……”

这两个法国人就这样没头没脑地聊了起来，一直拖到晚上，双方的谈判仍无结果。

次日上午，谈判继续进行。法国人明显多了一个心眼，他们对德国人提出的各项条件进行反复提问，生怕中了狡猾的德国人的圈套。其实呢，国家之间的谈判与平民之间做生意也没什么两样，譬如某个奸商把贷款100万马克偷偷地改成100万美元，一旦不注意，签了名，按了手印，后悔就来不及了。因此，法国代表把德国人提出的条件逐字推敲，负责解释的约德尔将军说得嗓子都快冒烟了，也没谈出个所以然来。

在德国提出的条件中，被后世唾弃的一条就是——强迫法国政府把流亡法国的德国反纳粹流亡人士全部交给德国处置。

法国是个自由的国家，他们也尊重请求政治庇护人士的各种权利，对法国人而言，这样做是可耻的。但是，当他们讨论到这个问题的时候，傲慢自大的凯特尔就是不肯取消这个条件。他大声说道：“德国流亡者是最大的战争贩子，他们已经背叛了自己的人民、自己的祖国。必须把他们交出来，没有商量的余地。”

还有一条是这样的：凡是与别国联合对德国作战的法国人，被捕以后将按军法处置——就是说，立即枪决。这一条其实指的是戴高乐将军，这位堂堂的国防部副部长在6月17日逃到了英国，他已经开始在英国组织一支自由法国军队了。

条款中最后一条是：所有战俘都将被拘留到战争结束为止，对于这一段文字，法国方面没有提出异议。他们非常肯定地认为，英国在3个星期之内将被击败，用法国最高当局自己的话说："不出三个星期，英国就会像一只小鸡似的被人拧断脖子。"到那时，法国战俘便可以回家了。（很可怜，这些战俘在集中营做了5年的俯卧撑）

法国人就这样逐字逐段地问下去，谈判拖至傍晚（6点20分），凯特尔完全失去了耐心，他大声尖叫道："一小时内若不能取得协议，谈判便告破裂，法国代表团将被押回法军阵地。"

这招果然见效，半小时后，亨茨格将军终于在停战协定上签了字。出人意料的是，当仪式结束时，凯特尔叫亨茨格将军停留一会儿再走。待无他人在场时，两位将军默默无言地对视着，两人眼中都有泪水。凯特尔控制着自己的感情，接着，他便伸出一只手。亨茨格轻轻地握了握它，便又立即缩了回去。

这次停战协定，德国电台进行了现场广播。当精神不振的亨茨格走下餐车时，那边便传来了有节奏的音乐声："我们打，打打打，打英国佬！"——这是戈培尔玩的花样，无论什么场合，这位"身残志坚"的博士总要配上音乐，而且还是古典音乐。

不管怎么说，希特勒还是给法国政府留下了一块未被占领的领区，它在法国的南部。1940年7月，贝当把首都迁至法国中部的维希，故被称为：维希法国。

其实，希特勒的做法是一种异常狡猾的手段。这不仅可以从地理上分裂法国，还可以使法国流亡政府难以成立，这个苛刻但不可耻的停战条约，似乎给法国人保留了一丝颜面，最重要的是：摩洛哥、近东、叙利亚、吉布提、突尼斯、阿尔及利亚、西非和赤道非洲、马达加斯加、印度支那以及法属西印度的各位总督，都无一例外地向贝当元帅宣誓效忠，不愿效忠的总督全部遭到免职。

而那位逃到伦敦的戴高乐将军却很尴尬。他仅仅在非洲、大洋洲上的一些小岛屿获得了支持，其势力范围甚至都不如一个印第安的大酋长。这些收获，同贝当元帅比起来，是微不足道的。更让丘吉尔和戴高乐郁闷的是，世界上没有一个国家承认自由法国。就连美国总统罗斯福也迫于大选压力，承认贝当元帅为法国最高领袖。也就是说，承认自由法国运动的国家，仅有英国政府而已。

6 月 25 日 0 点 35 分，停战协定在各条战线开始生效。德国武装力量有理由为这一史无前例的胜利而自豪。德国人民充满希望地注视着未来——战争看起来是结束了，英国不久也会失败的。

是啊，在上一次战争中曾经坚持 4 年之久而最终胜利的法兰西，在这次战争爆发 6 周以后，就轰然崩溃，土崩瓦解。在这场为期 6 周的法兰西战争中，德军共死亡 27074 人，失踪 18384 人，受伤 111043 人。这个伤亡与 22 年前那场战争相比，是德国人民可以接受的。最重要的是，德国人民已经歇斯底里了，他们不停地赞美那个仅用 7 年时间就改变德国命运的人。7 年前，德国还只是个看人脸色的下等国，而现在，却一跃成为了欧洲的主人。

此时，阿道夫·希特勒的时代已经到达了顶峰。这个第一次把德国人统一在一个国家中的奥地利流浪汉，这个连中学都没读完的前下士，已经成为世界征服者中最伟大的人物之一。阻挠他在欧洲建立霸权的，只剩下一个拒不屈服的英国人——那就是温斯顿·丘吉尔。现在，他领导下的小小岛屿，正遭到有史以来最强大的军事力量的围攻。

这也是近 1000 年以来，英国本土第一次遭受到外族入侵的威胁。

第五节
“弩炮”计划

法国战败投降，使英国——这个小小的岛国陷入岌岌可危的境地。对普通英国民众来说，1940 年的夏天，是让所有人都刻骨铭心的时刻。在整个炎热的夏季，一层战争的阴影笼罩在人们心头，笼罩在这个近 1000 年都未遭入侵的古老帝国的上空。

每隔几天，丘吉尔就会发表一通热情洋溢的演讲。这个岛国的士气，似乎全靠丘吉尔一张利嘴才能苦苦支撑。也许，这位首相的内心比任何人都更加悲痛。但是，作为一名政治家，这种悲恸只能压抑在心底。在公众场合，他不断宣扬这是“大英帝国最好的时刻，这个民族从未像今天这样团结一致……”

在英国东部海岸线上，每天都能瞧见英国士兵在海滨花园里挖沟掘壕，在码头上站岗放哨。离海岸稍远一些的内陆地带，大小城镇的妇女们都被临时动员起来，紧张地挖掘着所谓的“阻遏线”和反坦克壕。而男人们则开始在城郊和市区的主要街道修建防御工事，构建铁丝网。市民们接受政府发放的武器弹药，在伦敦广场和屋顶平台，民众们开始进行军事训练。就连旅馆侍者也加入了救护队，开电梯的服务生一下班便跑去挖战壕……

现在，英国民众最担心的，就是德军闪电般的登陆战。希特勒频频伸过来橄榄枝，而他们则一致认为这不过是一种迷惑手段。因为，丘吉尔政府声嘶力竭地宣扬道：“德军的登陆行动已经迫在眉睫。”如今，哪怕是一艘德国舰艇向英吉利海峡的调动，都会让丘吉尔胆战心惊。用他自己的话说，“入侵的军队只要有 15 万精兵，就能使我们生灵涂炭，十室九空。”

这并不是危言耸听，英国陆军早已在敦刻尔克丢光了他们所有的重型武器。若不是美国援助，英国连 10 个步兵师都武装不起来，他们的装备已匮乏到几近惨不忍睹的地步。譬如，丘吉尔在巡视多佛港附近海滩的时候，就碰上了一位旅长的诘难。

当时，那位旅长向前来视察的丘吉尔抗议道：“我的旅守卫着 3 公里长的海岸线，但我只有 3 门反坦克炮，每门炮有 6 发炮弹。”他还用略带调侃的口气问丘吉尔：“是否可以让手下的士兵射击一发炮弹，以此练习，至少让士兵们瞧瞧这种坦克炮的威力如何。”

丘吉尔冷冷回答道：“不行，我供不起演习的炮弹。”

为了弥补陆军的不足，英国战时内阁也曾采取了紧急措施。他们组建了一支 150 万人的“国民自卫队。”人数上看起来倒是挺拉风，不过，这些自卫队大部分连武器都没有，使用的是草耙和高尔夫球杆，仅有的枪支还是鸦片战争时期的老古董，然而丘吉尔却还指望着这支军队去抵抗德国人的入侵。在南部沿海地区，民众还奉命摘下了街道上的所有路牌。据说，这样做可以让入侵者迷路……

无论如何，丘吉尔政府已经严阵以待，做好了一切准备。他们把一切可以抗击登陆的条件都利用了起来——大到调动一个师，小到利用一挺机枪。所有细枝末节都安排得井井有条，一丝不苟。

达尔朗

不过，丘吉尔还有一件放心不下的事情，德国的登陆行动越是临近，他就越感到不安与恐惧。正如丘吉尔自己所言的那样：“这是一个令人憎恶的决定，在我一生参与的决定中，只有这个决定最违背天性，最使人感到痛苦”——这个决定就是“弩炮”作战计划。

不久之前，在英、法会议上，丘吉尔对法国海军总司令达尔朗说过一番话。

丘吉尔：“达尔朗，你千万别让德国人拿到法国的舰队啊。”

达尔朗：“绝不会那样做，那是违背我们海军的传统和荣誉的。”

此言终成谶语，德国人确实没能拿到法国的舰队！

1940 年 7 月 1 日，丘吉尔的弩炮出膛。一只庞大的英国舰队在夜幕的掩护下悄悄驶离港口，朝着地中海西端的奥兰港急驶而去。在那里，停泊着法国最为强大的主力舰队。

而这只英国舰队的任务是：不惜一切代价夺取法国舰队，解除他们的武装，夺为己用。如若法国海军拒不遵命的话，就只能诉诸武力，哪怕将其彻底毁灭也在所不惜。

丘吉尔的决定也许很残忍，但从英国的国家利益出发，这又算得了什么呢？对于轴心国不会擅用法国战舰这一承诺，丘吉尔不抱任何希望，他当然不会相信希特勒和墨索里尼，对于达尔朗的承诺他也是心存疑虑。战争就是这样，昨天还是亲朋挚友，今日却将其作为敌人，甚至将其消灭。在国家利益面前，义气，不值一文。

7 月 3 日上午 6 点 20 分，英国舰队在旗舰“胡德号”的率领下抵达了奥兰港湾入口，他们在峡湾之间一字排开，对港口呈包围之势。起初，法国人还不知道灾难已经降临到自己头上，他们还以为英舰在地中海附近围捕德国潜艇，因此，并未在意。

可是，过了一会儿，法国人就感觉情况有些不对劲了。他们发现，不远处的英舰已经开始在港口处密密麻麻地投下了大批水雷。就在茫然的法国人不知所措之际，英国军官向法国战舰发布了一道广播，这则广播很简单：“加入我们，与我们站在统一战线上，共同打击德国入侵者。”

对于英方的要求，法国舰队司令让·苏尔将军拒绝答复。他认为，法国已经宣布停战并保持中立，法、德两国政府也共同承诺不会使用法国舰队于军事用途，英国人却依旧苦苦相逼，这种做法是可耻的行为。因此，这位大骂英国政府背信弃义的将军拒绝给予任何答复。

无奈之下，英国军官只好乘摩托艇驶进港口，把最后通牒递到了法国人手中。

在这封最后通牒中，他们给法国人开出了 4 个条件，这 4 个条件都是毫无商量余地的。

1. 随我们出港，继续为取得战争的胜利而战。

2. 裁减船员，在我们的监督下开往英国港口。

3. 把军舰交给美国政府妥善保管，直到战争结束。

4. 在 6 小时之内，自行摧毁军舰。

在最后通牒的末尾，英国人还写道，如果你们未能遵照上述办法行事，那么，我只好根据英王陛下政府的命令，使用一切必要的力量，阻止你们的舰只落入德国或意大利之手。

在这封信中，英国人所开列的应该不算条件，而是威胁。最为关键的是，此时的达尔朗上将正在旅途之中，让·苏尔将军无法联系到他。所幸的是，让·苏尔成功地将这一情况报告给了海军总部。殊不知，海军总部的官员们全是一群老愤青，愤怒的老愤青们向官兵发出号召：“地中海所有法国海军部队进入备战状态！”

法军进入战备状态的举动使得英国人大为恐慌。他们看到法舰上烟雾升腾，士兵们在做着战斗的准备；在港口处，法国陆军甚至还调来了一批野战炮，周边的要塞和海岸炮台居高临下，炮管齐刷刷地对准了他们。

此时，英方代表仍在奥兰港与让·苏尔将军的副官争论不休。由于让·苏尔将军拒绝与英国人见面，他的副官又不得要领，双方争论了老半天也没谈出个结果来。那位恼怒异常的法国军官一再承诺，“法国舰队不会向轴心国投降，但也不会向英军的最后通牒屈服。”英国人沉默不语，只是不住地摇头，谈判陷入僵局。

于是，双方就这样剑拔弩张地对峙了整整半天时间。下午 4 点 46 分，英国舰队司令萨默维尔中将接到了丘吉尔亲自发来的警告：“尽快解决问题，否则你就得应付法国援军。”

不能再等了！5点15分，萨默维尔中将向法舰“敦刻尔克号”发出最后的警告：如果5点30分之前你们仍不接受我方任何一项建议，我方只能将你们的军舰击沉！

同时，英方代表也灰溜溜地从奥兰港撤回。甲板上，英国水兵进入备战状态，推弹上膛。军官们则站在指挥台上指手画脚，“皇家方舟号”航空母舰上的鱼雷攻击机开始启动活塞，战斗一触即发。

让人惊异的是，让·苏尔将军依旧选择了沉默。并且，英国人都把话说得这么直接了，他还是无动于衷。这位自信的将军以为，英国人的做法不过是一场军事示威罢了，他们达不到目的，自然就会走人了。他压根就不相信英国人会对自己开炮射击。因此，当他的下属提出先发制人时，这位将军回答说：“不行！”

就这样，法国人把先发制人的机会拱手让给了对手。

5点30分整，英国旗舰“胡德号”打响了第一炮，其超大口径的炮弹（15英寸）如雨点般砸进港口。同时，从“皇家方舟号”起飞的攻击机不断地俯冲下来，向法舰投掷致命的鱼雷——战斗，终归还是打响了。

懵了，法国人现在彻底懵住了。在法国旗舰“布列塔尼号”上，司令官看着他的士兵有气无力地进行着战斗，像是在痛苦挣扎一般。这些士兵表情麻木，神情沮丧，眼睛里充满了愤怒。有的，在大声咒骂，对司令官的命令充耳不闻。他们始终搞不明白为什么会被自己的盟友炮轰，为什么盟国之间要互相攻击。

战斗进行了10分钟，奥兰港内已是火光冲天，浓烟滚滚。从被击沉的油轮扩散出大量燃油，使得海面都在燃烧。首先被英军击沉的是旗舰“布列塔尼号。”英国人几乎把所有的炮火都集中在这艘庞大的战列舰上，法国人也从最开始的迷茫转为愤怒，“布列塔尼号”在被鱼雷击沉的那一瞬间，仍在开炮还击。舰上1130名官兵随该舰沉入海中，这些落水的法国人不肯接受英国人的救援，面对英国人伸过来的援助之手，许多人坚决地回答道：“不，宁肯被淹死，也不会接受背叛者的救援！”

“布列塔尼号”沉没后，英舰便转移炮火，继续射击其余法舰。前一刻还信心十足的让·苏尔将军被迫发出信号：请求立即停火。萨默维尔答应了，但他同时补充道："除非我看见你的舰队沉没，否则我还会开火。"（这叫什么话）

为了避免被炸沉，法舰"敦刻尔克号"与"普罗旺斯号"选择了搁浅——它们全速冲上了沙滩，尽管船身被炸得千疮百孔，但它们依旧停靠在沙滩上进行英勇的还击。另一艘法舰"斯拉特斯堡号"则选择了逃跑，它也是所有战舰中准备得最充分的一艘。在英国人开火之际，它便扬帆起航，在浓烟的掩护下，穿过遍布船骸的海港，全速驶向深海。

在逃逸过程中，"斯拉特斯堡号"不断用主炮轰击水面，盲扫海面的水雷。可笑的是，英舰"胡德号"担心踩上自己铺设的水雷，因而放弃了追击。"皇家方舟号"拟用鱼雷攻击，也未能击中该舰。

此后，"斯拉特斯堡号"在5艘从阿尔及尔赶来支援的驱逐舰护航下，于众多法国海军官兵的欢呼声中，缓缓地驶进了土伦港。同时，它也是唯一从奥兰港逃出升天的战舰。

然而，奥兰港的悲剧仍在继续上演，在解决完主力舰后，英舰开始横扫剩余的小型战舰——几艘轻巡洋舰、一些驱逐舰和潜水艇。那些落水的法国水兵在海面苦苦挣扎，不少人在呼吸时，不慎把海上漂浮的柴油吸入肺中而死亡……

鉴于港口附近海岸炮的威胁，英国舰队于6点12分停止射击，全身而退。最终，这场希腊式的悲剧致使1297名法国水兵死亡，341人受伤。更令法国人无法接受的是，打败他们的德国人尚且允许法国人保留自己的海军，而一周前还并肩作战的盟友，英国！却要对法国人赶尽杀绝。这一事件激起了法国人的公愤，特别是它发生在达尔朗上将发誓不将军舰交给希特勒以后。"英国人背信弃义"一语，已成了法国大街小巷的口头禅。那些异常愤怒的法国士兵用刀片刮去了文在身上的"联盟"字样；贝当元帅也断绝了与英国政府仅存的外交关系；就连那位待在伦敦的戴高乐将军，也在办公室里破口大骂英国的愚蠢和无耻。

同时，这次事件还导致了"自由法国"运动陷入低谷，丘吉尔连巡视法国军队的仪式都不敢参加。直至今天，如果有人在法国人面前提起此事，法国人仍然会咬牙切齿，悲愤不已。

这就是国耻。

英国人虽然取得了胜利，但在世界舆论面前却被鄙视了很久。所幸的是，丘吉尔脸皮够厚，这些鄙视都被他华丽地无视掉了。

在这次袭击中，英国海军仅损失了1艘驱逐舰、5架水上攻击机。有意思的是，英国海军损失的那艘驱逐舰居然是被一艘意大利潜艇——“马可尼号”击沉的。实际上，在英舰前往奥兰港的途中，这艘东游西荡的意大利潜艇就发现了这支庞大的舰队。无奈英国舰队航速太快，意大利潜艇最终还是没能追上，远远地发射了几枚鱼雷，也未能命中。

可想而知，意大利人一定郁闷坏了，丧失了这么好的一个建功立业的机会。抱着绝不放弃的信念，“马可尼号”待在原地守株待兔(反正也没什么地方可去)。第二天，“马可尼号”果然又发现了返航的英军舰队。这次，意大利人获得了战果——它发射的鱼雷击沉了英国E级驱逐舰“护卫者号。”

萨默维尔中将从截获的电报中获悉，法国海军已经派遣了一支强大的舰队，其中还包括8艘潜艇，组成2个战斗群，对自己进行拦截。因此，英国人大惊失色，误把意大利潜艇的袭击当成了法军潜艇。于是，英国舰队没敢纠缠下去——他们慌不择路地逃入了直布罗陀海峡的英属港口。

7月4日，丘吉尔“怀着深切的悲痛心情”(据他本人说)在众议院详细地报告了“弩炮行动”的经过，议员们全体起身鼓掌，欢呼之声响彻云霄。丘吉尔后来回忆道：原来我走进议院发言的时候，我所受到最热烈的掌声，一般是从工党席位传来的，保守党总是以几分保留的态度对待我。但是现在，在这庄严的、响彻云霄的掌声中，大家都团结在了一起！

真搞不懂英国人，打败法国海军到底有什么值得高兴的呢？

也就是在这一天，为了挽回法国海军的威望，法国海军部公开对外界媒体宣布：我们的主力舰之一“敦刻尔克号”损伤甚微，很快就能出航。

对这一轻率的言论，英国皇家海军再次迅速做出反应。你不是损伤甚微吗？那好，我帮你打回原形。

5日傍晚，英国舰队再次出动。这次，他们决定动用“皇家方舟号”的舰载机进行攻击。6日清晨，在距奥兰港145公里的地方，从“皇家方舟”号上起飞了12架“剑鱼式”鱼雷轰炸机和12架“海上大鸥式”战斗机，对搁浅的“敦刻尔克号”实施3波段的鱼雷攻击，炸死154名法国水兵，“敦刻尔克号”的主装甲带也被炸了个稀巴烂，经过两年的修理也没能修好。

这就是虚伪的代价。

事情并未就此结束，奥兰事件之后，法国海军虽实力大损，但火力强大的“黎赛留号”战列舰仍旧是英国人的心腹大患。1940年9月，英国对北非达喀尔港的法国舰队又发动了“威吓行动。”

这一次，双方就不客气了，上来二话不说，迅速投入到战斗。驻达喀尔的法国舰队在要塞炮台和本土赶来的巡洋舰队的有力配合下，击伤了3艘英国驱逐舰，重创英“坚决号”战列舰，打得英国人落荒而逃。

尽管法军取得了完胜，但英国也完成了最主要的目标——“黎赛留号”战列舰被击伤，在相当长一段时间之内，英国不会再面临来自法国的海上威胁了。

现在，丘吉尔终于放下心来，不再担心自己的海权受到挑战。

来吧，德国人，没有制海权，看你如何征服大不列颠。

第六节
戴高乐与自由法国

丘吉尔说：戴高乐是应运而生的人。

也许真是如此，时势造英雄。

6 月 16 日，戴高乐去看望了刚刚卸任的雷诺总理。没有人知道雷诺总理和戴高乐说了什么，只是，戴高乐出来之后，没有回家，连夜又去见了英国大使罗纳德·坎贝尔。

第二天，英国的斯皮尔斯将军回国，戴高乐奉命送行。在机场上，戴高乐和客人一一握手告别，飞机开始移动时，戴高乐忽然冲上了飞机，然后“嘭”的一声关上了机舱的门。飞机腾空而起，法国所有的警察和官员都被吓得目瞪口呆，不知所措。

戴高乐就这样离开了法国，开始了他的流亡生涯。

临阵脱逃？不！戴高乐早就看出了魏刚和贝当两位元帅的投降倾向，他不愿意做亡国奴，希望还能继续战斗下去，所以，他只能选择流亡。

也许是雷诺总理跟他说了什么话，才促使他做出了这个决断也说不定。不过一切都成了未知，我们只知道，在 6 月 17 日这一天，早晨九点，戴高乐离开了法国。

当天下午，丘吉尔就接见了流亡而来的戴高乐。

戴高乐要求使用英国广播公司的电台，丘吉尔慨然允诺。但两人商定等贝当向德国人求和之后再行广播。

当天晚上就传来消息，贝当已经要求停火。

第二天上午六点，戴高乐来到了布什大厦的 B2 播音室，坐在麦克风前开始了他对法国的首次广播。

这是一个历史性的时刻，从那以后，特别是在法国，人们把戴高乐称为“6.18 英雄”。

戴高乐在广播里，对全法国人民说：

> 事情已经定局了吗？希望已经没有了吗？失败已经确定了吗？没有！请你们相信我，我是根据对事实的充分了解说话的，我告诉你们，法国并没有完，使我们失败的那些因素总有一天会使我们转败为胜。因为法国虽然是孤军作战，它不是单枪匹马，不是四处无援，它有一个庞大的帝国作为后盾。它可以与控制着海洋并在继续作战的不列颠帝国结成同盟，它也可以像英国一样充分利用美国巨大的工业资源……
>
> 我是戴高乐将军，我现在在伦敦。我向目前正在英国领土上，向将来可能来到英国领土上的，持有武器或没有武器的法国官兵发出号召；向目前正在英国领土上和将来可能来到英国领土上的，一切军火工厂的工程师和技术工人发出号召，请你们和我取得联系，无论发生什么情况，法兰西抵抗的火焰绝不应该熄灭，也绝不会熄灭！

戴高乐发表完激情四射的演讲之后，立刻着手准备他的拯救祖国的计划。当天他就发电报给波尔多的法国政府，表示愿意继续进行已经开始的关于美国战争物资的使用和德国俘虏迁往北非涉及的运输等问题的谈判。但回答他的只是一纸召他马上回国的电文。

6 月 20 日，感到势单力薄的戴高乐写信给魏刚，希望由魏刚来领导抵抗运动，但魏刚已经作为新的国防部长，接受了维希政府的任命。戴高乐的信件被退了回来，上面附了一张签条：如果退役的戴高乐上校想和魏刚将军通信，他必须通过正式的途径。

戴高乐报国无门，被逼入了绝境。

10 天之后，法国大使馆转给了戴高乐一个法国政府的命令：叫戴高乐到图卢兹的圣米歇尔监狱去自首，接受战争委员会的审判。本来战争委员会判了戴高乐四年徒刑，可是魏刚觉得这个刑罚太轻了，于是又改判戴高乐死刑。

可是这样的判罚又有什么意义呢？谁都知道，流亡的戴高乐是不可能回来接受审判的。

戴高乐得不到法国政府的支持，只好向各个殖民地总督们发出呼吁，请求各个殖民地总督能够继续战斗下去，可是没有一个总督做出反应，毕竟，戴高乐太年轻，也没有任何威望。这些总督们基于等级观念和法统思想，没有理由相信一个年轻军官的召唤。

接二连三的挫折，使戴高乐终于明白了一个早就该明白的道理——枪杆子里面出政权。

当务之急是建立自己的部队，没有武装就谈不上胜利，所以现在建立一个战斗部队比什么都重要。

这时，有一些法国船舶开始在英国的港口避难，上面至少有一万名法国水手，此外还有几千名在比利时受伤的士兵正在英国的医院接受治疗。

戴高乐向英国政府借用了白城体育场，用以召集法国的士兵和志愿者，组成自己的队伍。

可是，一个星期过去了，只有区区几百人聚集到戴高乐的身边。戴高乐亲自到利物浦附近的特伦特姆，那里驻扎着法国阿尔卑斯山轻步兵师。经过师指挥官的同意，他招募了其中几个营的大部分官兵。几天之后，又有几名海军军官加入戴高乐的自由法国运动，两艘潜艇和一艘巡逻艇也宣布拥护戴高乐。

6 月底，驻扎在圣塔恩的十几名飞行员宣布加入自由法国，这些人后来成了自由法国空军的核心。戴高乐的自由法国运动开始有了起色。

到了 7 月初，戴高乐的身边已经有了一大批志在光复法国的志愿者。气氛逐渐变得轻松乐观起来。

可就在这个时候，为了不让法国军舰落入德国人手里，英国政府实施了“弩炮”计划，击毁了法国的大部分军舰，并造成了数名法军的伤亡。

这次行动使英、法关系蒙上了一层阴影。而这时候的戴高乐则比丘吉尔更加痛苦。他本来一直依靠英国的支持来呼吁法国人民加入自由法国，组成英法联盟，可现在，英国的行为，很明显并不是出于保障正当的安全的动机，而是有其他的一些因素在里面。

也许英国的这种做法确实很彻底地保证了法国军舰不会被德国所用，从而保证了自己的制海权，可这种行为也让刚刚有了点儿起色的自由法国运动黯淡了下去。法国人对英国的这种行为无法理解，也无法接受，所以对依附英国的戴高乐也一样开始不信任起来，应募的人数急剧下降。

7 月 13 日，为了振作士气，戴高乐大胆地对法国人发出广播：法国同胞们，请认清这一点，你们还有一个战斗的队伍存在！

第二天，法国国庆节，戴高乐在伦敦，在所有英国人的注视下，高调地举行了阅兵仪式，这是自由法国的部队第一次在伦敦公开亮相，这是对德国的公开挑战。紧接着，一个星期之后，第一批自由法国的飞行员就参加了对德国鲁尔区的轰炸。

法国人用独特的方式向戴高乐表明态度。国内寄来了两张照片：一张是 7 月 14 日，国庆节，法国男女站在将士的墓碑前默哀，照片上写着——戴高乐！我们在等待你！第二张是一座被人献满了鲜花的坟墓，这是戴高乐母亲的坟墓。

而法国政府则声称戴高乐是叛徒，是丘吉尔扶植的傀儡。

面对这样的攻击，戴高乐强烈地感到，只有尽快明确自由法国和英国政府之间的关系，才能真正取得法国人的信任。

早在 6 月 28 日的时候，丘吉尔就发表公告，承认戴高乐是自由法国的领袖。戴高乐就这样以自由法国领袖的身份和丘吉尔进行了“必要的谈判”，经过几番磋商，双方终于达成了《丘吉尔–戴高乐协议》。

在协议中，戴高乐坚持英国必须保证恢复法兰西帝国的疆界。他以这种办法从法律上打消了英国人怀有的任何攫取法国领土的想法，最终，英国政府承认他们有义务“恢复法国的独立”。

在确定戴高乐的权限和如何动用“自由法国”武装力量的条款时，双方进行了长期艰苦的争论。出于实力差距悬殊的原因，戴高乐承认联合军事行动的最高权力应由英国掌握，但他也保留了对“自由法国”武装力量的“最高指挥权”。

“自由法国”的军队开支暂时由英国政府垫付，戴高乐坚持表明是借贷，所有开支将立账，以后偿还，后来在二战结束后，戴高乐全部偿还了对英国的借款。这一协议的签订，使戴高乐摆脱了物质困难，同时也使英国和自由法国的关系正常化。

这一协议的内容传了出来，在海外侨民中产生了良好的效应，其他一些国家的流亡政府纷纷效仿，与英国签订类似的协议。

戴高乐在对外关系中，只要涉及到法国的利益，就表现出一个强硬的态度。在尽量使“自由法国”为人所知的同时，戴高乐努力使政治和行政机构运作起来。内政机构、外交机构、财务部，甚至秘密情报机构，都在戴高乐的带领下，一步步地建立起来。

而军人出身的戴高乐，则带着自己的部队离开了英国，转战非洲。

由于军事力量相差悬殊，并且没有海军的支援，最终戴高乐的非洲军事行动以失败告终。这使得盟国开始不信任戴高乐的“自由法国”。

这时候，戴高乐的好朋友，印度支那的总督卡特鲁上将来到了伦敦。英国政府的一些人希望德高望重的卡特鲁上将取代级别较低的戴高乐，代表法国政府与盟国一起行动。可是卡特鲁上将在所有人面前对戴高乐表示——“我代表印度支那的所有军队，接受您本人的领导”。

丘吉尔也对戴高乐青睐有加，他一直相信，戴高乐能够带领法国走出泥潭。

10月27日，戴高乐在布拉柴维尔向全世界庄严宣布成立国防委员会：

我要以法国的名义，而且只是为了保卫法国行使我的职权，为了协助我的工作，我从即日起，组织一个法兰西帝国防务委员会。

布拉柴维尔成了法国人抵抗侵略的首都。

经过努力，戴高乐在非洲，从无到有，建立起一个辽阔的作战基地。

1941 年，“自由法国”运动在戴高乐的领导下，不仅取得了较大的发展，而且建立起了一支精悍的海陆空武装部队。

1941 年 9 月 24 日，戴高乐宣布成立法兰西民族委员会，代行政府职能，法国本土的抵抗运动也开始在戴高乐的影响下发展起来。

法国政府已经彻底沦为德国的傀儡，法国在投降的那一天就已经灭亡。可是，法兰西民族的魂魄仍在，一直努力光复旧物、重返巴黎的戴高乐和他的同伴们，哪怕他们只剩下一个人，也足以证明法国没有灭亡！

固然，这时候的德国正是气势正盛的时候，那些试图光复法兰西帝国的勇士们，还有很长很长的路要走，任重而道远！